中国旅游院校五星联盟教材编写出版项目
中国骨干旅游高职院校教材编写出版项目

旅行社服务与管理专业模块 | 模块主编 徐云松

旅行社经营管理

Travel Agency Management（第二版）

主编 任 鸣

中国旅游出版社

出 版 说 明

把中国旅游业建设成国民经济的战略性支柱产业和人民群众更加满意的现代服务业，实现由世界旅游大国向世界旅游强国的跨越，是中国旅游界的光荣使命和艰巨任务。要达成这一宏伟目标，关键靠人才。人才的培养，关键看教育。教育质量的高低，关键在师资与教材。

经过20多年的发展，我国高等旅游职业教育已逐步形成了比较成熟的基础课程教学体系、专业模块课程体系以及学生行业实习制度，形成了紧密跟踪旅游行业动态发展和培养满足饭店、旅行社、旅游景区、旅游交通、会展、购物、娱乐等行业需求的人才的开放式办学理念，逐渐摸索出了一套有中国特色的应用型旅游人才培养模式。在肯定成绩的同时，旅游教育界也清醒地看到，目前的旅游高等职业教育教材建设和出版还存在着严重的不足，体现在教材反映出的专业教学理念滞后，学科体系不健全，内容更新慢，理论与旅游业实际发展部分脱节等，阻碍了旅游高等职业教育的健康发展。因此，必须对教材体系和教学内容进行改革，以适应飞速发展的中国旅游业对人才的需求。

上海旅游高等专科学校、浙江旅游职业学院、桂林旅游高等专科学校、南京旅游职业学院、山东旅游职业学院、郑州旅游职业学院等中国最早从事旅游职业教育的骨干旅游高职院校，在学科课程设置、专业教材开发、实训实习教学、旅游产学研一体化研究、旅游专业人才标准化体系建设等方面走在全国前列，成为全国旅游教育的排头兵、旅游教学科研改革的试验田、旅游职业教育创新发展的先行者。他们不仅是全国旅游职业教育的旗帜，也是国家旅游局非常关注的旅游教育人才培养示范单位，培养出众多高素质的应用型、复合型、技能型的旅游专业人才，为旅游业发展做出了贡献。中国旅游出版社作为旅游教材与教辅、旅游学术与理论研究、旅游资讯等行业图书的专业出版机构，充分认识到高质量的应用型、复合型、技能型人才对现阶段我国旅游行业发展的重要意义，认识到推广中国骨干旅游高等职业院校的基础课程、专业课程、实习制度对行业人才培养的重要性，由此发起并组织了中国旅游院校五星联盟教材编写出版项目暨中国骨干旅游高职院校教材编写出版项目，将六校的基础课程和专业课程的教材成系统精选出版。该项目得到了“五星联盟”院校的积极响应，得到了国家旅游局人事司、教育部高职高专旅游专业教学指导委员会、中国旅游协会旅游教育分会的大力支持。经过各方两年多的精心准备与辛勤编写，在国家“十二五”开局之年，这套教材终于推出面世了。

中国旅游院校五星联盟教材编写出版项目暨中国骨干旅游高职院校教材编写出版项目所含教材分为六个专业模块：**“旅游管理专业模块”**（《旅游概论》、《旅游经济学基础》、《中国旅游地理》、《中国旅游客源国与目的地国概况》、《旅游市场营销实务》、《旅游服务业应用心理学》、《旅游电子商务》、《旅游职业英语》、《旅游职业道德》、《旅游策划实务》、《休闲学概论》、《旅游商品概论》、《旅游服务礼仪与实训》）；**“酒店服务与管理专业模块”**（《酒店概论》、《酒店前厅部服务与管理》、《酒店客房部服务与管理》、《酒店餐饮部服务与管理》、《酒店财务管理》、《酒店英语》、《酒店市场营销》、《调酒与酒吧管理》）；**“旅行社服务与管理专业模块”**（《旅行社经营管理》、《旅游政策与法规》、《导游业务》、《导游文化基础知识》、《旅行社门市业务》、《旅行社业务操作技能实训》、《出境旅游领队实务》）；**“景区服务与管理专业模块”**（《景区规划原理与实务》、《景区服务与管理》、《旅游资源的调查与评价》）；**“会展服务与管理专业模块”**（《会展概论》、《会展策划与管理》、《会展设计与布置》、《实用会展英语》）；**“烹饪工艺与营养专业模块”**（《厨政管理》、《烹饪营养与食品安全》、《面点工艺学》、《西餐工艺与实训》）。本套教材实行模块主编审稿制，每一个专业模块均聘请了一至三位该学科领域的资深专家作为特邀主编，负责对本模块内每一位主编提交的编写大纲及书稿进行审阅，以确保本套教材的科学性、体系性和专业性。“五星联盟”的资深专家及六校相关课程的骨干教师参与了本套教材的编写工作。他们融合多年的教学经验和行业实践的体会，吸收了最新的教学与科研成果，选择了最适合旅游职业教育教学的方式进行编写，从而使本套教材具有了鲜明的特点。

1. 定位于旅游高等职业教育教材的“精品”风格，着眼于应用型、复合型、技能型人才的培养，强调互动式教学，强调旅游职业氛围以及与行业动态发展的零距离接触。

2. 强调三个维度能力的综合，即专业能力（掌握知识、掌握技能）、方法能力（学会学习、学会工作）、社会能力（学会共处、学会做人）。

3. 注重应用性，强调行动理念。职业院校学生的直观形象思维强于抽象逻辑思维，更擅长感性认识和行动把握。因此，本套教材根据各门课程的特点，突出对行业中的实际问题和热点问题的分析研讨，并以案例、资料表述和图表的形式予以展现，同时将学生应该掌握的知识点（理论）融入具体的案例阐释中，使学生能较好地将理论和职业要求、实际操作融合在一起。

4. 与相关的行业资格考试、职业考核相对应。目前，国家对于饭店、导游从业人员的资格考试制度已日渐完善，而会展、旅游规划等的从业资格考核也在很多旅游发达地区逐渐展开。有鉴于此，本教材在编写过程中尽可能参照最新的各项考试大纲，把考点融入到教材当中，让学生通过实践操作而不是理论的死记硬背来掌握知识，帮助他们顺利通过相关的考试。

中国旅游院校五星联盟教材编写出版项目暨中国骨干旅游高职院校教材编写出版项目是一个持续的出版工程，是以中国骨干旅游高职院校和中国旅游出版社为平台的可持续发展事业。我们对参与这一出版工程的所有特邀专家、学者及每一位主编、参编者和旅游企业界人士为本套教材编写贡献出的教育教学和行业从业的才华、智慧、经验以及辛勤劳动表示崇高的敬意和衷心的感谢。我们期望这套精品教材能在中国旅游高等职业教育教学中发挥它应有的作用，做出它应有的贡献，这也是众多参与此项编写出版工作的同人的共同希望。同时，我们更期盼旅游高等职业教育界和旅游行业的专家、学者、教师、企业界人士和学生在使用本套教材时，能对其中的不足之处提出宝贵意见和建议，我们将认真对待并吸纳合理意见和建议，不断对这套教材进行修改和完善，使之能够始终保持行业领先水平。这将是我们不懈的追求。

中国旅游出版社
2013 年 11 月

目录

CONTENTS

再版前言

随着《旅游法》的颁布和《旅行社条例》实施的深入，在深化国发〔2009〕41号文件《关于加快发展旅游业的意见》全面落实的今天，特别在2014年7月2日召开的国务院常务会议上，确定了促进旅游业改革发展的政策措施，国务院明确提出了“旅游业是现代服务业的重要组成部分，带动作用大。加快旅游业改革发展，是适应人民群众消费升级和产业结构调整的必然要求，对于扩大就业、增加收入，推动中西部和贫困地区脱贫致富，促进经济平稳增长和生态环境改善，意义重大”。这不仅为新一轮旅行社发展提供了法律依据和发展环境，而且也明确了旅行社业的发展目标。为了更好地顺应旅行社业的求新、求实和持续发展，必须有更多的经营管理者来参与，必须有懂得如何经营和管理现代旅行社的人力资源来支撑。为此，在参阅大量国内外成功旅行社企业的经营管理经验和研究成果、走访并深入调研国内不同类别旅行社的基础上，我们在对旅行社经营管理的理论与实践进行了系统梳理后，对原《旅行社经营管理》一书进行了部分修改。

《旅行社经营管理（第二版）》一书仍保持了第一版内容全面，层次清晰；多种学科，交叉运用；素材丰富，方法实用的显著特点。同时，结合《旅游法》的新规范和部分新旅游业标准的要求，重点对旅行社设立、旅行社产品设计和运营等方面做了修正。对于学生了解旅行社现状和发展，坚持理论与实践相结合，利用分析案例来学会解决实际问题等具有重大意义。

《旅行社经营管理（第二版）》配有电子课件，可以免费提供给采用本书作为教材的大专院校和培训单位使用，如有需要可发邮件至出版社索取。

《旅行社经营管理（第二版）》由浙江旅游职业学院旅行社管理系任鸣主编，由浙江旅游职业学院旅行社管理系任鸣、池静和邓进参与修编。

中国旅游出版社、五星联盟的同行、浙江省旅游局、上海市旅委、杭州市旅委和旅行社的朋友对教材的编写工作给予了很大帮助，这里尤其要感谢的是杭州招商国际旅游公司、浙江中旅集团、浙江省中青国际旅游有限公司、上海春秋国际旅行社、浙江新世界国际旅游有限公司、中国国旅（浙江）国际旅行社。

在编写过程中，参考和借鉴了旅游界诸多同行和专家的研究成果，在此表示感谢。

受时间和编者水平的限制，本书难免存在不足之处，敬请专家和广大读者批评指正。

任鸣

2014年8月2日

于杭州

第一章

旅行社概述

旅行社是实现旅游的龙头企业。正确理解旅行社企业的性质、地位和作用，掌握旅行社的设立程序、要求、流程要素，熟悉旅行社的职能、业务和分类，对管理和运营好旅行社具有重大的现实意义。

本章通过对国内外旅行社发展进程的阐述，加深我们对旅行社企业发展的认识；通过对旅行社企业内涵的阐述，了解旅行社的性质、特点、职能、企业类型、企业基本业务、企业地位和作用；通过对旅行社企业设立的阐述，初步学会旅行社设立与年检的基本技能。

学习目标

知识目标

1 了解旅行社的产生与发展。

2 明确旅行社的性质、地位和作用。

3 掌握旅行社的设立程序、要求、流程。

4 掌握年检流程与方法。

5 熟悉旅行社的职能、业务和分类。

能力目标

1 能正确理解旅行社在旅游中的价值与意义。

2 能正确运用旅行社的设立流程和方法。

3 能完成年检工作。

第一节 旅行社的发展简况

旅行社是社会经济发展到一定阶段的产物，是人类旅行活动长期发展的必然结果。就世界范围而言，人类历史上第一家旅行社产生于19世纪40年代，这与当时特定的社会背景是密不可分的。在我国，旅行社是指以营利为目的、从事旅游业务的企业。随着世界范围内旅游事业的发展与繁荣，旅行社已经发展成为旅游业的三大支柱之一。

一、旅行社的产生

旅行社的产生是经济、科技和社会分工发展的直接结果，也是旅行活动长期发展的必然产物。18世纪中叶发生在英国的产业革命，使全世界的经济和社会结构发生了巨大的改变，也使世界范围内的旅行活动受到了显著的影响，主要表现在以下三个方面。

（一）产业革命为旅行社的产生奠定了坚实的物质基础

首先，全球范围内生产力水平的不断提高和迅速发展、社会财富的急剧增加、有产阶级规模的日趋扩大，使得越来越多的人具备了外出旅游的经济条件。在产业革命以前，只有地主和贵族才有金钱进行非经济目的的消遣性旅游活动。产业革命使得生产财富大量流向新兴的工业资产阶级，使他们也具备了进行旅游活动的经济条件，从而扩大了有财力外出旅游的人数。其次，科学技术的进步，提高了交通运输能力，缩短了运输时间，扩建了运输网络，使大规模的人员流动成为可能。1769年，英国人瓦特发明的蒸汽机技术很快被应用于新的交通工具的制造，至18世纪末蒸汽机轮船就已经问世。但对近代旅游的诞生产生最大和最直接的影响的还是铁路运输技术的发展。1825年，英国的乔治·史蒂文森建造的从斯托克顿至达林顿的铁路正式投入运营。此后，各地铁路开始建设起来，并向更远的地方延伸。

（二）旅游需求普遍化为旅行社的产生提供了现实的可能性

产业革命加快了城市化的进程，改变了人们原有的工作和生活方式，使人们产生了回归自由、宁静的大自然的要求，主观上产生了旅游动机。由于人们对旅游经验的缺乏，如民俗禁忌、旅游常识、货币兑换等，使许多人希望有一个专业化的旅游服务机构为其提供便利。

（三）市场经济的发展为旅行社的产生创造了必要的社会条件

产业革命改变了社会经济体制，工业取代农业占据了社会经济的主导地位，市场营销成为最普遍的经营形式，由此导致社会经济各个方面发生了一系列深刻的变化，诸如市场需求信息由封闭走向开放、机器化、科学化、专业化和社会化、生产要素资本化、雇工经营、对外扩张和全球化等。在此背景下，一批具有敏锐眼光的先行者首先捕捉到了市场信息，开始创办旅行代理企业。世界上公认的第一位真正的专职旅行代理商是英国的托马斯·库克（Thomas Cook）。

托马斯·库克于 1808 年 11 月 22 日出生于英国，自幼家境贫寒，10 岁便辍学就业，先后做过帮工、诵经人和木匠等。托马斯·库克笃信宗教，热衷于禁欲。1841 年 7 月 5 日，身为传教士的托马斯·库克利用面对机器化大生产中人们产生的心理危机，以参加禁酒为号召，创造性地组织了世界上第一次团体包价旅游，包租了一列往返列车，运载 570 人从莱斯特到拉夫伯勒参加禁酒大会，第一次采用了集体折扣付费的方式，每人先交 1 先令，包括交通费用、乐队演奏赞歌、一次野外午餐和午后茶点。这次活动在旅游史上被认为是近代旅游活动的开端，具有重要的意义。这次活动具有后来旅行社经营活动的若干重要特征：其一，采用了集体折扣付费的方式；其二，具有团体包价的雏形，确立了团体旅游业务的基本模式；其三，将食、行、娱等要素集中在旅游活动中；其四，初步体现了旅行社全陪的导游功能。这些特征对于后来的旅行社经营都具有重要的借鉴作用与影响。

1845 年，托马斯·库克在英国的莱斯特正式成立了托马斯·库克旅行社，开始专门从事旅行代理业务，标志着近代旅游业的开始。托马斯·库克成为世界上第一位专职的旅行代理商，被尊称为“世界旅行社之父”。1845 年，为组织到利物浦的观光旅游，托马斯·库克整理出版了《利物浦之行指南》，并为此设立了专门的旅游向导。1855 年，托马斯·库克以包价的形式组织了赴法国的旅行。到 1864 年，经托马斯·库克组织的参加旅游的人数已累计达 100 多万人次 ，他的名字也成为旅游的代名词，在欧美地区家喻户晓。这项活动标志着旅行社业务范围已逐步由英格兰扩大到整个世界，并与世界各地的铁路、航运业、旅馆业、金融业等建立了庞大的协作网络，形成了现代旅行社业务的世界格局。后来，欧洲及北美诸国和日本纷纷仿效库克组织旅游活动的成功模式，先后组织了旅行社或类似的旅游组织，招募陪同或导游，带团在国内参观游览。1865 年，托马斯·库克在托马斯·库克旅行社的基础上成立了托马斯·库克父子公司，该旅行社后来发展成为当时世界上最大的旅行社。此后，他又相继在美洲、非洲和亚洲地区成立了分公司，旅游业务遍布全球。之后，欧美各国不断涌现出类似的旅行社组织，如 1850 年在英国成立的“旅游者组织”，1885 年在英国成立的帐篷俱乐部，1890 年在法国和德国相继成立了观光俱乐部，以及 1893 年在日本成立的“喜宾会”，其中尤以美国的运通公司最为著名。美国运通公司于 1850 年起兼营旅行代理业务，并于 1891 年发售了与现代使用方法相同的旅行支票。

托马斯·库克对旅行社业的贡献在于：其一，世界首家专职旅行社经营者。其二，

图1–1 托马斯·库克旅行社的标志

旅游组织工作上有很多创造，如对前往参观的地方详加调查后制成说明书先行分发、印制旅游凭证、制定团体票价、派遣导游员、发行流通票据等。其三，旅游思想方面的贡献：他认为作为旅行事业的经营者，应“尽可能地使客人方便舒适，尽可能地替客人省钱”；他的理想是“经营旅行事业，不仅带别人去游山玩水，更是探求新知识、新事物的先锋队”；他确认旅游是一项机会教育与启迪民智的工作。

二、旅行社的发展

（一）旅行社业的发展阶段

自世界上第一家旅行社在英国诞生以来，国外的旅行社经历了三个发展阶段，即旅行社发展的初创阶段、成长阶段和高速发展阶段。

（1）**初创阶段**。在托马斯·库克之后，旅行社为适应人们不断增长的旅游需求，进而在世界各地迅速发展起来。到第一次世界大战前，旅行社得到了更大的发展，美国的运通公司、英国的托马斯·库克公司和以比利时为主的铁路卧车公司成为当时世界旅行社行业的“三大巨头”。这一阶段的总体特征是：旅行社规模和数量小、经营范围窄，交通工具是火车、轮船。

（2）**成长阶段**。这一阶段为第一次世界大战结束到第二次世界大战开始前。第一次世界大战后，各国的政治、经济矛盾暂时缓和，旅行社数量增长、规模扩大，旅游活动扩展迅速，旅游产品品种增多，出现大型汽车旅行。

（3）**高速发展阶段**。第二次世界大战结束后，各国都致力于经济的恢复和发展，战争中的许多军事技术被开发为民用技术，促进了科学技术的进步。如喷气式飞机开始装备到民用航空部门，这种新型交通工具的出现极大地缩短了人们旅途中用于交通方面的时间，也就增加了人们观光游览的时间。同时，由于社会生产力的提高，世界经济得到增长。此时人们的经济收入尤其是可自由支配收入大幅增加，为他们外出旅行提供了经济条件。社会生产力的高速发展还进一步把人们从繁重的体力劳动中解放出来，增强了人们对旅游的需求。第二次世界大战以后，经济发达国家的农村人口不断下降，城市化进程普遍加快，导致城市化浪潮席卷全球。在经济发达国家，城市人口占总人口的比例达到80%以上。城市居民身心承受着越来越沉重的工作压力，渴望放松紧张的情绪和体力，向往悠闲自得的田园生活。自20世纪60年代起，旅游度假成了大多数城市居民的选择，人们的生活观念发生了变化，消费方式有所调整，他们不再把消费目标集中到灯红酒绿、喧闹拥挤的城市，而更多地把消费兴趣转移到了乡村、沙滩、海滨和森林等大自然中。同时，很多国家不同程度地实行了带薪假期，这样人们就有可能从事他们所喜爱的旅行、文化、健康、教育等活动。正是由于这些原因，社会化旅游形成了规模化、大众化发展的趋势。第二次世界大战后至 20 世纪 80 年代初的 40 年里，旅行社的业务范围不断扩大，管理水平和服务质量明显提高，产业规模和营业额大幅度增长。

（二）旅行社业的发展趋势

世界旅行社业的发展趋势主要表现在：

（1）**旅行社加速度扩张**。世界旅行社在战后到 20 世纪 90 年代初处于数量上的快速增长阶段。但是，随着旅行社对市场的渗透度的加大和市场竞争日趋激烈，进入 20 世纪 90 年代以后，西方国家旅行社的数量不但停滞不前，反而有下降趋势。旅游发达国家旅行社数量的基本稳定，表明旅游业在这些国家已经进入成熟期，旅行社业的发展已经从粗放型的数量增长阶段进入集约型的质量增长阶段。

（2）**旅行社适应游客的个性需求不断更新营销策略**。当代的旅游市场需求总体呈现出差异化、复杂化和个性多样化的特征。为适应旅游需求日趋个性化和差异化发展的趋势，旅行社逐步调整其市场营销战略，通过细分甚至超细分市场，提供多样化的旅游产品，以满足日趋复杂多变的旅游需求，如高尔夫旅游、温泉旅游、冰雪旅游等。休闲、度假、乡村旅游等产品开发与营销成为主流。

（3）**旅行社全球化发展，大公司进行跨国兼并及强强联合**。世界旅游市场的全球化发展趋势使得大旅行社采取了新的主动性竞争策略——跨国兼并，强强联合。2000 年 5 月，欧洲最大的旅游公司普鲁赛格集团在收购战中击败对手德国第二大旅游公司，以 18 亿英镑收购英国汤姆逊旅游集团，同时普鲁赛格在英国第三大旅行社托马斯·库克公司中占有 50.1% 的股份。美国运通公司近年来先后收购了巴西、瑞典、德国、澳大利亚的几家较大的旅游企业，并与中国工商银行合作，经营部分中国的旅游业务。

（4）**重视信息网络技术在旅行社中的运用**。相对于电子商务中的其他行业而言，旅游业具有得天独厚的优势。因为网络最为显见的功能就是对信息的汇集和再分散，而旅游业很多环节工作的实质就是对信息的传递。信息网络技术使原来的单向信息流转化为以计算机为媒介实现的旅游中各个参与者之间的多向信息流。信息网络技术不但使迎合个体消费者需要的定制化服务成为可能，更为地理位置偏远、规模空间狭小的旅游企业提供了发展空间。网络服务提供商可以利用 GDS 作为搜索引擎，进行旅行活动的日程设计、预计业务以及与跟踪票务有关的财务体系的运作和管理。总之，信息网络技术是旅行社发展的核心动力。

（5）**国际旅游流向呈现东移亚洲太平洋地区的趋势**。随着亚洲太平洋地区经济的飞速发展，该地区对国际旅游者更具吸引力，使西方的国际旅游者呈现东移的趋势，国际旅游者流动态势的分布已在逐渐发生变化，已形成欧、美和亚太地区三足鼎立的格局。

三、我国旅行社的产生与发展

（一）我国旅行社的产生

我国旅行社是在受到外来经济和文化入侵的影响下产生的。1923 年，上海商业储蓄银行总经理陈光甫与同人商议，决心创办旅行部，办理国人旅游业务。1923 年 8 月，北洋政府正式批准设立旅行部。1927 年，旅行部从上海商业储蓄银行独立出来，这是我国历史上最早的一家由国人开设的旅行社。1927 年该部独立并更名为中国旅行社，现为香港中国旅行社股份有限公司。新中国成立后，1949 年 12 月在厦门成立了华侨旅行社，这是“中国旅行社”的前身。此后，我国先后于 1954 年和 1980 年在北京成立中国国际旅行社和中国青年旅行社。这三家旅行社并称为我国的“三大旅行社”。

此后，我国旅行社发展缓慢，至 1978 年前，仅有两家以政治接待为主的旅行社——中国国际旅行社和中国旅行社，它们既不足以构成一个行业，也不具有经济的性质，直到 1978 年改革开放以后我国旅行社才形成具有一定规模的经济行业。

图1–2 陈光甫先生

图1–3 位于上海市宁波路50号的上海商业储蓄银行

（二）我国旅行社的发展

我国旅行社的发展可以划分为六个阶段：新中国成立前时期（雏形期）—改革开放前时期（政治接待期）—改革开放时期（旅行社发展初期）—旅行社大发展时期（增长期）—旅行社大发展时期（初级规范营期）—旅行社规范发展时期（规范经营期）。

1. 新中国成立前时期（雏形期）：1923~1949 年

1923 年，陈光甫在上海商业银行设立旅行部，1927 年独立并更名为中国旅行社——现为香港中国旅行社股份有限公司。1949 年成立厦门华侨服务社（即厦门中国旅行社）。

2. 改革开放前时期（政治接待期）：1950~1978 年

1949 年后，我国旅行社发展缓慢，至 1978 年以前，我国仅有 2 家以政治接待为主的旅行社——中国国际旅行社和中国旅行社。它们既不足以构成一个行业，也不具有经济的性质，直到 1978 年我国实行改革开放后旅行社才形成具有一定规模的经济行业。

3. 改革开放时期（旅行社发展初期）：1979~1988 年

1978 年我国开始实行改革开放，当年来华旅游的入境人数达 180 万人次，旅游外汇收入为 2.63 亿美元。中国国际旅行社和中国旅行社的任务主要转变为接待自费来华的旅游者。1980 年中国青年旅行社总社在北京成立。此后，根据国家的有关规定，只有中国国际旅行社、中国旅行社和中国青年旅行社 3 家总社拥有旅游外联的权力，并且它们之间具有相对明确的业务分工：中国国际旅行社主要接待外国来华的旅游者，中国旅行社主要接待来华的港澳台同胞和海外华人，中国青年旅行社主要接待来华的青年旅游者。从此，我国的旅行社形成“三足鼎立”的行业寡头垄断的局面。

党的十一届三中全会以来，热别是随着旅游业被纳入国民经济发展计划以后，旅行社逐步转变为以经营服务为主的经济性产业。1984 年，国务院就我国旅行社的体制改革做出了两项决定：一是打破垄断，允许各旅行社之间展开竞争；二是旅行社由行政或事业单位转变为企业。1985 年，国务院颁布了中国旅行社行业的第一部管理法规《旅行社管理暂行条例》，将中国旅行社的性质确定为“依法设立并具有法人资格，从事招徕、接待旅游者，组织旅游活动，实行独立核算的企业”。并按照业务范围将我国的旅行社划分为一类社、二类社和三类社 3 种类别。上述政策的实施对我国旅行社行业的发展起到了积极的促进作用，旅行社业在全国范围内迅速发展起来。到 1987 年年底，我国旅行社的数量增加到 1245 家。

4. 旅行社大发展时期（增长期）：1989~1994 年

1989 年，由于国内外政治、经济等宏观因素的变化，对当年乃至以后数年的中国旅行社行业产生了一定程度的冲击。我国旅游业出现了自 1978 年以来的第一次负增长。旅行社的数量由 1989 年的 1617 家减少到 1991 年的 1561 家。1989 年，中国接待的入境旅游人数比上一年减少了 23%，旅游外汇收入减少了 17%。面对这种状况，旅行社经营者开始强烈地意识到旅行社经营的风险性和旅游产品的不稳定性，旅行社开始走向理性发展的阶段。

与此同时，由于来自我国台湾地区和前苏联的旅游者数量急剧增加，使得我国旅游业在短短的两年内就得到迅速发展。1991 年，国际旅游入境人数和旅游外汇收入均超过 1988 年的历史最高水平。1992 年，国家旅游局和国家民航总局联合举办的“’92 中国友好观光年”对我国旅游业的迅速恢复也起到了积极的作用。

在此期间，我国政府开始允许中国公民出国探亲和旅游，这是我国旅游业发展中的又一重大突破，极大地提高了我国旅行社在国际合作中的地位和影响力。同时，我国的国内旅游也保持了持续发展的势头。国际入境旅游的恢复和发展、出境旅游的崛起和国内旅游的持续增长，有力地促进了我国旅行社行业的发展。到1994年年底，我国共有旅行社4382家。

5. 旅行社大发展时期（初级规范期）：1995~2009年

国家旅游局自1995年1月1日起，开始依照国际惯例实行旅行社质量保证金制度，先后颁布并实施了《旅行社质量保证金暂行规定》、《旅行社质量保证金暂行规定实施细则》、《旅行社质量保证金赔偿暂行办法》与《旅行社质量保证金赔偿试行标准》。这些制度的实施，标志着旅行社行业管理已转向以法制化管理为主和以提高旅行社素质为主的方向，改善旅行社行业混乱的市场秩序。旅行社质量保证金制度实施以后，许多效益较差的中小型旅行社由于无力承担规定数额的质量保证金，因而被迫退出经营。旅行社质量保证金制度实施的当年，我国的旅行社就由1994年的4382家减少为3826家，其中三类社减少598家，二类社减少51家，一类社增加93家，充分体现了调整期的转变。

1996年10月国务院颁布了《旅行社管理条例》，并于2001年12月进行了修订，对旅行社原有的分类方法、注册资本金额等方面进行了重大调整，并赋予旅游行政管理部门行政处罚权。1997年5月8日国家旅游局发布的《旅行社经理资格认证管理规定》、1999年5月14日国务院发布的《导游人员管理条例》，对提高旅行社的素质、质量和信誉等都起到了极大的促进作用，为我国旅行社行业的进一步发展提供了有力保障。

截至2009年年底，全国有旅行社21649家，其中，获得国家旅游局批准的出境游组团社1069家，占全国旅行社总数的4.94%；旅行社直接从业人员为340894人，旅行社规模与数量均达到世界领先和国内顶峰。

6. 旅行社规范发展时期（规范经营期）：2010年至今

针对不断被社会关注的旅行社行业存在的不佳服务和不良影响，2009年1月，国务院颁布了新的《旅行社条例》，2009年4月国家旅游局发布了《旅行社条例实施细则》。2009年国务院还就旅游业发展颁布《关于加快发展旅游业的意见》（国发〔2009〕41号）。2013年4月国家出台了旅游业首部法律《中华人民共和国旅游法》，成为明确旅游业各主体的权利、义务和责任的最高准则。所有这些文件、法律等，对旅行社业来说，较为集中体现的是如何规范旅行社经营、旅行社如何规范服务以及如何更好地实施管理等问题，为有效规范和可持续发展旅行社业提供了保障。2013 年全国旅行社统计调查显示，截至 2013 年年底，全国旅行社总数为 26054 家（按填报 2013 年第四季度组织接待数据的旅行社数量计算），旅行社直接从业人员为 339993 人，其中大专以上学历 238311 人，大大提高了旅行社业的文化素质和服务意识，中国旅行社行业的发展进入了一个全新的规范化发展阶段。

（三）我国旅行社行业发展环境与特征

1. 我国旅行社行业发展环境

进入 21 世纪以来，随着社会经济的发展，旅游热正在不断升温。剔除“非典”等非正常时期的不利因素影响，旅游业显示出强劲的增长势头。国内旅游人数以每年 4%~10% 的速度递增，旅游收入屡创历史新高。 伴随着中国旅游业的高速发展，我国旅行社行业发生了巨大的变化，特别是近 10 年来，许多宾馆、企业、个人纷纷开办旅行社，使行业规模不断扩大。目前中国注册的旅行社近 2.6 万家，加上近三四千家的网上旅行社和相关代理机构，我国旅行社业的规模得到了空前发展。并且，从旅行社业的规模结构来看，小规模旅行社占绝对多数；从地理分布情况来看，沿海经济发展较快的地区旅行社企业密度较高，但总的分布基本合理；旅行社行业加速转型升级，涌现出许多新特点。

2. 我国旅行社行业发展特征

（1）**更加重视国民旅游消费市场**。中国旅游市场呈现国内游快速增长、出境游平稳增长、入境游减少的态势。在入境旅游不景气的情况下，旅行社企业更为关注国内旅游消费需求，加大对国内旅游产品的开发力度。旅行社企业改变经营业务的范围，对旅游产品作出调整，从而更多地转向国内旅游业务，并向短途旅游产品倾斜。针对越来越盛行的自助游开发更多的产品，带来了更多的业务量和更广阔的市场空间。旅行社行业更加重视国内旅游板块，增加国内旅游线路产品的供给，注重研究国内旅游市场需求，提供适应国内游客散客化、家庭化、个性化和自驾车出游等的服务。目前出境旅游已经成为旅行社重要利润增长点，出境旅游的利润率相对较高，很多旅行社更加重视国内居民的出境消费需求，调整企业发展战略。

（2）**技术驱动的新商业模式与新业态不断涌现**。伴随着互联网为代表的新技术的运用，旅行社行业的电子商务发展迅速，新技术对传统的旅行社产业形态构成了挑战，一批新商业模式和新业态开始持续涌现。新业态的出现带来了新技术的应用，最为典型的是以携程、如家、广之旅为代表的互联网预订和呼叫中心技术。随着网络环境的改善以及网民各方面素质的提升，网上支付更加深入地渗透到了人们的日常生活中，逐渐成为生活必需品之一。支付宝、财付通等新兴的在线支付平台成为人们旅行预订及付款渠道的重要组成部分。随着手机上网人数的增加、手机旅游信息查询软件的发展以及3G网络的普及，互联网的力量正在从电脑转移到手机上来。这一切表明，旅游信息手机上网查询服务将会快速发展，旅游手机网络营销将会变得日益重要。在线旅游企业迅速成长，除了携程、艺龙之外，一些网络旅游公司介入了大客户商旅管理市场；很多旅游电子商务企业纷纷到国外设立网络窗口。很多地方旅游行政管理部门已经充分认识到旅游电子商务的重要性，开始提供补贴，鼓励旅游企业加入第三方旅行社电子商务平台、自建旅行社网站。

3. 我国旅行社的发展趋势

面临机遇和挑战的国内旅行社，如何在国际化市场上取得生存空间，如何引领我国旅游业不断向前发展，就需要旅行社业界人士把握好方向。

（1）**走集团化发展之路**。从规模能力大小来看，市场上存在着大量的中、小型旅行社。如何在激烈的竞争中立住脚，扭转亏负的局面，是目前我国大部分“小、散、弱、差”的旅行社面临的问题。在产品透明化的现实下，只有走集团化的道路，兼并、联合、重组旅行社，扩大规模，加强地区间的联系和合作，降低平均成本，才能提高旅行社在市场上的核心竞争力。

（2）**加强旅行社立法**。我国旅行社行业法规逐渐增多，已陆续出台《旅行社条例》、《导游人员管理条例》等单项行政法规，2013年推出《中华人民共和国旅游法》，并不断推出《旅行社服务通则》、《旅行社国内旅游服务质量要求》、《旅行社入境旅游服务规范》、《旅行社出境旅游服务规范》、《旅行社服务网点服务要求》、《旅行社产品第三方网络交易平台经营和服务要求》等系列标准和规范。

（3）**实行差异化、品牌化策略**。21世纪的旅行社将更倾向于产品的差异化和品牌的塑造。可以通过研究消费者心理，分析竞争者的产品，提供“人无我有，人有我优，人优我精”的特色产品；也可以通过提供专项产品，有针对性地开发市场；在有特色的品牌化基础上，组织不同系列、不同类型的旅游产品。

（4）**信息技术的运用**。随着旅游者日趋成熟，单一的线路加导游服务团队类产品已经受到威胁和挑战，无需旅行社协助的自助游将更受青睐。在争抢旅游者的形势下，旅行社开始大量使用微信、QQ、网上旗舰店和移动手机平台技术，大力发挥代办、招徕、组织等其他功能，强化子公司、门市部的内部管理，加强与相关行业的紧密联系，提高办事效率。我国旅行社正处于世纪之初行业发展的转型时期，同时面临着机遇和挑战。如何把握旅行社的发展方向，企业必须结合自身的特点，因地制宜，把握时机，不断了解市场。

相关链接 搜索

美国运通公司

美国运通公司总部设于纽约市。主要通过其三大分支机构营运：美国运通旅游有关服务、美国运通财务顾问及美国运通银行。美国运通旅游有关服务（American Express Travel Related Services）是世界最大的旅行社之一，在全球设有1700多个旅游办事处。美国运通旅游有关服务向个人客户提供签账卡、信用卡以及旅行支票，同时也向公司客户提供公司卡和开销管理工具，帮助这些公司管理公干旅行、酬酢以及采购方面的开支，公司同时还向世界各地的个人和公司提供旅游及相关咨询服务。美国运通财务顾问（American Express Financial Advisors）以财务计划和咨询为业务核心，与零售客户建立紧密的关系和长期财务战略。为了满足其零售客户的需求，美国运通财务顾问亦同时开发和提供财务产品和服务，包括保险、养老金和多种投资产品。美国运通银行（American Express Bank）在以美国为基地的银行中拥有一个最大的国际分支机构网络，通过40个国家的77家办事处提供私人银行服务、个人理财服务、同业银行以及外汇交易。

2002年1月，美国运通公司与中国国际旅行社总社（简称国旅）一起创建了国旅运通旅行社有限公司，这是中华人民共和国首家中美合资的商务旅行社。

2003年1月，美国运通公司与国旅总社拓展在中国大陆的旅行代理处，为美国运通持卡会员和客户提供休闲旅游服务。至今，美国运通在中国的旅游代理处已拓展到近200个城市。

2004年3月，美国运通公司与中国工商银行签订了信用卡合作协议，在中国发行首张带有美国运通标志的信用卡——牡丹运通卡。2004年12月8日，牡丹运通卡正式发行。牡丹运通卡包括普通卡和金卡两种，可以使用人民币和美元进行消费，并在国内中国工商银行商户、中国银联商户以及美国运通在全球200多个国家和地区数以百万的特约商户使用。

部分美国运通的旅行卡和旅行支票，最中间的是中国工商银行牡丹运通卡

第二节　旅行社的内涵

一、旅行社的性质

旅行社是为人们旅行提供服务的专门机构，它在不同的国家和地区具有不尽相同的含义，而且不同国家和地区的法律对旅行社的性质也有不同的规定，旅行社的英文专用词汇为“travel service”。旅行社分为组团社和接待社。

欧洲的定义：旅行社是一个以持久营利为目标，为旅客提供有关旅行及居留服务的企业。世界旅游组织（WTO）的定义：零售代理机构向公众提供关于可能的旅行、居住和相关服务，包括服务酬金和有条件的信息。国务院2009年1月颁布的《旅行社条例》规定：旅行社是指从事招徕、组织、接待旅游者等活动，为旅游者提供相关旅游服务，开展国内旅游业务、入境旅游业务或者出境旅游业务的企业法人。由以上定义可以看出，虽然对于旅行社的定义不同，但都包含了两个共同的特征：提供与旅行有关的服务是旅行社的主要职能；以营利为目的，决定了旅行社的企业性质。

旅行社既然是为人们提供旅游服务的企业，那么作为一种企业形式的存在，旅行社首先是一种经济组织，具有法人资格，并且以营利为目的。一方面，它突出地表现为代理的性质；另一方面，对于旅游者来说，旅行社提供的只是一种旨在方便的服务。

二、旅行社的特点

（1）**旅行社是劳动密集型企业**。旅行社是设计采购、组合和销售旅游产品的中间机构，由于旅游产品是一种无形产品，它的组合、加工和销售一般不需要机器设备和仓库。但是它需要大量训练有素的专业服务人才，而且旅游产品的生产过程就是各个环节人员参与设计、组合的过程。

（2）**旅行社属于知识密集型企业**。旅游是一种文化享受，旅游者出外旅游是为了开阔眼界、增长见识、获取信息、接受教育。这就对旅行社工作人员的知识广博性提出了更高的要求。另外，旅游者来自各行各业，为了能够和旅游者深度沟通，旅行社工作人员还必须掌握各个行业的一些知识。

（3）**旅行社产品的依附性强**。旅行社有赖于大量的旅游商在客源市场上帮助销售旅行社产品。旅行社有赖于大量的旅游服务供应者，如饭店、餐馆、交通、商场、文娱场所和各参观游览单位为其组织的客源提供各种旅游服务。

（4）**服务的直接性**。旅游产品是旅游活动过程中所需要的服务的总和。与一般物质产品不同，旅游产品集中表现为旅游服务。旅行社是为旅游者提供服务的，其提供服务的过程恰恰是旅游者旅游消费的过程，即旅行社工作人员直接面对旅游者提供相关旅游服务，服务工作好坏的标志是能否为旅游者提供优质服务，使他们感到满意。因此，旅行社工作人员要十分重视为旅游者提供面对面的服务，要与旅游者建立起亲切融洽的关系，创造温馨愉快的气氛，给旅游者留下美好而永久的记忆。

（5）**工作的复杂性**。现代旅游是距离长、中转多、日程紧、服务杂、对质量要求高的活动，要准确、高质量地完成这样的活动，必然涉及吃、住、行、游、购、娱等各个方面，内容十分复杂。只有进行细致的安排，才能使旅游活动顺利进行。此外，由于旅游者来自不同的国家或地区，他们在性别、年龄、信仰、文化、职业、兴趣、社会地位、受教育程度以及经济实力等方面相差较大，而且性格各异，这就决定了他们在旅游需求方面存在种种差异。以上两方面共同作用，使旅行社的工作呈现出极大的复杂性。

（6）**联系的广泛性**。旅行社的服务宗旨就是要满足旅游者在旅游过程中提出的各种合理的需要，因此就不可避免地与旅游业各相关部门和其他相关部门发生业务联系。一方面，它必须依靠各客源市场的旅游商销售其产品，以便在激烈的市场竞争中得到充分的客源；另一方面，旅行社还必须依靠众多的旅游服务供应者为其提供各种旅游服务，如交通部门、饭店、餐馆、旅游景点等，以便获得所需的服务和优惠的价格。这使得旅行社与其他部门处于广泛的联系之中，旅行社呈现出联系的广泛性特点。

（7）**市场的脆弱性**。从需求方面来说，旅游还不是多数人的生活必需品，其替代性较强，需求弹性也比较大。许多外部因素，如国际政治气候、经济的繁荣与萧条、物价与汇率、战争、自然灾害等，都可能使某个客源市场的出游人数很快上升或下降，或者使大量旅游者从某个目的地转移到其他目的地。在这样的情况下，作为旅游中间商的旅行社，不可避免地面临着市场的挑战，其营业额与经营效益等不可能保持长期的稳定。因此，旅行社呈现出市场的脆弱性特点。

（8）**业务的季节性和地区性**。我国大部分地区春秋季天气晴朗，温度适宜，游客大多数集中在这个季节旅游，冬季则寒冷多风，游客相对较少出游，这是因为季节特点形成的规律。各地区之间，由于经济发展程度不同，旅游资源、交通和接待设施以及知名度等多种因素的影响，旅行社的业务呈现出明显的地区性差异。

三、旅行社的职能、分类和基本业务

（一）旅行社的职能

（1）**生产（组装）职能**。旅行社以低于市场的价格将饭店、旅游交通、旅游景点、旅游购物、娱乐等相关产品进行组合设计，并赋予特色主题，形成旅行社产品。旅行社根据其对旅游市场需求的判断或者根据旅游者及其他希望购买旅游产品的企业、单位的要求，设计和开发出各种包价旅游产品和组合旅游产品，并向相关的企业或部门购买各种服务，并将这些服务按照产品设计要求组合成具有不同特色和功能的旅游产品。旅行社出售的是一件完整的旅游产品，其他相关部门提供的服务只是旅行社产品中的“生产原料”而非产品本身。因此，旅行社具有生产职能。

（2）**销售或代理销售职能**。旅游活动有食、住、行、游、购、娱六大类。旅行社不仅是其自身产品的主要销售渠道，而且是许多其他旅游企业及相关企业的重要销售渠道。旅行社在满足旅游者需求，拓宽各种旅游产品销售渠道和增加旅行社及其他旅游企业、单位的产品销售量方面发挥着重要作用，它一方面能够满足旅游者的需求；另一方面能够使旅游产品更顺利地进入消费领域。所以，旅行社具有销售职能。

（3）**组织协调职能**。旅行社以利益共享为原则，对旅游活动涉及的各利益相关者进行组织协调。旅游活动涉及食、住、行、游、购、娱六个方面，旅行社产品的质量对其他旅游企业及相关企业、部门产品质量的依赖程度很高。所以，旅行社必须协调同有关企业和部门的关系，在确保各方利益的前提下，衔接和落实整个旅游活动过程中的各个环节。旅行社的产品质量和旅游者对旅行社及其产品是否满意，在很大程度上取决于旅行社的协调能力。

（4）**分配职能**。旅行社在不同的旅游服务项目之间合理分配支出，根据在接待过程中各相关部门提供的服务数量和质量对效益进行合理分配。目前，许多地方的旅游服务企业、部门及相关的企业、部门所提供的旅游设施设备水平和服务的质量及价格差别较小，特别是同档次的旅游设施之间的差别更是微乎其微，从而给出行经验较少的旅游者造成一定的困难。旅行社根据对旅游服务设施的了解以及旅游者的旅游需求，合理地配置旅游资源，给旅游者充分的选择余地。同时，在为旅游者提供服务时，帮助旅游者合理地分配支出。实际上，旅行社对旅游资源的配置在很大程度上会影响到旅游者的选择。所以，旅行社对资源的配置非常重要，既要考虑旅游者的需求，也要兼顾旅行社、相关旅游企业和部门以及其他企业和部门各方面的利益。

（5）**提供信息的职能**。旅行社发布旅游者对产品的反映信息、各相关部门提供最新发展和变化的信息。旅行社提供信息的职能主要体现在两个方面：一方面，旅行社作为旅游产品最重要的销售渠道，始终处于旅游市场的最前沿，熟知旅游者的需求变化与市场动态，所以，旅行社可以及时地向各相关部门反馈市场信息；另一方面，旅行社可以将各相关协作部门的最新信息及时、准确、全面地反映到旅游消费中去，以促进旅游产品的销售与购买。

（二）旅行社的分类和基本任务

1. 西方国家的旅行社

西方国家的旅行社一般分为批发旅游经营商和旅游零售商。

（1）**批发旅游经营商**。批发旅游经营商又分为旅游经营商和旅游批发商，二者之间是有一定区别的：旅游批发商是通过中间人（如旅游代理商）出售自己的包价旅游产品，一般不从事零售，而旅游经营商经常通过其零售机构从事零售，即批发兼零售。旅游批发商通常通过购买并组合现成的服务，形成新的包价，而旅游经营商通常设计新产品并提供自己的服务。旅游批发商一般不从事接待业务，而旅游经营商则从事接待业务。

（2）**旅游零售商**。其主要业务是：为潜在的旅游者提供有关旅游点、客运班次、旅游公司产品及旅游目的地情况的咨询服务，代客预订交通、食宿及游览等票据，发售旅行票据和证件，陈列并散发有关旅游企业的旅游宣传品，向有关旅游企业反映顾客意见等。

2. 我国旅行社的分类

2009年国务院颁布的《旅行社条例》按照经营的业务范围，将我国旅行社划分为经营国内旅游业务和入境旅游业务的旅行社以及经营出境旅游业务的旅行社。加入世界贸易组织后，这种分类方式出现了一些新的变化，具体可以分为三种类型的旅行社。

（1）**经营国内旅游业务和入境旅游业务的旅行社**。国内旅游业务是指旅行社招徕、组织和接待中国内地居民在境内旅游的业务。入境旅游业务是指旅行社招徕、组织、接待外国旅游者来我国旅游，香港特别行政区、澳门特别行政区旅游者来内地旅游，台湾地区居民来大陆旅游，以及招徕、组织、接待在中国内地的外国人，在内地的香港特别行政区、澳门特别行政区居民和在大陆的台湾地区居民在境内旅游的业务。

（2）**经营出境旅游业务的旅行社**。经营入境旅游业务、出境旅游业务和国内旅游业务的旅行社。出境旅游业务是指旅行社招徕、组织、接待中国内地居民出国旅游，赴香港及澳门特别行政区和台湾地区旅游，以及招徕、组织、接待在中国内地的外国人，在内地的香港及澳门特别行政区居民和在大陆的台湾地区居民出境旅游的业务。但赴台湾旅游经营资质需国家旅游局另行审批。

（3）**外商投资旅行社**。包括中外合资经营旅行社、中外合作经营旅行社和外资旅行社。外商投资旅行社不得经营中国内地居民出国旅游业务以及赴香港及澳门特别行政区和台湾地区旅游业务，但是国务院决定或者我国签署的自由贸易协定和内地与香港、澳门关于建立更紧密经贸关系的安排另有规定的除外。

相关链接　搜索

旅行社按业务分类

目前国内各地的旅行社从业务上又分为：组团社、地接社、办事处（也可以称为批发商、分销商、代理商、同行）。

组团社：是指与旅游者订立包价旅游合同的旅行社。

地接社：是指接受组团社委托，在目的地接待旅游者的旅行社。

办事处：是指地接社设在出发地城市的办事机构或者代理，此类办事机构正处于合法化进程中。

3. 旅行社的基本业务

根据国家旅游局2009年颁布的《旅行社条例实施细则》规定，旅行社所提供的招徕、组织、接待旅游者的相关旅游服务，主要包括：安排交通服务；安排住宿服务；安排餐饮服务；安排观光游览、休闲度假等服务；导游、领队服务；旅游咨询、旅游活动设计服务。旅行社还可以接受委托，提供下列旅游服务：接受旅游者的委托，代订交通客票，代订住宿和代办出境、入境、签证手续等；接受机关、事业单位和社会团体的委托，为其差旅、考察、会议、展览等公务活动代办交通、住宿、餐饮、会务等事务；接受企业委托，为其各类商务活动、奖励旅游等，代办交通、住宿、餐饮、会务、观光游览、休闲度假等事务；其他旅游服务。

从有效地作用和服务于旅游者旅游决策及消费的全过程看，旅行社的业务主要有以下一些方面：各旅行社在类别、业务规模和目标市场等各方面的不同，决定了其业务的差异。但是，如果仔细剖析旅游者从产生旅游动机到旅游活动结束的旅游决策和消费的全过程，我们不难发现，旅行社可以有效地作用和服务于旅游者旅游决策与消费的全过程，旅行社的业务范围也就由此形成（图1–4）。旅行社的基本业务包括：

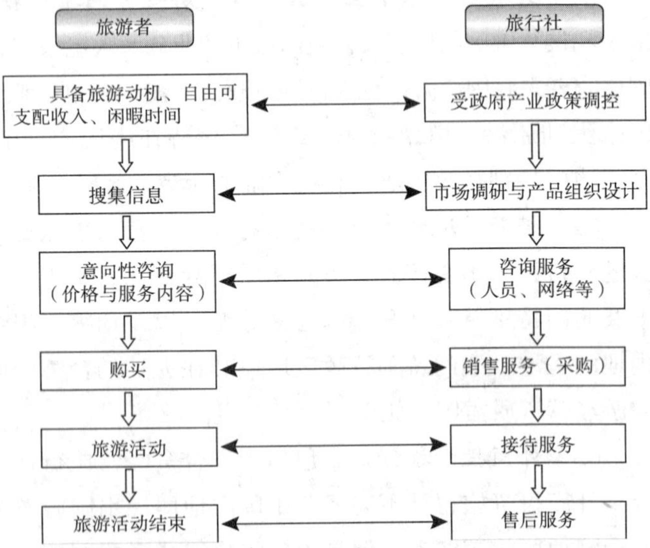

图1–4　对应旅游者旅游决策及消费过程的旅行社业务

（1）**旅行社产品设计与开发业务**。旅行社的产品就是旅行社出售的能满足旅游者一次旅游活动所需的各项服务或服务组合。产品是旅行社赖以生存的基础，没有产品，旅行社的经营就无从谈起。旅行社的产品开发中，旅游线路的设计是最关键的。旅行社通过对旅游者消费需求的了解，在结合旅游资源赋予与旅游设施配置的基础上，合理地对资源进行配置与整合，这就是旅游产品的开发过程。

（2）**旅游服务采购业务**。在旅行社把旅游产品销售出去以后，旅行社就需要向各相关部门购买各种旅游服务。旅行社的采购业务是旅行社为组合旅游产品而以一定的价格向其他旅游企业及相关部门购买旅游服务项目的行为。采购业务会直接影响旅游产品的成本与质量，旅行社如何协调好与有关各方的关系是非常重要的。

（3）**旅行社产品销售业务**。产品只有在销售后才能实现其价值并给企业带来利润，所以，产品的销售对于企业来说是至关重要的。没有销售，企业的存在就等于零。旅行社在选择目标市场以后，要根据目标市场的特点和自身的经营实力选择适当的销售渠道，并采取灵活的价格策略把产品推向市场，促使旅游者购买。特别是由于旅游产品本身的特点，其销售环节就显得更为重要，所以旅行社对销售渠道的依赖性是非常明显的。

（4）**旅行社接待服务业务**。旅行社的服务接待过程是最终使产品销售得以完成的过程，也就是旅行社的直接生产过程。由于旅行社产品的生产与消费的同步性，旅行社提供服务的过程也就是旅游者消费旅游产品的过程。在此过程中，导游所提供的服务直接影响到旅游者对旅游产品的认识与评价，因此，服务接待过程是非常重要的。这一过程不仅在旅游者参与旅游活动的过程中，而且会一直持续到旅游活动结束后，所以，旅行社还应该做好售后服务工作。旅行社接待服务业务的水平决定着旅游者对旅游产品的整体印象，也决定了旅行社的总体水平，是旅行社最有代表性的基本业务。

（5）**散客、会展旅游服务业务**。除上述业务外，许多旅行社还会涉足散客、会展旅游服务业务，为散客提供旅游产品，为消费者提供会务（如租赁会议场地、订房、参与会议接待）等活动。

（6）**中介服务**。包括：办理旅行证件，如护照和签证；代客购买或预订车、船和机票及各类联运票；出售特种有价证券，如信用卡，旅游者持有这种证券便可以在各游览地逗留期间得到膳宿等服务；发行和汇总旅行支票、信贷券，组织兑换业务；为旅游者办理旅行期间的各种保险等。

四、旅行社的地位与作用

（一）旅行社的地位

旅行社行业属于第三产业中的旅游业，与旅游交通业和住宿业共同构成旅游业的三大支柱。旅行社在旅游业中处于中枢地位。在中国，人们形象地将旅行社称为中国旅游业的“龙头”。从旅行社的实际运作和所体现的社会角色看，旅行社是旅游发展的桥梁和纽带。

（1）**旅行社是连接旅游者和履行辅助人（旅游服务供应商）之间的桥梁。**旅游者通过旅行社的安排实现“吃、住、行、游、购、娱”，实现旅游中所需的各种其他服务与保障，而真正完成这些服务的不是旅行社，而是各旅游服务供应商（《旅游法》中称其为履行辅助人），所以说旅行社架起了旅游者与履行辅助人之间的桥梁。

（2）**旅行社是履行辅助人之间有效组合和合作的纽带。**由于有了旅行社的牵线搭桥，也为各履行辅助人之间的合作提供了空间和机会，各履行辅助人为更好地获得旅游者的信任和口碑，往往通过旅行社主动与其他履行辅助人组合，为旅行社招徕的旅游者提供更完善的服务。因此，旅行社是履行辅助人之间有效组合和合作的纽带。

（二）旅行社的作用

（1）**旅行社能帮助旅游者顺利实现旅游消费愿望。**这表现在旅行社能给旅游者提供旅游过程中“吃、住、行、游、购、娱”的方便；能确保各项旅游活动的顺利进行；由于是批量和常规性合作，所以旅行社产品的低旅游成本减轻了旅游者的经济负担；而旅行社的桥梁和纽带地位为提高品质旅游服务产品提供了保障。总之，旅行社的存在，使旅游者得到了省时省力和价廉物美的旅游服务，使旅游成为人们越来越喜欢的一项活动。

（2）**旅行社是各种旅游产品创新和销售的重要渠道。**旅行社的主要职能就是销售旅游产品和引进客源，而来自旅游者的广泛意见和需求则是旅游产品创新的源泉。从这个意义上说，称旅行社为旅游业的龙头企业是不为过的。

（3）**旅行社能促进旅游目的地经济的发展。**在经济上，旅游业已成为并将继续成为世界最大的产业之一。旅游业能够带动 30 多个行业发展。旅游业每创造 1 元钱收入，就可以间接创造 7 元钱社会财富；旅游业直接增加 1 个就业岗位，就可以间接带动 7 个人就业。同时，国际旅游人数持续上升，旅游将成为国际贸易的重要组成部分。另据世界旅游组织的资料，在全世界 88% 的国家中，旅游属于五大出口类别之列，特别是欧洲、中东和美洲国家，而且至少在每三个国家就有一个国家的旅游业是其外汇收入的重要来源。总之，旅行社的有序发展为当地社会增加了经济收入和就业机会，平衡了地区经济发展。

（4）**旅行社能促进不同国家和地区人民之间的友谊。**无论是出境、入境还是国内旅游，旅行社的服务不仅可以让旅游者欣赏和了解旅游目的地的旅游资源，而且为旅行者与目的地人们的交流和交往提供了良好的平台，增进旅游客源地与旅游目的地国人民之间的了解，推动各国和各地区之间人民的文化、科学等交流。

第三节　旅行社的设立

设立旅行社是开展旅行社业务的前提，是旅行社经营管理的开始。做好旅行社的设立工作要求旅行社创办者和经营管理者全面了解和正确把握影响旅行社设立的内部因素、外部因素，熟悉旅游行业法律法规对设立旅行社的基本程序所作的规范；对旅行社的组织结构设计、旅行社组织结构的发展趋势有系统的认识；同时充分考虑旅行社行业组织对所设立旅行社发展的影响；旅行社发展过程中，为更好地与国际接轨，还应该能够对旅行社的国际性组织有全面的了解。

一、影响旅行社设立的因素

设立旅行社要受到外部因素和内部因素的影响和制约。

（一）影响和制约设立旅行社的外部因素

影响和制约设立旅行社的外部因素，指的是旅行社在经营管理过程中，自身无法控制而又要受其约束的因素。

1. 行业环境因素

行业环境因素是指存在于旅行社内部的，影响、制约旅行社存在与发展的因素。

（1）**旅游业的发展现状**。世界旅游业、国家旅游业、地区旅游业的发展水平和发展趋势会对该地区旅行社的设立产生至关重要的影响。旅游业发展水平高，并且呈现可持续发展的趋势，旅游客源就有了好的保障；同时，与旅行社业务发展密切相关的各行业、各部门的快速增长也是设立旅行社时必须考虑的因素。

（2）**行业内的竞争对手**。行业内的竞争对手是指设立旅行社的地区从事旅行社经营业务的其他旅行社。包括现有旅行社的数量、规模、竞争的激烈程度等。一个地区旅行社数量有限、规模较小、竞争平和、获利较高时，一家新的旅行社的进入不会引起过多的关注，新旅行社有发展的机遇；反之，新旅行社的经营会困难重重。

（3）**潜在的竞争对手**。潜在的竞争对手是指那些具备了从事旅行社业务却尚未进入旅行社行业的企业或个人。潜在对手少、实力弱，对新旅行社的进入就不会构成大的威胁；反之，新旅行社举步维艰。

（4）**旅游服务供应部门**。旅游服务供应部门是指围绕旅行社的业务展开经营，为游客提供食、住、行、游、购、娱等服务的部门。旅游服务供应部门的数量、规模、经济实力、其产品对旅行社的依赖程度对旅行社的经营成本、赢利水平和发展潜力具有较大影响。旅游服务供应部门数量多、规模小、实力弱、依赖性强时，新旅行社的发展潜力就非常巨大；反之，新旅行社是难以维持下去的。

2. 宏观环境因素

宏观环境因素是指存在于旅行社行业之外却又对旅行社的存在与发展产生直接影响的各种因素。

（1）**宏观经济环境**。宏观经济环境决定着一个国家、一个地区、一个行业的国民经济的发展状况。国民经济发展的好与坏又影响着这个国家、地区的旅行社行业的经济效益的好与坏。反映宏观经济环境的主要指标是经济增长率、汇率、利率、通货膨胀率等。

（2）**人口环境**。社会人口组成成分的变化会为旅行社的发展创造机遇。随着人口平均寿命的延长，老年人口的比例越来越大，“老年旅游团”也越来越多，给旅行社的发展提供了新的机遇。

（3）**科技环境**。旅行社是随着科学技术高速发展而产生的。轮船的出现，使洲际旅游成为现实。飞机由军用变民用，使旅游活动的时间大大缩短；大型客机的不断更新，降低了飞行成本，同时也降低了旅行成本，为大众旅游的发展奠定了基础。航天技术的成熟，使太空旅游变成现实。现代计算机网络技术，更为旅行社的经营管理提供了便利的办公条件，降低了旅行社内部的经营成本，让旅行社得到了更好的赢利空间。

（4）**政治、法律环境**。一个国家、一个地区的政治制度、法律法规会对旅行社的发展产生巨大的影响和制约。和平稳定的政治环境、以人为本的法律环境为旅行社营造了一个宽松的发展空间。

（5）**国际环境**。现代旅行社的发展已经没有了国家界限，国际旅游为旅行社带来了巨大的效益。国际环境的变化对旅行社行业的影响是非常巨大的，国际环境对于旅行社来说是一把双刃剑，既能给旅行社带来机遇，也会给旅行社的发展带来威胁。中国社会和平、稳定，使旅行社行业得到了飞速发展；而美国“9·11”恐怖事件、印度洋海啸却让当地旅行社行业遭受重大损失。

（二）影响和制约设立旅行社的内部因素

设立旅行社不仅要了解旅行社经营的外部因素，而且要充分研究旅行社的内部因素。内部因素是指旅行社自身可以控制的因素。这些因素虽然属于内部因素，却也并不是所有的因素旅行社都能控制，但旅行社必须认真对待这些因素。影响旅行社设立的内部因素包括资金筹措、营业场所与设备、运营团队、协作网络等。

1. 资金筹措

在具备了外部条件的情况下，设立旅行社，开展业务，首先遇到的是资金问题。申办旅行社、开展业务等所需资金是旅行社创立者能够控制的。因此，筹措资金就成了旅行社内部自行控制的最主要和最关键的因素。外部因素中涉及法律法规对设立旅行社所需资金的规定，如《旅行社条例》指出了设立旅行社所需要的注册资本金、质量保证金的最低限额。旅行社在业务工作中也需要相当数量的资金。这就要求旅行社应根据自身业务量筹措相应资金。筹措资金的渠道很多，主要有自有资金、合股资金和银行贷款 3 种。

2. 营业场所与设备

营业场所是影响旅行社设立的又一内部因素。主要是指旅行社的设立者依法拥有的开展旅行社业务工作所必需的经营场地。旅行社在选择营业场所时，应该按照有利于自身发展壮大的原则。关于旅行社营业场所的选址，以下原则是共同的，如旅行社的营业场所应设在繁华的商业区，以吸引过往行人；旅行社的营业场所应有足够的停车场地，以方便公众停留；旅行社的营业场所应设立在家庭收入较高的地区，而且附近有规模较大的企业，以便吸引有条件的人群参加旅游；旅行社的营业场所以楼房底层商铺为好，以方便客人出入。旅行社的营业场所的选择有一些禁忌，如不能选在家庭里，不要与其他行业、部门合用办公室，不要设在饭店里，避免选择旅行社林立的地区等。总之，旅行社营业场所的选择应根据不同的情况作出相应的判断，不能一概而论。

我国《旅行社条例》、《旅行社条例实施细则》对旅行社的设立做了如下规定：申请者拥有产权的营业用房，或者申请者租用的、租期不少于 1 年的营业用房；营业用房应当满足申请者业务经营的需要。应当至少包括下列设施、设备：两部以上的直线固定电话；传真机、复印机；具备与旅游行政管理部门及其他旅游经营者联网条件的计算机。

3. 运营团队

在互联网时代，企业团队和产品的重要性是对等的。没有好的团队，再好的产品理念也无法实现；产品也就无法研发出来。刚创立的旅行社有两个角色：市场角色和产品角色。如果这两个角色分别都是顶尖的，这家公司的发展将十分顺利，并且会随着公司的壮大而越来越顺利。好的产品代表好的理念和构思；好的市场才能够将产品销售出去。市场强的企业往往成为贸易型公司，很容易生存，但缺乏后劲，不容易壮大，毛利率不高。而专业人员创业的公司往往会成为服务性企业，靠产品开发获得收入，但由于市场拓展能力弱，生存往往比较艰难，成功的概率要小很多。

4. 协作网络

在旅游业越来越发达的时代，联络相关行业、相关部门，使之成为合作伙伴，从而形成一张庞大的协作关系网络，是任何一家旅行社努力奋斗的终极目标。因此，协作网络是影响旅行社设立的内部因素，协作网络也是衡量旅行社实力的一个关键因素。

（三）旅行社的注册资本金和质量保证金

我国相关法律规定，设立旅行社必须拥有相当数额的注册资本金和交纳规定数额的质量保证金，以保障企业的正常运营，保护旅游者的合法权益。

（1）**注册资本金**。是指旅行社向政府企业登记主管部门登记注册时所填报的财产总额，包括流动资金和固定资金。注册资本金是旅行社承担债务的一般担保财产。

（2）**质量保证金**。是一种专项款，用于赔偿旅行社存续期间因自身过错或破产而造成旅游消费者的合法权益的损失。

相关链接　搜索

旅行社注册资本金及质量保证金

《旅行社条例》、《旅行社条例实施细则》对我国旅行社的设立做了如下规定：申请设立旅行社，经营国内旅游业务和入境旅游业务的，应有不少于30万元的注册资本。旅行社应当自取得旅行社业务经营许可证之日起3个工作日内，在国务院旅游行政主管部门指定的银行开设专门的质量保证金账户，存入质量保证金，或者向作出许可的旅游行政管理部门提交依法取得的担保额度不低于相应质量保证金数额的银行担保。

	注册资本金（万元）		质量保证金（万元）	
	设立一家旅行社	增设一家分社	设立一家旅行社	增设一家分社
经营国内旅游业务和入境旅游业务的旅行社	30	5	20	5
兼营出境旅游业务的旅行社		15	120	30

二、申办旅行社的程序

我国旅行社申办的一般程序为：

（一）准备阶段

申办旅行社有一个较为复杂的过程。申办旅行社要准备的文件包括设立旅行社申请书、可行性研究报告、企业章程、旅行社负责人履历和任职资格证明、验资证明、经营场所证明、经营设备情况证明、旅行社质量保证金承诺书等。

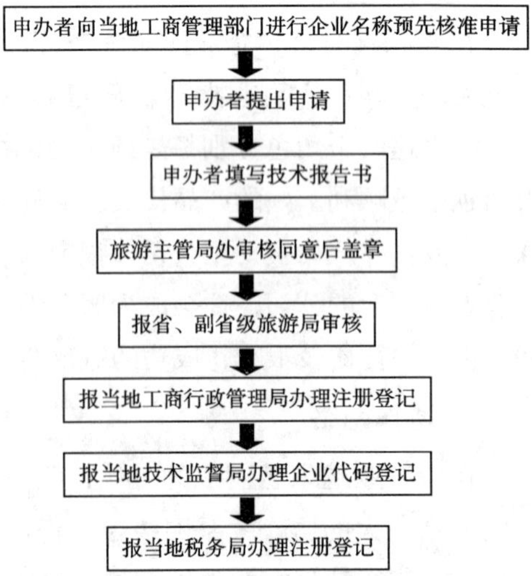

图1-6　旅行社设立流程简图

1. 设立旅行社申请书

设立旅行社申请书包括两项内容：向拟设旅行社所在地的工商局申请旅行社企业名称预登记和向所在地旅游管理部门提交旅行社申请书。设立旅行社申请书是旅行社申办人向旅游管理部门提交的表达愿意申办旅行社意愿的书面材料。内容包括申请设立的旅行社的中英文名称及英文缩写、设立地址、企业形式、出资人、出资额和出资方式、申请人、受理申请部门的全称、申请书名称和申请的时间。

相关链接　搜索

企业名称预登记具体操作流程

一、颁发部门：旅行社所在县区工商局。

二、所需材料：准备公司名称（3-5个），填写预登记名称申请表。

三、操作流程：

（1）全体投资人签署《企业名称预先核准申请书》。

（2）全体投资人签署《指定代表或者共同委托代理人的证明》，提交及指定代表或者共同委托代理人的身份证件复印件；应标明指定代表或者共同委托代理人的权限、授权期限等。

（3）申请名称冠以“中国”、“中华”、“国家”、“全国”、“国际”字词的，提交国务院的批准文件复印件。

企业名称预先核准申请书

<table>
<tr><td>申请企业名称</td><td colspan="3"></td></tr>
<tr><td rowspan="3">备选企业名称
（请选用不同的字号）</td><td colspan="3">1.</td></tr>
<tr><td colspan="3">2.</td></tr>
<tr><td colspan="3">3.</td></tr>
<tr><td>经营范围</td><td colspan="3">（只需填写与企业名称行业表述一致的主要业务项目）</td></tr>
<tr><td>注册资本（金）</td><td colspan="3">（万元）</td></tr>
<tr><td>企业类型</td><td colspan="3"></td></tr>
<tr><td>住所地</td><td colspan="3"></td></tr>
<tr><td colspan="4">投资人</td></tr>
<tr><td>姓名或名称</td><td>证照号码</td><td>投资额（万元）</td><td>投资比例</td></tr>
<tr><td></td><td></td><td></td><td></td></tr>
<tr><td colspan="4">另备页面　　　　页（必须大写）</td></tr>
</table>

指定代表或者共同委托代理人的证明

指定代表或者共同委托代理人的证明

指定代表或者委托代理人（本人签字）：

指定代表或委托代理人更正有关材料的权限：

1. 同意□不同意□修改有关表格的填写错误；

2. 同意□不同意□修改除上项外的任何材料；

3. 其他有权更正的事项：

指定或者委托的有效期限：自　　年　月　日至　　年　月　日

指定代表或委托代理人联系电话	固定电话：
	移动电话：

（指定代表或委托代理人身份证明复印件粘贴处）

投资人盖章或签字：

年　　月　　日

2. 法定代表人履历表及身份证明

旅行社经理、副经理及财务管理人员必须具备相应的学历和工作履历，并且具有在旅游管理部门或旅游企业工作的经历。

3. 企业章程

旅行社章程是规定旅行社的性质、宗旨、任务、成员机构、活动规则和要求的文体，具有法规性和约束力。旅行社章程是用以规定公司法人的权利和义务以及调整公司内外关系的基本法律文件。它向社会公开申明其经营宗旨、资金状况、股东结构、经营规模、经营范围、组织形式和组织机构、议事规则、股东的权利和义务、内部管理原则和发展方向等基本事务，是旅行社一切行为的基本准则，也是规范旅行社决策和经营管理的法律依据；旅行社章程还是树立企业法人良好社会形象和促进旅行社蓬勃发展的最佳宣言。

旅行社章程的主要内容有：旅行社的名称、地址和联系方法；旅行社的经营范围、设立方式和经营方式；旅行社的经济性质、注册资金数额及其来源；旅行社的组织机构及其职权；法人代表产生的程序和职权范围；财务管理制度和利润分配形式；劳动用工制度；对旅游者承担的责任；章程修改程序和终止程序；其他应说明的事项等。

4. 依法设立的验资机构出具的验资证明

旅行社属于低投入、高风险行业，国家法律为了保证旅游者的权益不至于受到损害，在资金方面，对旅行社申办者做出了明确规定。为此，旅行社申办者必须请求具备法定验资机构对旅行社的注册资本金和质量保证金进行审验，以检验资本金和质量保证金的真实；并且由审验机构出具验资证明。在我国，法定的验资机构包括经国务院金融主管部门审批设立的各商业银行、会计师事务所、审计师事务所或律师事务所等。验资结束，申办人将验资证明或验资报告书送交受理申请的旅游行政主管部门。取得验资报告具体操作流程为：在银行开设验资户，存入投资金额，找会计公司做验资报告。

5. 经营场所的证明

经营场所是确保旅行社业务经营活动能够顺利进行的场地。经营场所证明是旅行社申办者向旅游行政管理部门说明拥有独立的经营场地的文字材料。旅行社的经营场所可以是旅行社的自有资产，也可以是租用他人资产。如属于旅行社自有资产，申办者向旅游行政管理部门出具产权证明和使用证明；如属于租用他人资产，申办者向旅游行政管理部门出具不短于 1 年的租房协议。

签订租房协议时要注意以下几点：租房期限 1 年以上；面积要求不低于 70 平方米；注明租房用途，并购置营业设备，如电话、宽带上网、计算机等。

6. 营业设施、设备的证明或者说明

营业设施、设备是指旅行社开展旅游业务所必需的办公设备，这些设备必须是旅行社的财产。按照有关规定，申办人应提交传真机、电话机、计算机、业务用车等经营设施、设备的证明。

7. 工商行政管理部门出具的《企业名称预先核准通知书》

在第一项旅行社企业名称预登记完成后，工商行政管理部门出具《企业名称预先核准通知书》。

相关链接 搜索

企业名称预先核准通知书

企业名称预先核准通知书

（　）名预核内字 [ ] 第　号

根据《企业名称登记管理规定》、《企业名称登记管理实施办法》等规定，同意预先核准下列___个投资人出资，注册资本（金）______万元（人民币），住所设在______的企业名称为：______。

投资人、投资额和投资比例：________。

以上预先核准的企业名称保留期至____年__月__日。在保留期内，企业名称不得用于经营活动，不得转让。经企业登记机关设立登记，颁发营业执照后企业名称正式生效。

核准日期：　　年　月　日

×××工商行政管理局（章）

（二）申办阶段

申办者在准备完上述文件之后，便可以正式向相应的旅游行政管理部门、工商管理部门、税务管理部门提出设立旅行社的申请。

1. 申请营业许可

申请营业许可是指设立旅行社申请人向相关旅游行政管理部门呈交事先准备好的申请文件。经过旅游行政管理部门审核批准后颁发《旅行社业务经营许可证》（图 1–7），取得经营旅行社业务的权利。旅行社根据所经营的业务范围分为不同的类别，设立旅行社申请人根据所申请的旅行社类别，向相关旅游行政管理部门申请营业许可。

申请旅行社经营许可证的颁发部门为省级（或副省级）旅游局。具体操作流程为：目前可以通过网上申请，但须提供以下材料进行扫描后上传：验资证明、企业章程、法定代表人履历表及身份证明、《企业名称预先核准通知书》等；网上申请先通过区（县）、市、省旅游局审核，各单位则会派人上门查看办公营业设备；最后对其核准发证。

图1–7 旅行社经营许可证（正、副样本）

（1）**申请设立经营入境旅游和国内旅游的旅行社**。申请设立旅行社，经营国内旅游业务和入境旅游业务的，应当向所在地省、自治区、直辖市旅游行政管理部门或者其委托的设区的市级旅游行政管理部门提出申请，并提交相关证明文件。受理申请的旅游行政管理部门应当自受理申请之日起20个工作日内作出许可或者不予许可的决定。予以许可的，向申请人颁发旅行社业务经营许可证，申请人持旅行社业务经营许可证向工商行政管理部门办理设立登记；不予许可的，书面通知申请人并说明理由。

（2）**申请设立经营出境旅游的旅行社**。旅行社取得经营入境旅游和国内旅游许可满两年，且未因侵害旅游者合法权益受到行政机关罚款以上处罚的，可以申请经营出境旅游业务。申请经营出境旅游业务的，应当向国务院旅游行政主管部门或者其委托的省、自治区、直辖市旅游行政管理部门提出申请，受理申请的旅游行政管理部门应当自受理申请之日起20个工作日内作出许可或者不予许可的决定。予以许可的，向申请人换发旅行社业务经营许可证，旅行社应当持换发的旅行社业务经营许可证到工商行政管理部门办理变更登记；不予许可的，书面通知申请人并说明理由。

（3）**申请设立分支机构**。旅行社设立分社的，应当持旅行社业务经营许可证副本向分社所在地的工商行政管理部门办理设立登记，并自设立登记之日起3个工作日内向分社所在地的旅游行政管理部门备案。旅行社分社的设立不受地域限制。分社的经营范围不得超出设立分社的旅行社的经营范围。旅行社设立专门招徕旅游者、提供旅游咨询的服务网点（简称旅行社服务网点）应当依法向工商行政管理部门办理设立登记手续，并向所在地的旅游行政管理部门备案。旅行社服务网点应当接受旅行社的统一管理，不得从事招徕、咨询以外的活动。

（4）**申请设立外商投资旅行社**。由投资者向国务院旅游行政主管部门提出申请，并提交相关证明文件。国务院旅游行政主管部门应当自受理申请之日起30个工作日内审查完毕。同意设立的，出具外商投资旅行社业务许可审定意见书；不同意设立的，书面通知申请人并说明理由。申请人持外商投资旅行社业务许可审定意见书、章程，及合资、合作双方签订的合同向国务院商务主管部门提出设立外商投资企业的申请。国务院商务主管部门应当依照有关法律、法规，作出批准或者不予批准的决定。予以批准的，颁发外商投资企业批准证书，并通知申请人向国务院旅游行政主管部门领取旅行社业务经营许可证，申请人持旅行社业务经营许可证和外商投资企业批准证书向工商行政管理部门办理设立登记；不予批准的，书面通知申请人并说明理由。

2. 办理注册登记

设立旅行社申请人凭旅游行理管理部门核发的《旅行社业务经营许可证》和《外商投资企业批准证书》向具有管辖权的工商行政管理部门办理注册登记手续，申请领取工商营业执照。工商管理部门在收到申请人提交的全部文件后，应在 30 个工作日内做出核准登记或不予登记的决定。一旦经工商行政管理部门核准登记，就标志着该旅行社正式成立。

旅行社营业执照的颁发部门为旅行社所在地工商局。申请营业执照具体操作流程为：网上申请，大厅递交所需文字材料；批准后可凭营业执照刻企业公章、财务专用章和合同专用章等。

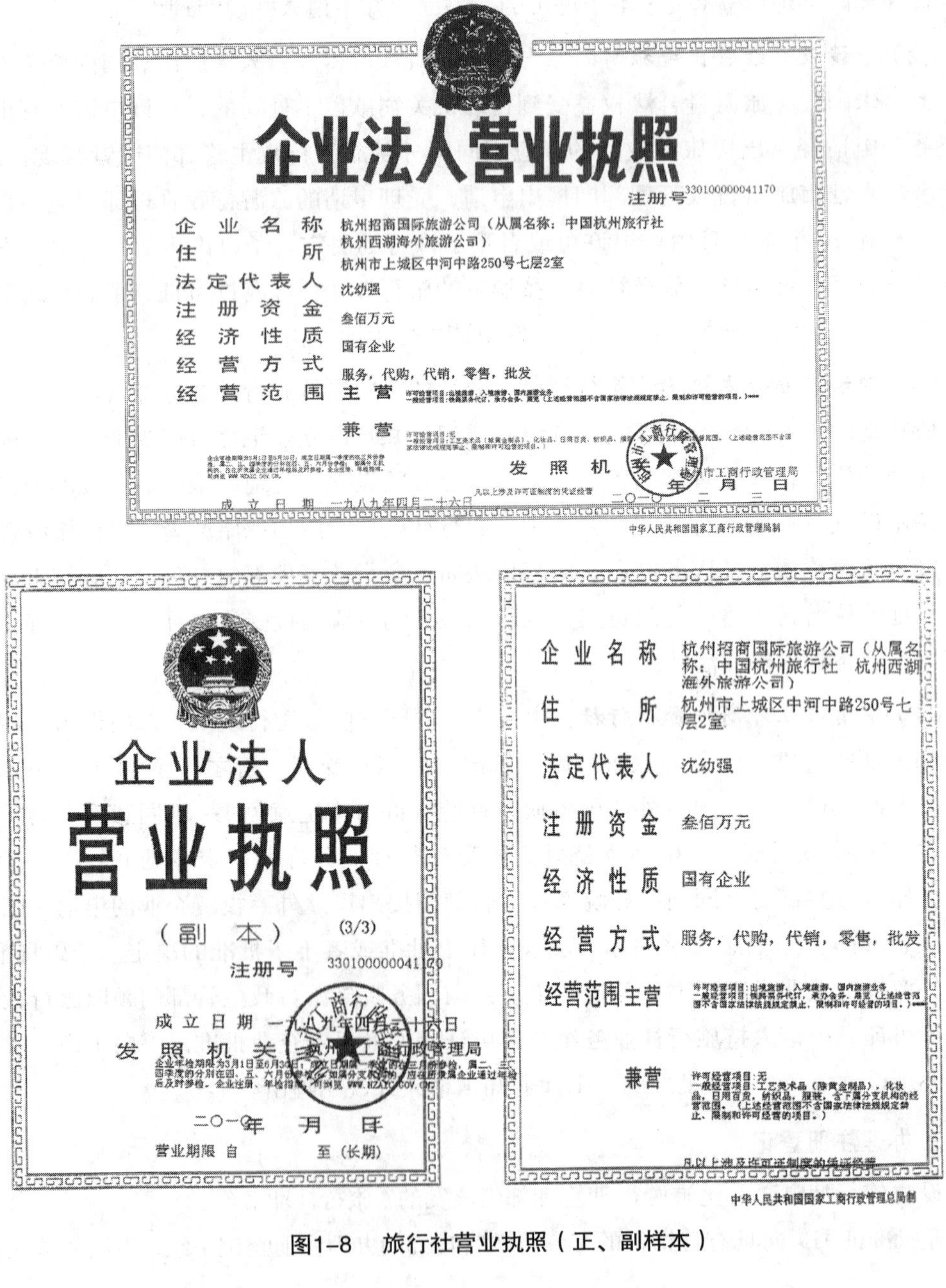

图1-8 旅行社营业执照（正、副样本）

相关链接　搜索

有限责任公司设立登记提交材料规范

（1）公司法定代表人签署的《公司设立登记申请书》。

（2）全体股东签署的《指定代表或者共同委托代理人的证明》（股东为自然人的由本人签字；自然人以外的股东加盖公章）及指定代表或委托代理人的身份证复印件（本人签字）；应标明具体委托事项、被委托人的权限、委托期限。

（3）全体股东签署的公司章程（股东为自然人的本人签字；自然人以外的股东加盖公章）。

（4）股东的主体资格证明或者自然人身份证明复印件；股东为企业的，提交营业执照副本复印件；股东为事业法人的，提交事业法人登记证书复印件；股东人为社团法人的，提交社团法人登记证复印件；股东为民办非企业单位的，提交民办非企业单位证书复印件；股东为自然人的，提交身份证复印件。

（5）依法设立的验资机构出具的验资证明。

（6）股东首次出资是非货币财产的，提交已办理财产权转移手续的证明文件。

（7）董事、监事和经理的任职文件及身份证明复印件；依据《公司法》和公司章程的规定和程序，提交股东会决议、董事会决议或其他相关材料。

（8）法定代表人任职文件及身份证明复印件；根据《公司法》和公司章程的规定和程序，提交股东会决议、董事会决议或其他相关材料。

（9）住所使用证明；自有房产提交产权证复印件；租赁房屋提交租赁协议复印件以及出租方的房产证复印件；未取得房产证的，提交房地产管理部门的证明或者购房合同及房屋销售许可证复印件；出租方为宾馆、饭店的，提交宾馆、饭店的营业执照复印件。

（10）《企业名称预先核准通知书》。

（11）公司申请登记的经营范围中有法律、行政法规和国务院决定规定必须在登记前报经批准的项目，提交有关的批准文件或者许可证书复印件或许可证明。

备注：股东会决议由股东签署（股东为自然人的由本人签字；自然人以外的股东加盖公章），董事会决议由董事签字。以上各项未注明提交复印件的，应当提交原件。提交复印件的，应当注明“与原件一致”并由股东加盖公章或签字。

＿＿＿＿＿公司（企业）法定代表人登记表

姓　名		是否公务员	
职　务		联系电话	
任免机构			
（身份证件复印件粘贴处）			
法定代表人签字：＿＿＿＿＿＿ 年　　月　　日			
以上信息真实有效；身份证件与原件一致；谨此对真实性承担责任。 （公司加盖公章）			

______公司董事、监事、经理情况

姓名____　职务____	姓名____　职务____
身份证件号码	身份证件号码
身份证件复印件粘贴处	身份证件复印件粘贴处
姓名____　职务____	姓名____　职务____
身份证件号码	身份证件号码
身份证件复印件粘贴处	身份证件复印件粘贴处
以上身份证件与原件一致，谨此对真实性承担责任。 （公司加盖公章）	

______公司设立登记申请书

名　　称			
住　　所		邮政编码	
法定代表人姓名		职　务	
注册资本	（万元）	公司类型	
实收资本	（万元）	出资方式	
经营范围			
营业期限	自　　年　月　日至　　年　月　日		
备案事项			

本公司依照《中华人民共和国公司法》、《中华人民共和国公司登记管理条例》设立，提交材料真实有效。谨此对真实性承担责任。

法定代表人签字：　　　　　　　　指定代表或委托代理人签字：

年　月　日　　　　　　　　　　　　年　月　日

______公司股东（发起人）名录

股东（发起人）名称或姓名	证件名称及号码	认缴出资额（万元）	出资方式	持股比例	首期实缴出资情况			余额交付期限	备注
					实缴出资额	出资时间	出资方式		

3. 办理企业代码登记

旅行社在领取工商营业执照后的30个工作日内，向当地技术监督部门办理企业代码登记，申请企业代码证。

企业代码证的颁发部门为技术监督局。所需材料为：①组织机构代码证申请表；②省工商行政管理局颁发的营业执照副本及复印件；③法定代表人（非法人机构为负责人）身份证明及复印件；④经办人身份证明及复印件；⑤企业公章；⑥验资证明；⑦国有企业、企业分支机构需提供上级主管单位的组织机构代码证书复印件。

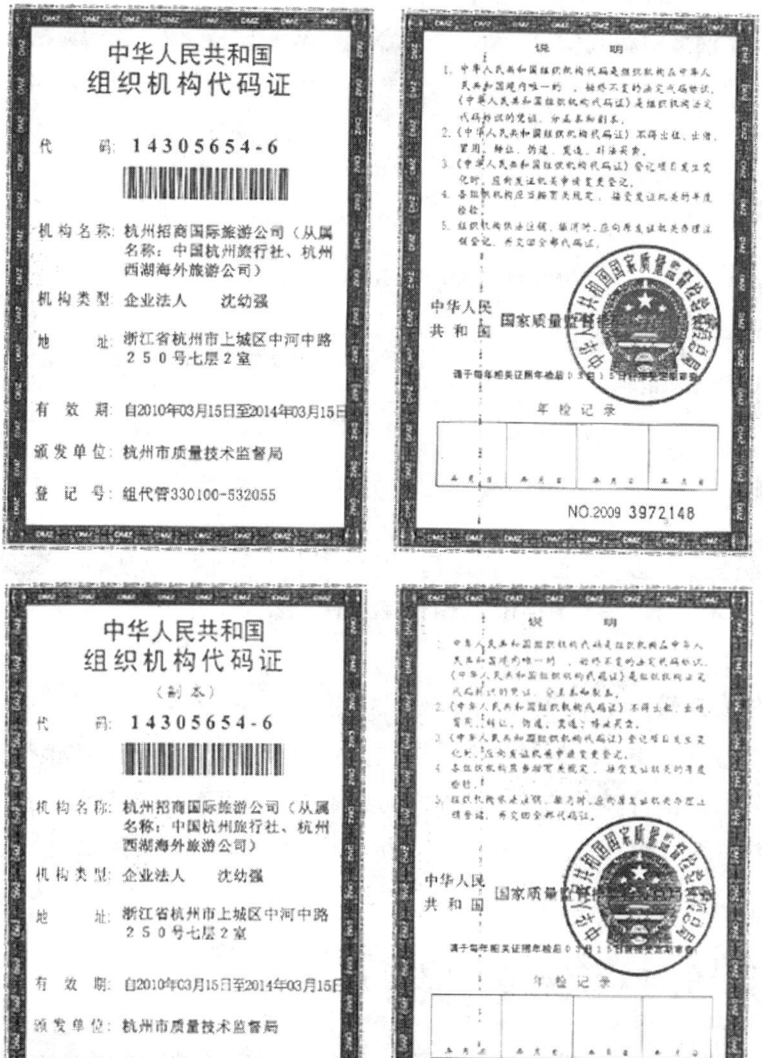

图1-9 旅行社组织机构代码证（正、副样本）

4. 办理税务登记

旅行社在领取工商营业执照后的30个工作日内，向当地国税局办理开业税务登记，申请税务登记证。

税务登记证的颁发部门为当地国税局。所需材料为：①税务登记申请表；②营业执照正本、副本；经营许可证正本、副本；③法人代表身份证；④租房协议或房产证；⑤验资证明（以上均为原件及复印件）；⑥企业公章；⑦代理人的身份证原件及复印件等。

税务登记证

浙税联字330165143056546号

纳税人名称：杭州招商国际旅游公司（从属名称：中国杭州旅行社 杭州西湖海外旅游公司）

法定代表人(负责人)：沈幼强

地址：杭州市上城区中河中路250号七层2室

登记注册类型：国有企业

经营范围：许可经营项目：出境旅游、入境旅游、国内旅游业务。一般经营项目：铁路票务代订、承办会务、展览（上述经营范围不含国家法律法规规定禁止、限制和许可经营的项目。）***兼营：许可经营项目：无。一般经营项目：工艺美术品（除金银制品），化妆品，日用百货，纺织品，含下属分支机构的经营范围。（上述经营范围不含国家法律法规规定禁止、限制和许可经营的项目。）

批准设立机关：浙江省杭州市工商局

扣缴义务：依法确定

2010年03月16日

图1-10　旅行社税务登记证（样本）

5. 银行验资户转为基本户

税务执照登记结束后，旅行社即可以依据营业执照刻制公章，将银行验资户转为基本户，申领发票。银行验资户转为基本户的具体操作流程为：携带营业执照、税务登记证、公章、法人章、财务章等去开户银行办理。至此，旅行社就可以正式进行旅游业务经营活动。

三、旅行社的年检等相关审核处理流程

旅行社在每年的经营管理活动中要进行年度检查，旅行社企业的年检包含四大部分内容：行业报告、工商年检、企业代码证年检和税务年检，并且必须按照行业报告——工商年检——企业代码证年检——税务年检的顺序进行。

（1）**行业报告**。《旅行社条例实施细则》规定，旅行社应当按年度将下列经营和财务信息等统计资料，在次年 3 月底前，报送原许可的旅游行政管理部门：一是旅行社的基本情况，包括企业形式、出资人、员工人数、部门设置、分支机构、网络体系等；二是旅行社的经营情况，包括营业收入、利税等；三是旅行社组织接待情况，包括国内旅游、入境旅游、出境旅游的组织、接待人数等；四是旅行社安全、质量、信誉情况，包括投保旅行社责任保险、认证认可和奖惩等。

（2）**工商年检**。由于各个不同地区的工商局所要求提供的年检材料略有差别，实际提供材料以当地工商部门官网上要求的材料为准，以下材料仅作参考：《年检报告书》；营业执照副本；资产负债表、损益表。另外，经营范围中载明前置行政许可经营项目的，提交加盖企业印章的相关许可证、批准文件的复印件。

（3）**企业代码证年检**。企业代码证年检需要带的资料有：已年检的营业执照副本原件及复印件；企业代码证副本原件；经办人身份证原件；单位公章。

（4）**企业税务年检**。企业税务年检需要带的资料有：税务登记证正、副本；企业年度负债表、12 月份的损益表。

复习与思考

一、名词解释

旅行社性质　　旅行社地位和作用　　旅行社职能

旅行社业务　　旅行社分类

二、简答题

1. 旅行社的产生背景是什么？
2. 为什么说托马斯・库克是近代旅游业的鼻祖？
3. 旅行社的性质和行业特点分别是什么？
4. 旅行社在旅游业中的地位主要表现在哪几个方面？
5. 旅行社的作用和职能分别是什么？
6. 影响旅行社设立的外部因素和内部因素分别有哪些？
7. 旅行社的选址应考虑哪些因素？
8. 在我国，对旅行社的注册资本与质量保证金有哪些具体规定？
9. 旅行社的基本业务主要有哪些？
10. 我国的旅行社是如何分类的？其具体业务有什么不同？

三、案例分析

我国旅行社行业发展现状

截至2010年年底，全国旅行社总数为22784家，同比增长5.24%。在旅行社行业中，全国旅行社总资产666.14亿元，同比增长13.68%，其中负债443.18亿元，同比增长28.09%，所有者权益222.96亿元，同比减少7.09%。可以看出，旅行社多元化投资在增加，传统业务的收益或者说传统业务占总收益的比重在下降。从业人员方面，全国旅行社直接从业人员277262人，同比减少18.67%，其中大专以上学历为170872人。由此看出，旅行社从业人员的普遍素质并不高，硬件发展过快，旅游人才的培养严重滞后。在多元化发展趋势下，2010年度旅游业务营业收入2356.67亿元，同比增长35.01%，旅游业务毛利润为125.45亿元，旅游业务毛利率为5.32%，保持高速增长。其中，国内旅游仍处于主导地位，出境游组团社是行业发展的中坚力量。

根据上述案例，回答以下问题：

1. 你怎么看待旅行社行业？

2. 你想做什么样的准备投身旅行社行业？

第二章 旅行社组织构建及管理

旅行社组织结构是旅行社有效进行旅游经济活动的核心。需要把握旅行社的组织结构设计要素；熟悉现代旅行社企业的管理模式，特别是人力资源管理；掌握旅行社的企业文化建设。

本章通过对旅行社企业的组织构建的分析和阐述，使我们对旅行社企业的组织形式有深刻的认识；通过对现代旅行社企业的管理模式及其制度保障的分析和阐述，加深我们对旅行社企业管理的内容、内涵和特点的认识；通过对旅行社的人力资源管理的阐述，使我们初步掌握旅行社企业组织管理的基本技能。

学习目标

知识目标

1. 了解旅行社组织的演变及现状。
2. 明确旅行社组织结构的表现形式。
3. 掌握旅行社的组织结构设计。
4. 熟悉现在旅行社企业的管理模式。
5. 熟悉旅行社的常规人力资源管理。
6. 掌握旅行社的企业文化建设。

能力目标

1. 正确理解组织结构对旅行社发展的价值与意义。
2. 能正确运用组织结构设计方法来组织旅行社的有效管理。
3. 认知旅行社常规人力资源的管理技巧，着重培养有效管理和提高人力资源运用能力。

旅行社的管理，是以人为中心，通过决策、组织、领导、控制和创新等活动来协调旅行社内外部资源，以实现企业预期的发展目标和阶段目标的过程。在现代旅行社管理体系中，管理制度和服务模式——包括组织设计图、岗位工作说明书、工作关系表、合同样本书以及外联、接待、财务、内部管理等操作性工作项目、标准与程序说明书等项内容，加上营业场所、营业工具等“物理性硬件”构成了一家旅行社正规化、专业化管理的基础性平台。

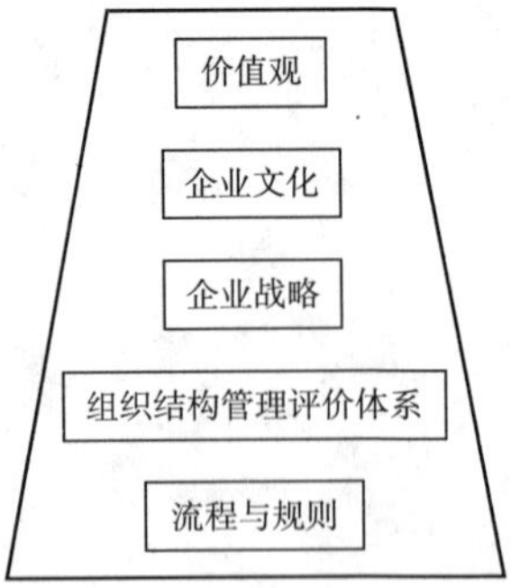

图2-1　旅行社管理体系

第一节　旅行社企业的组织构建

组织结构设计是旅行社企业的一项重要的、基本的组织战略工作，是企业履行其组织职能的基础，这不仅是因为企业组织结构体现了人们工作中的相互关系，而且反映了企业不同层次、不同部门、不同岗位的职责与权利的规定，同时也为各部门、各环节的沟通与协作提供了框架。它反映了企业目标贯彻实施的正式程序，所以组织结构的设计与建立为整个企业管理奠定了基础。

旅行社组织设计包括两个方面，一是旅行社组织的结构设计，二是旅行社组织的运行设计，这两者的有效结合才能满足旅行社经营战略对旅行社组织设计的基本要求。旅行社组织结构是旅行社组织运行的载体，而旅行社组织运行又是旅行社实现经营目标的平台，因此旅行社组织设计的特点也就主要表现在运行方面，这就是为什么我们常常见到许多旅行社具有类似的组织结构，而在实际运营中，却表现出组织效率有巨大差异的原因。

一、影响旅行社组织设计的因素

在我国，旅行社的职能基本一致，大型旅行社和旅行社集团分工比较细，注重专业化管理。除一般功能外，还有对外合作与投资管理、网络化建设与管理，有的上市公司还设立了相关机构等。中型旅行社的业务功能则分为产品制作及销售部门、产品运作部门及管理和配套部门。小型旅行社则每人身兼数职，灵活高效，但专业性不够深入，操作尚处于初期阶段。在旅行社组织设计过程中有许多因素影响、控制着旅行社的组织结构。只有解决好这些问题，方能使旅行社运行于科学、规范、合理的环境中。这些因素主要体现为：

（1）**旅行社企业战略**。旅行社实行服务产品差异化、个性化市场战略，这就要求旅行社的组织结构具有更高的适应性和灵活性。结构上要求纵向具有弹性，横向强化协调沟通的能力。

（2）**旅行社的规模**。旅行社的规模大小对旅行社的组织结构有明显的影响作用。例如，大型旅行社的组织倾向于比小型旅行社的组织具有更高程度的专业化和横向、纵向的分化，规章条例也更多。而小型旅行社的组织通常只需两三个纵向层次，形成“扁平”的模式，员工相对灵活。对于大型旅行社，目前流行一种新的组织设计，把设计的侧重点放在顾客需要或工作过程方面，用跨职能的项目小组取代僵硬的部门设置，在提高效率方面发挥了作用。

（3）**旅行社的专业化技能**。以追求利润为目标的旅行社，都需要采取一定的专业化技能，将投入转化为产出，进行组织设计时不可忽视专业化技能对组织结构提出的要求。实践证明，旅行社企业的组织并不存在最好的方式，只要能使业务工作的专业化在实际工作中充分显现其优越性就是最有效的组织结构。

（4）**旅行社所处的环境**。旅行社所处的环境也是组织结构设计的一个影响力量，它包括：政治环境、社会环境、市场环境和自身综合环境等。纵观诸多客观和主观的旅行社环境，都显现出不同的不稳定因素，旅行社的组织应该能够对环境的变化做出有益于旅行社运行的反应，这就要求旅行社不得不强化与环境的接口功能，不断加强旅行社内部的整合能力，强调有机的而非僵化的内部过程。因此，旅行社组织设计要充分体现出“柔性”。

二、旅行社组织机构设计的变化历程与趋势

按旅行社企业性质分类，目前我国旅行社的体制分为国有独资、国有控股、国有参股、民营股份、个体经营等。形式有未改制企业、已改制或重组企业；综合性集团公司、股份有限公司、有限责任公司、股份合作制。按业务性质分类，分为经营入境和国内旅游业务旅行社和经营出境旅游业务旅行社。体制和形式不同，决定了企业内部的管理部门及岗位设置也有所不同。我国旅行社企业的组织结构形式经历了由简单的、一维的到复杂的、多维的发展过程。

（一）旅行社组织机构的设计原则

（1）**目标原则**。目标原则要求旅行社在进行组织机构设计时应该以事建机构，并明确职能、任务和工作量，再配置必需的人员，而不是因人设岗，因岗找事。

（2）**分工协作原则**。劳动分工的细化、专业化，往往能产生比较高的劳动生产率。行业不同，管理的方法与重点就要有区别，组织结构也就有差别。如旅游饭店的管理多侧重于企业内部，因而它更适合于集权式组织结构；而旅行社管理的重点在市场，以对外销售为主，故更适合于分权式组织结构。

（3）**集权与分权原则**。旅行社组织权力的集中与分散，是通过统一领导与分级管理来实现的。集权与分权是注意职权与职责的统一。组织设计中，要充分考虑到职权和职责的明确和配套，这样才能调动员工的积极性和工作热情。职权是管理职位所固有的发布命令和希望命令得到执行的一种权力；职责是与被授予的权力相应的“责任”。授权不授责只会给滥用职权提供机会，授责不授权只能束缚员工的创造力和做事的积极性。组织发挥影响力的源泉还来自于权力的其他要素，如强制权力、奖赏权力、专家权力和感召权力等。

（4）**管理跨度原则**。管理跨度通常是指一个管理人员所拥有的直接下属的数量，它决定着组织的层次和管理人员的数目。管理跨度小，意味着直接下属少、工作量小、管理层次多，故工作效率低；管理跨度大，则意味着直接下属多、工作量大、管理层次少，故工作效率也就高。

目前的发展趋势是越来越多的旅行社企业采用以大管理跨度设计的扁平结构的组织体系。

（二）我国旅行社组织设计的主要类型

（1）**直线制**。顾名思义是按直线垂直领导的组织形式。直线制组织形式比较适合规模较小、业务较简单的旅行社。

（2）**直线—职能制**。我国旅游企业的组织形式目前较多采用直线—职能制，这一形式也称“业务区域制”。旅行社把所有的机构和部门分为两大类：一类为业务部门，这类部门可以独立存在，有自身特定的业务内容；另一类为职能部门，这类部门不能独立存在，它为业务部门服务。这种管理体制的优点是：①既能统一领导，又实行专业化分工协作；②便于组织各方面的力量，实现企业的经营目标。缺点是：①不易发挥下级积极性、主动性；②业务部门与职能部门在经营目标上会发生矛盾，最高领导的协调工作量大；③整个组织适应性较差，对新情况不能及时作出反应。这种组织结构比较适合于中、小型企业或产品品种单一的企业。

（3）**事业部制**。事业部制有按产品种类划分的，也有按地区划分的。这种结构的特点是“集中决策，分散经营”。这种结构的优点是：①可使最高管理层摆脱日常行政事务，集中精力研究发展的战略方针；②事业部可以发挥主动性，根据实际情况及时调整生产销售，灵活经营，并且可以在事业部范围内协调生产、销售、经营等各方面的力量；③按产品性质划分事业部，有利于业务专业化与协作；④有利于培训全面管理人才。缺点是：①各层次重复，需要相同的资源；②管理人员多，增加管理行政费用；③各事业部容易产生独立倾向，甚至互相竞争，忽视整个公司利益。

随着市场竞争的日益激烈，不可预测的因素增多，旅行社必须不断地审视自身组织结构是否合理，是否有进行管理结构和业务流程重新规划的必要。由于行业、市场环境、战略目标的不同，需要有不同的组织结构来匹配，旅行社才能获得长期的竞争优势。旅行社的组织结构由旅行社的战略目标所决定，而一家旅行社的发展战略如果得不到有效的组织结构的支撑，企业战略的实施也将受到严重影响。因此，旅行社内部的结构重整、流程再造以及战略定位都是息息相关的。旅行社组织机构在设计组织结构模式时，有众多的结构模式可作参考。

（三）我国旅行社组织结构的典型结构

1. 传统的组织结构

外联部：主要负责旅行社产品的开发、促销和销售方面的业务。

计调部：主要负责采购、客流调度平衡和统计。

接待部：主要负责团体旅游者的接待工作。

综合业务部：主要负责散客接待业务。

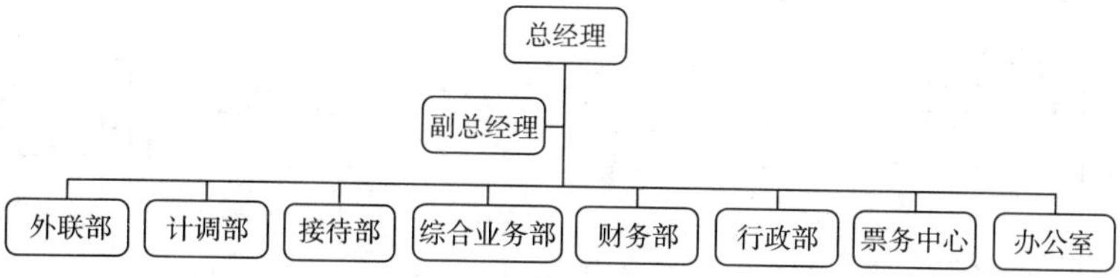

图2-2　我国旅行社现行组织机构设置之一

这一旅行社组织机构设计方式，形成业界所谓“外联买菜，计调做菜，接待吃菜，总经理洗碗筷”的格局。它存在以下弊端：其一，人为增加了工作的复杂性，增加了管理中协调的难度；其二，各业务部门利益分配不均，组织内部冲突增加。

2. 再造后的旅行社组织结构

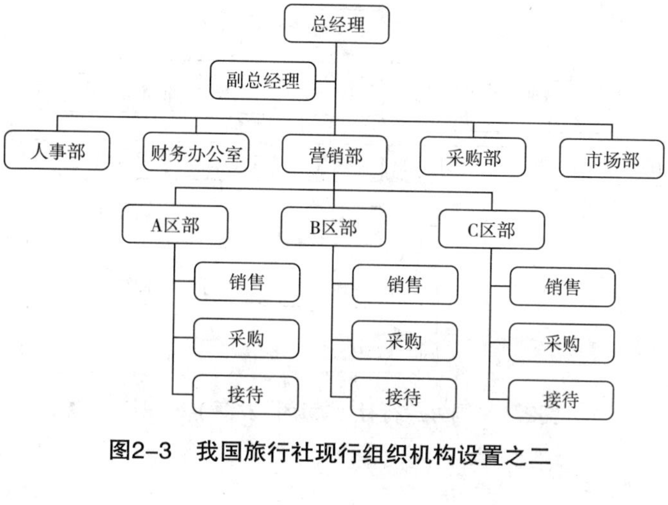

图2-3　我国旅行社现行组织机构设置之二

按地区业务划分部门的组织机构设计方法，将发挥出以下优势：

- 有利于业务衔接和利益分配；
- 有利于旅行社对各部门实行目标管理；
- 有利于推行二级核算制；
- 有利于部门整体业务的开展；
- 有利于各地区业务稳定与发展；
- 有利于将过去各部门间的内部竞争转化为对外部的竞争；
- 有利于旅行社业务范围的扩展、业务数量的增加与质量的提高；
- 有利于从政策上鼓励开辟新的地区业务。

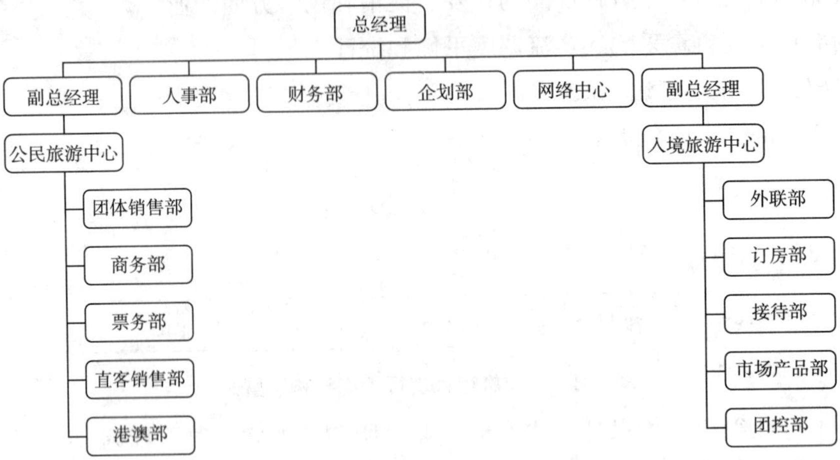

图2-4 我国旅行社现行组织机构设置之三

3. 国外常见的组织结构

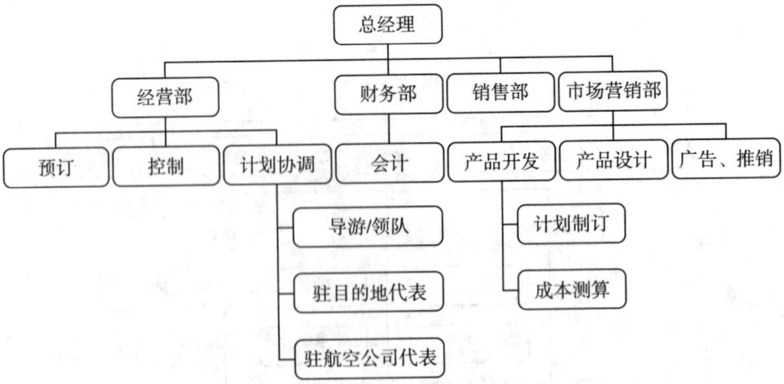

图2-5 国外旅行社（旅游批发商）组织结构

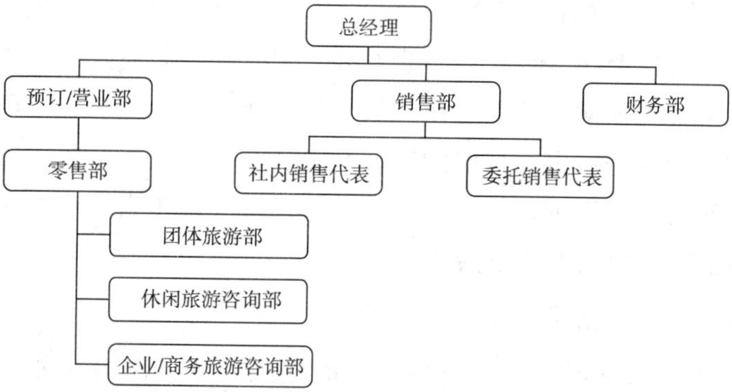

图2-6 国外旅行社（旅游代理商）组织结构

（四）旅行社组织结构变革与发展趋势

一个组织如果只保持今天的眼光、今天的优点和成就，必将丧失对未来的适应力。未来的企业组织如何变化，朝着什么方向变化，是人们关心和探索的问题。国内外许多有开拓精神的公司，都在对新的企业组织结构进行试验。

历来认为直线式的等级制度最有效，命令可以畅通无阻地层层下达，这是工业时代典型的企业管理形式。不过，这种管理系统依赖的条件是：现场要有大量精确的反馈，决策的性质大致相同。如果决策者面临的问题是重复性的，种类又不多，经理人员就能够收集到与它们有关的大量信息，而且能从以往的成败中积累有用的经验。

垂直管理制度因其明显的等级观念正逐渐在社会上失去其效用，因为它所依靠的两大根本条件已难以为继了。摆在决策者面前的问题的种类日渐繁多，除了复杂的技术、经济决策外，政治、文化、社会责任也压得他们不胜其苦，而现场的反馈却越来越小。现代社会大大分化了企业所处的经济、技术和社会环境，要求它更迅速地做出多种多样的反应。由于要求、机会和压力日益变化无常，从时间上讲，有关的信息更难逐级向上；或者说，最上层的管理者更难以在任何一类问题上积累起大量的经验。上下之间的距离不单纯是层次过大或过多，还在于需要处理的数据种类越来越多了。

1. 旅行社企业组织再造工程的战略创新

企业再造是在根本意义上对工作程序作重新思考与重新设计，以实现在重要的业绩衡量标准——如成本、质量、服务和速度等方面的质的飞跃。企业再造工程的核心思想是：顾客是变革的着眼点，按照组织目标设计工作程序，整合工作程序，把权力与责任下放，组织重构，以支持一线员工的工作。

企业再造工程的最根本、最核心的概念就是“工作程序整合”，也就是对工作程序的整理和组合。对分工进行整合，把许多详细划分的工作单位组合成几个大的、复杂的工作单元，减少产品和工作程序组成部分的数目。对任务进行整合，允许员工从事工作程序中多个环节的工作，并允许他们之间进行协调，而不是分工更细。对知识进行整合，员工必须对工作程序的各个环节有着更多的了解，而不是只了解自身所从事的工作，他们还应该能够成功地和在任何环节上工作的员工进行协调。企业不应对员工进行过于专业化的教育和培训，而应进行多种技能的综合教育和培训。当然，各个旅行社在实际的服务接待与管理过程中，应根据每个旅行社的具体情况（员工素质、客源对象、旅行社类别等）提出相应的服务授权的改革措施。

2. 旅行社企业的虚拟经营趋势

随着市场竞争日益加剧并伴随着信息化时代的到来，作为一种以核心能力为形式的、对企业外部资源进行优化整合的有效手段——虚拟旅行社将成为旅行社企业的现实选择。虚拟旅行社是一种新的、高度弹性的企业经营模式，它与旅行社经营的高度信息依赖性和综合性是完全契合的。由于虚拟旅行社是一种有关产品、业务、销售等方面的临时性经济共同体，因此，利益分配是其合作的纽带，其相互之间必须以共同利益的发展来保证合作各方的收益。为确保成员之间的相互信任，在虚拟旅行社中应尽可能制定出一个公平、合理、共赢的合同。由于虚拟旅行社的形成常常导致多种企业文化的会聚，因此，各成员企业应努力减少多种文化之间的摩擦，使之相互融合。虚拟经营以合作竞争为基础，它给旅行社带来了如下益处：

（1）**增强实力**。旅行社可以借助外部力量来改善自身较弱部门的功能，使之与其他企业的优势功能相结合来提高自身的竞争力，避免因局部功能弱化而影响和阻碍企业的快速发展。

（2）**节约资源**。虚拟经营是基于核心能力的企业外部资源整合，可以避免重复投资，可以在短时间内形成较强的竞争能力，实现对旅游市场需求的快速反应。

（3）**协同竞争**。虚拟经营是两个或两个以上具有不同经营优势的企业以充分发挥集团竞争优势为目标，将各种优势整合在一起的经营方式。资源和利益共享，风险共担。

（4）**提高反应能力**。虚拟经营具有运作方式高度弹性化的特点，一旦市场发生变化，或者战略目标有所改变，可以通过解散原有虚拟组织，组成新的虚拟企业，创造新的竞争优势。它对于提高企业的应变能力，促进产品快速扩张，发挥竞争优势，具有重要的作用。

由于虚拟经营以较低的费用、较短的时间，实现了超越空间约束的经营资源的功能整合，为旅行社创造了多、快、好、省的途径，因此，虚拟经营将成为旅行社企业发展的一个趋势。而在旅行社虚拟经营的四种方式——人员虚拟化、功能虚拟化、生产虚拟化和虚拟企业中，虚拟经营的高级形式——虚拟企业组织将成为旅行社企业的主要演进方向。

3. 连锁与加盟相结合的旅行社经营

连锁经营是指经营同类商品或服务的若干店铺，以一定的形式组合成一个联合体，在整体规划下进行专业分工，并在分工的基础上实施集中化管理，使复杂的商业活动简单化，以获取规模效益。连锁经营包括以下三种形式：

（1）直营连锁是指连锁公司的店铺均由公司总部全资或控股开设，在总部的直接领导下统一经营。总部对各店铺实施人、财、物及商流、物流、信息流等方面的统一管理。直营连锁作为大资本运作，利用连锁组织集中管理、分散销售的特点，充分发挥了规模效应。

（2）特许经营是指特许者将自己所拥有的商标、商号、产品、专利和专有技术、经营模式等以特许经营合同的形式授予被特许者使用，被特许者按合同规定，在特许者统一的业务模式下从事经营活动，并向特许者支付相应的费用。由于特许企业的存在形式具有连锁经营统一形象、统一管理等基本特征，因此也称为特许连锁。

（3）自由连锁也称自愿连锁，连锁公司的店铺均为独立法人，各自的资产所有权关系不变，在公司总部的指导下共同经营。各成员店使用共同的店名，与总部订立有关购、销、宣传等方面的合同，并按合同开展经营活动。在合同规定的范围之外，各成员店可以自由活动。根据自愿原则，各成员店可以自由加入连锁体系，也可以自由退出。

旅行社业的连锁经营则是旅行社凭借自己的优势，以自由连锁、特许经营和直营连锁等方式组合成一个联合体，在旅行社总部的规划下各地旅行社连锁企业相互合作、相互支持，使资源达到最优配置，获取规模效益。旅行社总部对各地旅行社连锁企业拥有财产所有权和经营决策权，各地旅行社连锁企业对总部负责，受总部指挥和监督，并且在整个连锁体系中实现经营理念的统一、企业标志的统一和经营管理的统一，实现这三方面的连锁化和高度的对外统一。

相关链接 搜索

连锁加盟是旅行社发展的新模式

由国务院公布的《旅行社条例》规定，旅行社可以不受地域限制设立旅行社分社，可以在设立社所在地的设区的市的行政区划内设立旅行社服务网点（即门市部）。这一规定为旅行社实施连锁加盟经营奠定了法律基础。

近年来，各地旅行社早已自行尝试连锁加盟的经营模式，上海春秋国际旅行社有限公司具有很大的代表性。成立于1981年的上海春秋国际旅行社有限公司，目前已拥有4000余名员工和导游，年营业收入60亿元。自1994年至今，荣获多个全国旅游第一：

1994年起年年获国家旅游局排名的国内旅游全国第一。它是国内连锁经营、最多全资公司、最具规模的旅游批发商和包机批发商。拥有“贵族之旅”纯玩团、春之旅（中外宾客同车游）、自游人、爸妈之旅等多种特色旅游产品。

有境内外41个全资分公司，为全国第一。在北京、广州、西安、沈阳和三亚等34个国内大中城市设有全资公司，境外有美国、加拿大、泰国、中国香港等7个境外全资公司。

有100余个全资门店，为全国第一。每个全资公司大都有2~10个连锁店，在上海有50家连锁店。

有4000余家旅游代理商，为全国第一。在江浙地区有400余个、全国有4000余个网络成员使用春秋国旅自行研制开发的电脑系统销售春秋旅游产品，做到“散客天天发，一个人也能游天下”的便利的散客即时预订服务。

上海春秋国际旅行社有限公司总经理肖潜辉说：我们的模式说白了就是借助其他行业里的连锁加盟的形式，应该说新《旅行社条例》的要求正跟我们这个模式吻合，是我们发展的动力和源泉，相信也是我国旅行社发展的必由之路。

第二节　现代旅行社企业的管理模式及其制度保障

一、旅行社现代企业制度

现代企业制度是指以市场经济为基础，以完善的企业法人制度为主体，以有限责任制度为核心，以公司企业为主要形式，以产权清晰、权责明确、政企分开、管理科学为条件的新型企业制度，其主要内容包括：企业法人制度、企业自负盈亏制度、出资者有限责任制度、科学的领导体制与组织管理制度。

（一）现代企业制度的特征

从企业制度演变的过程看，现代企业制度是指适应现代社会化大生产和市场经济体制要求的一种企业制度，也是具有中国特色的一种企业制度。十四届三中全会把现代企业制度的基本特征概括为“产权清晰、权责明确、政企分开、管理科学”十六个字。

（1）**产权清晰**。“产权清晰”主要有两层含义：其一，有具体的部门和机构代表产权所有者对其资产行使占有、使用、处置和收益等权利；其二，所有者资产的边界要“清晰”，也就是通常所说的“摸清家底”。

（2）**权责明确**。“权责明确”是指合理区分和确定企业所有者、经营者和劳动者各自的权利和责任。所有者、经营者、劳动者在企业中的地位和作用是不同的，因此他们的权利和责任也是不同的。其一，权利。所有者按其出资额，享有资产收益、重大决策和选择管理者的权利，企业破产时则对企业债务承担相应的有限责任。企业在其存续期间，对由各个投资者投资形成的企业法人财产拥有占有、使用、处置和收益的权利，并以企业全部法人财产对其债务承担责任。经营者受所有者的委托在一定时期和范围内拥有经营企业资产及其他生产要素并获取相应收益的权利。劳动者按照与企业的合约拥有就业和获取相应收益的权利。其二，责任。与上述权利相对应的是责任。严格意义上说，责任也包含了通常所说的承担风险的内容。要做到“权责明确”，除了明确界定所有者、经营者、劳动者及其他企业利益相关者各自的权利和责任外，还必须使权利和责任相对应或相平衡。此外，在所有者、经营者、劳动者及其他利益相关者之间，应当建立起相互依赖又相互制衡的机制，这是因为他们之间是不同的利益主体，既有共同利益的一面，也有不同乃至冲突的一面。相互制衡就要求明确彼此的权利、责任和义务，要求相互监督。

（3）**政企分开**。“政企分开”的基本含义是政府行政管理职能、宏观和行业管理职能与企业经营职能分开。其一，政企分开要求政府将原来与政府职能合一的企业经营职能分离后交还给企业，改革以来进行的“放权让利”、“扩大企业自主权”等就是为了解决这个问题。其二，政企分开还要求企业将原来承担的社会职能分离后交还给政府和社会，如住房、医疗、养老、社区服务等。应注意的是，政府作为国有资本所有者对其拥有股份的企业行使所有者职能是理所当然的，不能因为强调“政企分开”而改变这一点。当然，问题的关键还在于政府如何才能正确地行使而不是滥用其拥有的所有权。

（4）**管理科学**。“管理科学”是一个含义宽泛的概念。从较宽的意义上说，它包括了企业组织合理化的含义；从较窄的意义上说，“管理科学”要求企业管理的各个方面，如质量管理、生产管理、供应管理、销售管理、研究开发管理、人事管理等方面的科学化。管理致力于调动人的积极性、创造性，其核心是激励、约束机制。要使“管理科学”，当然要学习、创造，引入先进的管理方式，包括国际上先进的管理方式。对于管理是否科学，虽然可以从企业所采取的具体管理方式的“先进性”上来判断，但最终还要从管理的经济效率上，即管理成本和管理收益的比较上做出评判。是以产权制度为核心，以公司制为形式，使企业真正成为面向市场的法人实体和市场竞争主体的一种企业制度。

（二）现代企业制度的主要内容

根据以上分析，在较为具体的层面，现代企业制度大体可以包括以下内容：其一，企业资产具有明确的实物边界和价值边界，具有确定的政府机构代表国家行使所有者职能，切实承担起相应的出资者责任；其二，企业通常实行公司制度，即有限责任公司和股份有限公司制度，按照《公司法》的要求，形成由股东代表大会、董事会、监事会和高级经理人员组成的相互依赖又相互制衡的公司治理结构，并有效运转；其三，企业以生产经营为主要职能，有明确的赢利目标，各级管理人员和一般职工按经营业绩和劳动贡献获取收益，住房分配、养老、医疗及其他福利事业由市场、社会或政府机构承担；其四，企业具有合理的组织结构，在生产、供销、财务、研究开发、质量控制、劳动人事等方面形成了行之有效的企业内部管理制度和机制；其五，企业有着刚性的预算约束和合理的财务结构，可以通过收购、兼并、联合等方式谋求企业的扩展，经营不善难以为继时，可以通过破产、被兼并等方式寻求资产和其他生产要素的再配置。

（三）旅行社现代企业制度的基本组织形式

（1）**股份有限公司**。股份有限公司又称股份公司，是指由一定人数的股东发起，以全部资本分为等额股份的企业法人组织。股东以其所持股份为限对公司债务承担责任，公司以其全部资本对公司的债务承担有限责任。股份有限公司是有限责任公司的进一步发展，是现代企业的最典型的形式。在股份有限公司中，以股票能否上市买卖为标准又有上市公司和非上市公司之分。上市股份有限公司是指发行的股票经国务院或国务院授权的证券管理部门批准，在证券交易所上市交易的股份有限公司，简称上市公司。上市股份有限公司是现代公司制的最高级形式。未上市公司的股票原则上可以在公司内部有规则地进行交易。根据我国法律法规规定，股份有限公司的股东人数有最低限制，即一般情况下，应当有5名以上的发起人，其中须有半数的发起人在中国境内有住所。股份有限公司有两种设立方式：发起式设立和募集式设立。发起式设立的公司是指由发起人认购公司发行的全部股份而设立的公司，不向发起人之外的任何人募集股份。募集式设立的公司是指由发起人认购公司所发行股份的一部分，其余部分向社会公开募集而设立的公司。依所采用的募集方式不同，又可以分为定向募集式和社会募集式两种。定向募集式是指向发起人之外的其他法人和本企业内部职工发行股票，这类公司不向社会公开发行股票；社会募集式是指向社会公开发行股票而设立的公司。

（2）**有限责任公司**。有限责任公司又称有限公司，是指由法定数额的股东共同出资所设立的企业法人组织。股东以其所认缴的出资额为限，对公司债务承担有限清偿责任，而公司则以其全部资产对债务承担有限责任。有限责任公司是最普遍的公司形式。一般而言，有限责任公司的组建程序比较简单，由于只有发起式设立而无募集式设立，容易在较短的时间内组建成功；而且由于股东只承担有限责任，股东的风险较小，因而能促进投资者进行投资。

二、我国旅行社的经营目标模式

旅行社业分工体系从水平到垂直的转变是我国旅行社发展的必然趋势，《旅行社条例》对于旅行社分社设立门槛的降低和无地域限制的规定，将有利于有实力的旅行社扩大自己的网络。在发展垂直分工体系上，国内不同实力的旅行社可以尝试不同的发展道路。

（1）**大型旅行社集团化**。大型旅行社所要解决的中心问题是规模经济问题，使目前约占旅行社总量1%的规模较大的旅行社通过合并、兼并或其他方式重新组合，形成一定数量的人、财、物一体化的紧密型旅行社集团。旅行社集团的构架可以承袭现行一些大社采用的总社和各热点地区分支社的形式，总社和各分支社在人、财、物等资源上应是一体的，组织管理采用集团企业的管理方式。大型旅行社在实现集团化后，其基本业务包括三方面，即产品开发、市场开拓和旅游接待，而销售业务（这里限指国内旅游和出境旅游）则主要由数量众多的中小旅行社代理。

（2）**中型旅行社专业化**。大型旅行社在整个市场内通过重新组合实现集团化之后，市场上一些中等规模的旅行社（不排除一小部分小型旅行社）应相应调整其经营方向，避开其在经营标准化产品方面的比较劣势，实现专业化经营，以便最大限度地满足特定细分市场旅游者的需求。中型旅行社的专业化主要体现在所经营的产品上。与旅行社集团凭借自身实力通过经营标准化产品达到规模经济的指导思想不同，中型旅行社应针对某些细分市场，对某些产品进行深度开发，形成特色产品或特色服务。

（3）**小型旅行社通过代理实现网络化**。与大型旅行社实现集团化、中型旅行社实现专业化和连锁经营相适应，众多小型旅行社的调整是通过内部改造或增设的方式在全国范围内实现网络化。旅行社的网络化实际上是由旅游需求的特点所决定的。随着旅游需求在我国日益普及，其结果是旅游需求可能在任何一个地方产生。为了便于消费者的购买，旅行社营业的场所必须广泛设立于消费者便于购买的所有地方，即所谓的网络化布局。我国旅行社的网络化可以借鉴国外的经验，与代理制联合起来，即通过代理制来实现网络化。代理制的实现要求将绝大多数的小型旅行社改制为代理社，代理社不从事产品开发，也基本不拥有其他接待设施，专门从事旅游产品的代理销售，因为网络化的意义实际上等同于旅行社把销售触角伸向产生旅游需求的每个角落。

相关链接 搜索

水平分工体系和垂直分工体系

水平分工体系是按照旅行商的经营内容和业务范围进行分工。多年来，中国旅行社业的经营一直采取的是政府行政干预下以人为市场分割为特征的水平分工体系，各旅行社除了在目标市场方面有所不同之外，在业务上则是涉及从产品开发到组团乃至接待全方位，并无批发、零售的主营差异。每类旅行社的经营活动都涉及从生产、设计、开发旅游产品到旅游接待的各个环节。

垂直分工体系（又称“批—零体系”）是市场发育后形成的一种自然分工体系。在这种分工体系中，旅行社通常分为旅游批发商和旅游零售商（零售旅行代理商）。实力较强的旅行社，具有开发旅游产品的能力，规模不断扩大，形成批发商；大多数旅行社实力较弱，不具备市场开发能力，逐步退出旅游产品开发市场，形成代理商。批发商和代理商共存，形成旅行社市场的“批—零体系”。日本及大多数欧美国家，将旅行商划分为旅游经营商、旅游代理商两个层次，即按经营商、零售商的上、下游关系分工。

三、我国旅行社的组织管理模式

旅行社组织管理也有人称为企业内部管理。在旅行社组织结构与形式确定后，其功能的发挥就取决于组织管理，取决于企业领导组织管理水平的高低。

组织管理的根本问题是如何充分调动员工的工作积极性与创造性，并把这种宝贵的人力资源与企业目标有机结合起来，使企业实现最佳经济与社会效益。因此，组织管理的关键是正确处理企业内员工的责、权、利相统一问题。我国旅行社常见组织管理模式有以下几种。

（一）岗位责任制管理模式

该模式的基本内容是旅行社根据上级主管当局下达的任务确定每个岗位的工作目标，将企业任务分解落实到每个部门。为了提高部门的工作效率，旅行社采用经验或科学的方法测定与估算单位时间的工作量，并以此为依据定编定岗，确保每个在岗成员满负荷工作。同时，对每个部门与岗位的工作质量、操作规程及有关纪律作出详细的制度规范与要求。企业根据每个员工完成任务的多少与优劣给予适当的奖励。

其优点在于：其一，克服了我国旅行社传统的经验式管理和低效率管理的大锅饭弊端，明确了各个部门和员工的责任。一旦出现责任事故，管理者也便于追究责任。其二，使旅行社管理有了量化的标准。岗位责任制不仅对每个人的工作有了质的规定，也有数量上的要求。根据每个人完成任务的多少和质量高低来确定工资水平和奖金额度，能够激发员工的积极性和创造性。

依我国旅行社推行岗位责任制的实际情况看，这种组织管理模式并不十分理想。究其原因，主要在于：旅游市场需求呈现明显的淡旺季特点，影响需求的因素较多，使之表现出随机性与不可预测性，这势必造成旅行社有时无工作可分配，有时又有工作无人做的尴尬状态。而作为旅行社产品主要形态的服务又无法储存，因此，旅行社许多部门与岗位几乎都难以实现满负荷工作需求。另外，旅游服务的个性化与非标准化是旅行社推行岗位责任制遇到的另一重困难。

（二）目标责任制管理模式

目标责任制管理模式是指旅行社以部门为中心，把应完成的经济指标，特别是利润指标分解落实到各部门。

其优点在于：其一，以利润为中心，依照各部门对企业的贡献进行收入分配，使旅行社有了明确的奖惩依据，能更好地实现企业的经济效益目标。其二，适当地部分放权，克服了岗位责任制强调“责”忽略“权”和“利”的缺陷。采用目标责任制，一方面能使旅行社领导者有更多的精力制定企业发展战略，另一方面也能充分发挥员工的积极性和创造性。

其缺点在于：其一，收入分配不平等。部门之间、员工之间收入差距拉大。在实际运行中，会出现这样一种情况：付出相同劳动的员工，会因为出自不同部门而获得不同的报酬，这将使员工心理不平衡。此外，职能部门（如财务、办公室）的员工难以用利润来衡量工作情况，奖惩标准难以制定。其二，部分放权，使旅行社难以有效地对部门进行约束和控制。少数旅行社因为过度放权导致业务部门赔了夫人又折兵的结局，客户随着销售人员流失，给企业增加了不应有的损失。

（三）承包责任制管理模式

承包责任制，即经营者在一定时期内，缴纳一定费用，并以旅行社或部门的名义，独立核算，自主经营旅游业务。

其优点在于：其一，旅行社通过承包能够转移经营风险，获取经营利润，坐收承包租金。其二，实现了最大限度的责、权、利统一。承包者在其全部收入中除去经营成本和承包金额，其余全部由承包人支配或占有，自主经营、自负盈亏是比较彻底的。在一定意义上说，这是在现有条件下最大限度的风险与利益、责任与权力的统一，对承包者无疑有着巨大的激励作用。

其缺点在于：其一，实行部门承包后，原有的旅行社实际上已蜕变为多家个体旅行社。这使旅行社供大于求，卷入恶性的市场竞争，通过压低价格来争取客源，使游客的游历质量难以得到保证。其二，承包者的承包期一般都不长，有的甚至只有一年。承包人会更多地考虑自身的短期利益，而不顾旅行社的长远发展。在利益驱动下，侵害旅游者权益的现象屡见不鲜，损害了国家和旅行社的信誉和形象。其三，承包者一旦拥有了财务管理权，便无视国家的税收制度，“上有政策、下有对策”，有的另设或不设账户、账册，有的实行财务体外循环，为偷税漏税和拖欠债款提供了可乘之机，不仅损害国家和集体利益，而且也给旅行社带来很大的财务风险。

承包责任制是旅行社界争议最大的一种管理制度，在实际实施过程中，它所带来的弊端，会给国家和社会带来严重危害。因此，国家相关法律法规不允许采用承包责任制。

四、旅行社企业的基本制度

旅行社是旅游业的龙头，它销售的是各种与旅游相关的产品；它提供的服务囊括整个旅游行业；它在业务上衔接各个旅游实体；它在资金上是与旅游相关的各企业先收费，然后再分配；它在财务上的管理与旅游各企业的利益密切相关。旅行社在旅游行业整体中的特殊作用由此充分体现出来。旅行社企业的这些特点，使得加强其企业的制度管理就显得尤其重要。

（1）**旅行社企业的基本制度**。每家旅行社的管理制度都会有所不同，其多寡也不一样。但归根结底，以下三方面的制度是不可少的：一是对操作程序的管理；二是约束人的，合理、公平的人才培养与选拔制度；三是按劳分配、多劳多得、绩效挂钩的分配制度。这些是旅行社企业最基本的制度。具体而言，旅行社的基本制度主要包括员工招聘制度、员工考核制度、员工调动制度、员工考勤制度与假期申请制度、业绩与过失记录制度、投诉与投诉处理制度、员工手册、门市工作人员守则、领队合约与管理、导游守则与管理、财务管理、成本核算制度、业务管理制度、业务操作程序、部门职责等。

（2）**旅行社员工的管理**。旅行社员工的管理原则：既严格又体贴；既有处罚又有奖励；既有指导又有培训。一般通过员工手册实施对员工的管理。员工手册主要包括公司背景及业务简介、聘用条件、员工福利、假期与休假、公司条例、员工守则、培训与工作机会、员工关系与沟通等。

相关链接　搜索

×××旅行社员工手册目录

前言

第一章　总则

第二章　职业道德和基本义务

第三章　录用

第四章　考勤

第五章 请假
第六章 休假休息
第七章 薪金福利
第八章 教育培训
第九章 人事调动
第十章 员工考核
第十一章 奖惩
第十二章 合同的解除、辞职、辞退
第十三章 员工投诉及建议管理制度
第十四章 保密责任
第十五章 附则

（3）**旅行社企业各部门的职责**。岗位职责是企业实施标准化管理的基本制度，它明确了岗位的主要工作内容和基本要求，通俗地说就是回答了岗位人员应该做哪些事、做到哪个界面、做到什么程度。一个企业为了有效实现企业目标，必须根据企业的目标来具体化各项任务然后将其交给企业各成员来负责，使各成员岗位形成制度，所承担的任务也就是岗位职责，就岗位职责分内工作的具体内容来看，不应有重复而仅有相互衔接的关系。以下列举某旅行社部分岗位职责。

相关链接 搜索

××× 旅行社有限公司岗位职责

总经理

一、任职条件

1. 学历：旅游管理专业或相关专业本科及以上学历，持旅行社经理资格证书。

2. 经验：五年以上旅游或酒店等相关行业管理经验，至少三年旅行社管理经验，具有国际旅行社或国内知名旅行社相关职位工作经历者优先。

3. 专业知识：具有企业发展战略管理、投资管理、行政管理、人力资源管理等相关管理知识及市场营销、公关、金融、法律等相关专业知识；具有丰富的旅游或相关行业的全面运作和经营管理知识。

4. 年龄要求：40 岁以上。

二、职位目的

善于制定企业发展战略，具备把握企业发展全局的能力；对餐饮、旅行社、酒店等行业的管理有较深的认识；有独立运营旅游项目的经验与能力；对旅行社市场有着敏锐的洞察力；熟悉旅游行业特点、整体运营模式、行业发展趋势。

三、职责范围

1. 制定和实施公司发展战略。提出和制订本旅行社的中长期战略规划，并根据内外部环境的变化及时进行调整，报请董事会审批后组织、监督战略的实施。

2. 制订和实施年度经营计划。根据企业发展战略规划和董事会下达的年度经营目标，组织制订、实施和监督旅行社的年度经营计划。

3. 主持日常运营工作。主持旅行社的日常经营管理工作，组织实施董事会的决议；召开相关会议或下发相关文件，布置计划的实施；制订年度预算方案和利润分配计划；协调各部门之间的相互配合，确保实现年度经营目标；推进公司管理制度创新，优化公司资源配置。

4. 资源开发与管理。负责拓展与旅游相关的业务渠道及产品；负责审批营销管理、人力资源管理、财务管理等决策和经营管理模式的变革方案，确定专人落实。

5. 旅行社质量管理。全面负责旅行社的质量管理工作，确保旅行社各项工作安全、高效、正常运转。

6. 经营管理人员的开发与管理。指导本公司的人力资源开发工作，负责经营管理人员的聘任、培训、管理及考核，并通过逐级负责的原则，全面提升公司员工的素质。

7. 负责对外联络。负责协调公司与酒店、旅游部门、交通部门、媒体等的关系；代表公司参加重大的内外部活动。

计调部经理

一、任职条件

1. 学历：大学本科及以上，大学英语四级水平，持旅行社部门经理资格证书。

2. 经验：至少三年旅行社专业线路旅游团队计调工作经验。

3. 专业知识：具有旅行社经营管理、公共关系、国际金融、外汇等专业知识，具有一定的地理、历史知识。

二、职位目的

在营销总监的领导下，完成旅行社的出团计划、销售部人员发来的接待计划及相关信息统计，与旅游服务提供商确定相关的接待计划，并进行人、财、物的调度工作。

三、职责范围

1. 部门制度建设。负责计调部相关规章制度的制定、修订与完善工作，制定计调工作程序文件，并组织执行；负责部门相关制度的备案工作。

2. 组织人员办理签证事宜。负责本公司出境旅游业务的签证事宜，与大使（领事）馆建立良好的沟通关系，了解提前办理签证的时间、所需资料等。

3. 关注旅游市场信息及同行动态。组织部门人员了解和收集旅游市场信息及同行动态，分析竞争对手推出的旅游线路，并将信息及时反馈给策划推广部相关人员，为制定、修改和完善本公司的旅游线路提供参考。

4. 负责安排旅游团、导游及接待计划。负责游客的组团、发团，安排导游及地接社的同时，做好游客的交通、住宿、餐饮、游览、娱乐、购物等相关活动的接洽计划。

5. 与旅游服务提供商的沟通。将接待计划及旅游团的行程告知旅游服务提供商，通知对方旅游团的人数、到达时间及相关要求等诸多事宜。

6. 负责与接待部相关人员进行沟通。在带团导游出发前，将接待计划、具体的行程、地接社的联络情况、注意事项交给接待部相关人员，由其具体执行游客、旅行团的接待工作；及时协助导游人员处理接待计划在实施过程中出现的问题。

7. 旅游服务质量的跟踪与控制。在导游带团旅游的过程中，与导游保持实时的联系和沟通，对导游带团旅游、接待游客的过程进行监督和控制，对导游的服务进行监管，对游客在旅游过程中的突发事件给予协助解决。

8. 旅游线路报价及成本的跟踪与反馈。监督计调人员在工作中及时掌握并反馈各个旅游线路的每天、每月、每季度的成本及报价，并及时通知策划推广部和销售部相关人员，以确保对外报价的统一性、准确性和可行性。

9. 负责本部门的成本控制。在拟订接待计划时，尽可能考虑周到，在确保游客、旅游团接待质量的前提下，降低接待成本；审核导游及相关人员呈报的账目，将相关成本控制在预算以内。

10. 部门内部管理。负责本部门员工的日常管理，做好员工的业务指导、工作过程监控等工作，不断提高员工的知识、技能水平；采取有效激励措施，使团队始终保持积极向上的精神状态；协助人力资源部做下属员工的绩效考核工作。

门市接待部经理

一、任职条件

1. 学历：大学专科及以上，英语国家六级水平，持旅行社部门经理资格证书。

2. 经验：三年以上导游工作经验，有出境领队工作经验者优先。

3. 专业知识：具有心理学、市场营销、旅游管理、导游等相关知识，具有导游人员管理相关法律、法规知识，具有语言知识（包括汉语言知识和外语知识）、史地文化知识、国际知识及旅行常识等。

二、职位目的

根据旅行社的相关要求，全面负责接待部的日常工作和内部导游、外出导游的管理。

三、职责范围

1. 部门制度的建设与执行。负责制定本部门的游客接待管理制度、导游管理制度，制定导游接待工作程序、步骤及相关要求，并监督导游人员的执行情况。

2. 制订本部门工作计划并组织执行。根据旅行社及上级部门的要求，结合接待部的实际情况，制订日常工作计划，并根据实际工作进度进行改进，提出合理化建议，为领导决策提供参考。

3. 导游人员的管理。对本部门导游人员进行任务安排及培训、考核，监督、检查导游在带团过程中的服务；负责外聘导游的档案及日常管理工作。

4. 导游接待工作质量。按导游接待工作程序、步骤及相关要求，对导游接待工作质量进行指导、监督和考核，严格监控旅游接待过程中各项质量要求的执行情况。

5. 导游接待服务过程中的安全事故管理。组织针对导游人员的安全教育和培训工作；在导游带团出发之前，提醒其做好各项预防措施；指导导游掌握事故发生时的处理原则。

6. 导游接待工作的成本控制。要求带团导游严格按计调部的接待计划执行接待工作，严禁导游弄虚作假；对于订餐标准、订房标准、游览门票支出、事故责任赔付等工作，既要严格把好服务质量关，又要控制成本；配合计调部、财务部做好业务结算工作。

7. 协调导游、接待部与旅行社其他各部门的关系。负责与计调部之间接待计划的接收、理解、传达等工作，负责协助财务部做好业务结算工作，负责协助客户服务部解决客户投诉问题。

领　　队

一、任职条件

1. 学历：大学专科及以上，持领队证。

2. 经验：两年以上导游工作经验，有出境旅游工作经验者优先。

3. 专业知识：具有心理学、旅游管理、导游等相关知识，具备相关法律、法规知识，具备语言知识（包括汉语言知识和外语知识）、史地文化知识、国际知识及旅行常识等。

二、职位目的

依据出境旅游接待计划和行程安排，代表派出方旅行社全程陪同游客游览目的国（地）；负责与地接社的联络工作，维护旅游者的正当权益。

三、职责范围

1. 全程陪同。根据旅行社的接待计划和行程安排，向游客介绍旅游目的国（地）的概况及注意事项，协助旅游团的全陪人员组织参观游览活动。

2. 联络工作。代表派出方旅行社负责与地接社、全陪、地陪的联络工作，转达游客的建议和要求，维护游客的合法权益，解决好所有可能出现的问题。

3. 落实旅游合同。配合全陪、地陪的工作，安排组织好游客的交通、住宿、参观游览活动，并进行监督；保护游客的正当权益，全面落实旅游合同。

4. 游客的团结工作。关心出境游客的身体、人身财产安全，维护旅游团内部的团结，调动游客的游览、购物、娱乐兴趣，保证旅游活动的顺利进行。

导　　游

一、任职条件

1. 学历：大学专科及以上，持导游证。

2. 经验：一年以上导游工作经验。

3. 专业知识：具有心理学、旅游管理、导游等相关知识，具备相关法律、法规知识，具备语言知识（包括汉语言知识和外语知识）、史地文化知识、国际知识及旅行常识等。

二、职位目的

根据旅行社的接待计划和旅游活动行程安排，安排旅游团（游客）的食、住、行、游、购、娱等各项接待工作，保证旅游团（游客）的各项旅游活动计划得以实现。

三、职责范围

1. 执行旅游合同。接受旅行社分配的导游任务，按接待计划安排和组织游客，督促、协助地接社按旅游合同落实各项工作。

2. 按接待计划负责接待工作。配合和督促有关部门安排游客的交通、食宿等相关事宜，保护游客的人身、财产安全等事项。

3. 安排游览活动，负责讲解。根据接待计划，安排和组织游客参观、游览，具体负责讲解工作。

4. 负责相关联络工作。协调旅游团内部、游客与地接社之间、领队与地接社之间的关系，协调旅游团在各地、各旅游景点的旅游活动，并将游客的意见和要求反馈给相关人员。

5. 处理相关问题。解答游客的询问，在力所能及的范围内协助处理旅游过程中的问题及投诉。

第三节　旅行社的人力资源管理

一、旅行社人力资源管理概述

（一）人力资源管理的内涵

1. 人力资源管理定义

人力资源管理是指对人力资源进行有效开发、合理配置、充分利用和科学管理的制度、法令、程序和方法的总和。它贯穿于人力资源的整个运动过程，包括人力资源的预测与规划，工作分析与设计，人力资源的维护与成本核算，人员的甄选录用、合理配置和使用，还包括对人员的智力开发、教育培训、调动人的工作积极性、提高人的科学文化素质和思想道德觉悟，等等。

2. 人力资源的特点

（1）**人力资源的生物性。**人首先是一种生物。人力资源存在于人体之中，是有生命的“活”资源，与人的自然生理特征相联系，具有不可剥夺性，这是人力资源最根本的特性。

（2）**人力资源的时效性。**时效性是指人力资源的形成与作用效率要受其生命周期的限制。作为生物有机体的个人，其生命是有周期的。其中具有劳动能力的时间是生命周期中的一部分，其各个时期资源的可利用程度也不相同。因此，人力资源的开发与管理必须尊重人力资源的时效性特点，做到适时开发、及时利用、讲究时效，最大限度地保证人力资源的产出，延长其发挥作用的时间。

（3）**人力资源的再生性**。经济资源分为可再生性资源和非再生性资源两大类。非再生性资源如煤矿、金矿、铁矿、石油等，每开发和使用一批，其总量就减少一批，决不能凭借自身的机制加以恢复。另一些资源如森林、海洋生物等，在开发和使用过后，只要保持必要的条件，可以再生，保持资源总体的数量。人力资源也具有再生性，它基于人口的再生产和劳动力的再生产，通过人口总体内个体的不断更替和“劳动力耗费—劳动力生产—劳动力再次耗费—劳动力再次生产”的过程得以实现。同时，人的知识与技能陈旧、老化也可以通过培训和再学习等手段得到更新。当然，人力资源的再生性除了遵守一般生物学规律之外，还受人类意识的支配和人类活动的影响。从这个意义上来说，人力资源要实现自我补偿、自我更新、持续开发，就要求人力资源的开发与管理注重终身教育，加强后期的培训与开发。

（4）**人力资源的社会性**。人处在一定的社会之中，人力资源的形成、配置、利用、开发是通过社会分工来完成的，是以社会的存在为前提条件的。人力资源的社会性表现为人与人之间的交往及由此产生的千丝万缕的联系。这就给人力资源管理提出了要求：既要注重人与人、人与团体、人与社会的关系协调，又要注重组织中团队建设的重要性。

（5）**人力资源的能动性**。能动性是人力资源区别于其他资源的本质所在。其他资源在被开发的过程中完全处于被动的地位；人力资源在被开发的过程中有思维与情感，能对自身行为作出抉择，能够主动学习与自主地选择职业，更为重要的是人力资源能够发挥主观能动性，有目的、有意识地利用其他资源进行生产，推动社会和经济的发展。同时，人力资源具有创造性思维的潜能，能够在人类活动中发挥创造性的作用，既能创新观念、革新思想，又能创造新的生产工具、发明新的技术。

（6）**人力资源具有生产者和消费者的角色二重性**。人力资源既是投资的结果，又能创造财富；或者说，它既是生产者，又是消费者，具有角色二重性。人力资源的投资来源于个人和社会两个方面，包括教育培训、卫生健康等。人力资源质量的高低完全取决于投资的程度。人力资源投资是一种消费行为，并且这种消费行为是必需的、先于人力资本的收益。研究证明，人力资源的投资具有高增值性，无论从社会还是个人角度看，都远远大于对其他资源投资所产生的收益。

（二）人力资源管理的内容

人力资源管理服务于企业的总体战略目标，是一系列管理环节的综合体。人力资源管理的主要内容包括以下几方面。

（1）**人力资源战略规划**。企业为适应内外部环境的变化，依据企业总体发展战略，并充分考虑员工的期望而制订的企业人力资源开发与管理的纲领性长远规划。人力资源战略规划是企业人力资源开发与管理活动的重要指南，是企业发展战略的重要组成部分，也是企业发展战略实施的有效保障。

（2）**人力资源管理的基础业务**。岗位分析与岗位评价是企业人力资源管理的基础工作。岗位分析就是对企业所有工作岗位的特征和任职要求进行界定和说明，岗位分析的结果是形成每一个工作岗位的职位描述、任职资格要求、岗位业务规范；岗位评价是对企业各工作岗位的相对价值进行评估和判断，岗位评价的结果是形成企业不同工作岗位的工资体系。岗位分析和岗位评价就如一个产品的说明书和产品标价，使员工"明明白白工作"、"清清楚楚拿钱"。

（3）**人力资源管理的核心业务**。包括招聘、培训、绩效考核、薪酬管理。招聘是人力资源管理核心业务的首要环节，它是企业不断从组织外部吸纳人力资源的过程，它能保证组织源源不断的人力资源需求。培训是企业人力资源开发的重要手段，它包括对员工的知识、技能、心理素质等各方面的培训，它是企业提升员工素质的重要保障。绩效考核是指运用科学的方法和标准对员工完成工作数量、质量、效率及员工行为模式等方面的综合评价，从而进行相应的薪酬激励、人事晋升激励或者岗位调整，绩效考核是实施员工激励的重要基础。薪酬管理是企业人力资源管理的一个极为重要的方面，它主要包括薪酬制度与结构的设计、员工薪酬的计算与水平的调整、薪酬支付等内容，它是企业对员工实施物质激励的重要手段。

（4）**人力资源管理的其他工作**。企业人力资源管理还包括其他一些日常事务性业务内容，如人事统计、员工健康与安全管理、人事考勤、人事档案管理、员工合同管理等。

（三）旅行社人力资源开发与管理的特性

旅行社人力资源的开发与管理同一般人力资源开发与管理既有共性，又有个性。根据旅行社的业务特点，其人力资源的开发与管理具有如下特性。

（1）**独立性**。旅行社业务的一个突出特点是独立性强。这一特性在旅行社的接待业务中表现尤为突出。它决定了旅行社许多业务的开展通常是落实到员工个人，由员工个人独立地完成。他们要独立地完成各自的业务指标，有各自独特的工作方式，工作的效果在很大程度上取决于个人的独立工作能力。由此可能带来员工之间在工作绩效和收入水平方面的较大差异。同时，为了维护自己的利益，他们可能会拒绝与同事合作，可能对工作挑挑拣拣，可能以自己的工作成绩作为向企业讨价还价的筹码，甚至构成对某方面业务的不正常垄断。这就要求旅行社加强人力资源的开发与管理，既要鼓励每个人的积极性和独创性，充分挖掘每个人的潜力，又要公平合理地调配人员和调整分配方案，倡导团队精神和协作精神，推行规范化、制度化管理，保证工作井然有序地开展。

（2）**分散性**。旅行社的工作人员经常是独自分散地与客户接洽，广泛地、分散地在各条线路上陪同旅游者进行旅游，在联系业务或接待服务过程中，往往没有来自管理者和同事直接的、面对面的监督，工作时间弹性大，生活规律难以保证。为了确保工作质量和顾客满意率，旅行社必须向工作人员提出明确的工作要求、工作规范和工作程序，要通过填写工作记录和搜集顾客反映等方式，对员工的工作绩效做出客观、公正的评价，建立有效的激励机制，奖优罚劣，以维护企业声誉和顾客利益。

（3）**流动性**。旅行社人员的流进与流出是相当频繁的，有人是为了追求更加称心如意的工作环境，有人是为了获得更多的收入，有人是为了得到提拔晋升，有人是由于年龄和性格的原因而调离旅行社，还有人是因为工作不称职而离开企业。上述情形中许多都是由旅行社的业务特点所决定的，是正常的。旅行社要留住和吸引优秀人才，应当在员工个人发展、企业凝聚力和职工待遇等方面做出不懈的努力，要建立人力资源信息库，及时招聘补充合格人才、强化业务培训，保障旅行社在人员流动的大环境中，有一支高素质的、相对稳定的员工队伍。

二、旅行社人力资源的常规管理

寻找人，培训人，研究人，尊重人，关心人，通过人把事情做成，不同的岗位尽可能给不同的人才提供人尽其才的平台，一流的企业必须给一流的人才提供一流的机会，这是旅行社人力资源管理的工作与目标。旅行社人力资源的常规管理分八大模块。

（一）人力资源规划

人力资源规划是旅行社人力资源管理的基础工作。它包括：

国内常见内容：

- 组织机构设置；
- 企业组织机构的调整与分析；
- 企业人员供给需求分析；
- 企业人力资源制度的制定；
- 人力资源管理费用预算的编制与执行。

国外常见内容：

- 职业生涯发展理论；
- 组织内部评估；
- 组织发展与变革；
- 计划组织职业发展；
- 比较国际人力资源管理综述；
- 开发人力资源发展战略计划；
- 工作中的绩效因素；
- 员工授权与监管。

（二）人力资源的招聘与配置

人力资源的招聘与配置是旅行社人力资源管理的核心工作。它包括：

- 招聘需求分析；
- 工作分析和胜任能力分析；
- 招聘程序和策略；
- 招聘渠道分析与选择；
- 招聘实施；
- 特殊政策与应变方案；
- 离职面谈；
- 降低员工流失的措施。

（三）人力资源培训和开发

人力资源培训和开发是旅行社人力资源管理的发展工作。它包括：

- 理论学习；
- 项目评估；
- 调查与评估；
- 培训与发展；
- 需求评估与培训；
- 培训建议的构成；
- 培训、发展与员工教育；
- 培训的设计、系统方法；
- 开发管理与企业领导，开发自己和他人；
- 项目管理：项目开发与管理惯例。

（四）人力资源绩效管理

人力资源绩效管理是旅行社人力资源管理的考核工作。它包括：

- 绩效管理准备阶段；
- 实施阶段；
- 考评阶段；
- 总结阶段；
- 应用开发阶段；
- 绩效管理的面谈；
- 绩效改进的方法；
- 行为导向型考评方法；
- 结果导向型考评方法。

（五）人力资源薪酬福利管理

人力资源薪酬福利管理（补偿、激励和收益）是旅行社人力资源管理的常态性工作。它包括：

- 薪酬；
- 构建全面的薪酬体系（岗位评价与薪酬等级、薪酬调查、薪酬计划、薪酬结构、薪酬制度的制定、薪酬制度的调整、人工成本核算）；
- 福利和其他薪酬问题（福利保险管理、企业福利项目的设计、企业补充养老保险和补充医疗保险的设计）；
- 评估绩效和提供反馈。

（六）人力资源的员工和劳动关系

人力资源的员工和劳动关系是旅行社人力资源管理的合法性工作。它包括：

- 就业法；
- 劳动关系和社会；

- 行业关系和社会；
- 劳资谈判；
- 工会化和劳资谈判（包含安全、保安和健康、安全和健康项目、安全和健康的工作环境、促进工作场所的安全和健康、管理职业健康和安全）。

（七）人事管理

人事管理是旅行社人力资源管理的业务性工作，它包括员工入职手续、员工信息档案、人事档案以及员工奖惩制度等，是人力资源的重要组成。

（八）职业生涯管理

职业生涯管理是旅行社企业通过规划员工的职业生涯，引导员工把自身发展目标与企业发展目标充分结合，有效发挥自身优势，实现良好发展的人力资源管理措施。良好的职业生涯管理体系可以充分发挥员工的潜能，给优秀员工一个明确而具体的职业发展引导，从人力资本增值的角度达成企业价值最大化。职业生涯管理是旅行社人力资源管理的增值性工作。

三、旅行社企业文化建设

（一）旅行社企业文化的内涵

（1）**旅行社企业文化的含义**。企业文化是企业的灵魂，是推动企业发展的不竭动力。旅行社企业文化是指旅行社在长期的生产经营中形成的管理思想、管理方式、能够长期推动本企业发展壮大的群体意识和行为规范。其本质特征是“以人为本”，而核心内容是旅行社企业的价值观。

（2）**旅行社企业文化的构成要素**。旅行社企业文化的构成要素包括精神文化、物质文化、制度文化。精神文化是指企业目标、企业价值观、企业道德、企业精神、企业经营哲学；物质文化是指企业环境、员工形象、产品形象、企业标志；制度文化是指规章制度、组织机构和内外人际关系。

（3）**旅行社企业文化建设的作用**。从内部来讲，旅行社企业文化能够减少内部损耗。比如说不要随地吐痰，可是一些中国人习惯于随地吐痰，因此倡导起来就费很多的劲。但是同样是这些中国人，到了新加坡一下飞机，随地吐痰的陋习就不见了。因为那种环境、那种气氛就让人有不同的感觉，到那边就吐不出来了。所以说，企业文化通常都是隐藏在每个人的行为习惯、思维习惯里面的。文化就是一种无形的制度，不必见诸文字，大家却都会去遵守。实际上，旅行社企业文化就是让内部的矛盾降到最低，能够产生较强凝聚力的最高效果。所以，建设旅行社企业文化，其目的是减少内部矛盾，为的就是使外部行销呈现出更有利的效果。当旅行社企业文化已经“内化”时，大家就有一种共同的语言、共同的想法，会有一致对外的行为方式。所以，当旅行社内部企业文化越强劲的时候，旅行社的内耗就越少。

对外部来讲，企业文化能够产生一致的形象。旅行社的企业文化越一致，外部的人看到旅行社和旅行社所有人的形象就越一致。成功的企业都有一个成形的文化，所以人们往往难以想象奔驰、美国运通、麦当劳、耐克、阿迪达斯会失败，因为它们铸造了优秀的企业文化。

（二）旅行社企业文化的内容

（1）**经营哲学**。经营哲学也称企业哲学，是一个企业特有的从事生产经营和管理活动的方法论原则。它是指导企业行为的基础。一个企业在激烈的市场竞争环境中，面临着各种矛盾和多种选择，要求企业有一个科学的方法论来指导，有一套逻辑思维的程序来决定自己的行为，这就是经营哲学。例如，日本松下公司“讲求经济效益，重视生存的意志，事事谋求生存和发展”，这就是它的战略决策哲学。

（2）**价值观念**。所谓价值观念，是人们基于某种功利性或道义性的追求而对人们（个人、组织）本身的存在、行为和行为结果进行评价的基本观点。可以说，人生就是为了价值的追求，价值观念决定着人生追求行为。企业的价值观，是指企业职工对企业存在的意义、经营目的、经营宗旨的价值评价和为之追求的整体化、个性化的群体意识，是企业全体职工共同的价值准则。只有在共同的价值准则基础上才能产生企业正确的价值目标。有了正确的价值目标才会有奋力追求价值目标的行为，企业才有希望。我国老一代的民族企业家卢作孚（民生轮船公司的创始人）提倡“个人为事业服务，事业为社会服务，个人的服务是超报酬的，事业的服务是超经济的”，从而树立起“服务社会，便利人群，开发产业，富强国家”的价值观念，这一为民为国的价值观念促进了民生公司的发展。

（3）**企业精神**。企业精神是指企业基于自身特定的性质、任务、宗旨、时代要求和发展方向，并经过精心培养而形成的企业成员群体的精神风貌。企业精神要通过企业全体职工有意识的实践活动体现出来。因此，它又是企业职工观念意识和进取心理的外化。企业精神是企业文化的核心，在整个企业文化中起着支配的地位。企业精神以价值观念为基础，以价值目标为动力，对企业经营哲学、管理制度、道德风尚、团体意识和企业形象起着决定性的作用。可以说，企业精神是企业的灵魂。企业精神通常用一些既富有哲理，又简洁明快的语言予以表达，便于职工铭记在心，时刻用于激励自己；也便于对外宣传，容易在人们脑海里形成印象，从而在社会上形成个性鲜明的企业形象。如王府井百货大楼的“一团火”精神，就是用大楼人的光和热去照亮、温暖每一颗心，其实质就是奉献服务；西单商场的“求实、奋进”精神，体现了以求实为核心的价值观念和真诚守信、开拓奋进的经营作风。

（4）**企业道德**。企业道德是指调整本企业与其他企业之间、企业与顾客之间、企业内部职工之间关系的行为规范的总和。它是从伦理关系的角度，以善与恶、公与私、荣与辱、诚实与虚伪等道德范畴为标准来评价和规范企业。企业道德与法律规范和制度规范不同，不具有那样的强制性和约束力，但具有积极的示范效应和强烈的感染力，当被人们认可和接受后便具有自我约束的力量。因此，它具有更广泛的适应性，是约束企业和职工行为的重要手段。

（5）**团体意识**。团体即组织，团体意识是指组织成员的集体观念。团体意识是企业内部凝聚力形成的重要心理因素。企业团体意识的形成使企业的每个职工把自己的工作和行为都看成实现企业目标的一个组成部分，使他们对自己作为企业的成员而感到自豪，对企业的成就产生荣誉感，从而把企业看成自己利益的共同体和归属。因此，他们就会为实现企业的目标而努力奋斗，自觉地改正与实现企业目标不一致的行为。

（6）**企业形象**。企业形象是企业通过外部特征和经营实力表现出来的、被消费者和公众所认同的企业总体印象。由外部特征表现出来的企业的形象称为表层形象，如招牌、门面、徽标、广告、商标、服饰、营业环境等，这些都给人以直观的感觉，容易形成印象；通过经营实力表现出来的形象称为深层形象，它是企业内部要素的集中体现，如人员素质、生产经营能力、管理水平、资本实力、产品质量等。表层形象以深层形象为基础，没有深层形象这个基础，表层形象就是虚假的，也不能长久地保持。流通企业由于主要是经营商品和提供服务，与顾客接触较多，所以表层形象显得格外重要，但这绝不是说深层形象可以放在次要的位置。北京西单商场以“诚实待人、诚心感人、诚信送人、诚恳让人”来树立全心全意为顾客服务的企业形象，而这种服务是建立在优美的购物环境、可靠的商品质量、实实在在的价格基础上的，即以强大的物质基础和经营实力作为优质服务的保证，达到表层形象和深层形象的结合，赢得了广大顾客的信任。

（7）**企业制度**。企业制度是在生产经营实践活动中所形成的，对人的行为带有强制性，并能保障一定权利的各种规定。从企业文化的层次结构看，企业制度属中间层次，它是精神文化的表现形式，是物质文化实现的保证。企业制度作为职工行为规范的模式，使个人的活动得以合理进行，内外人际关系得以协调，员工的共同利益受到保护，从而使企业有序地组织起来并为实现企业目标而努力。

（三）旅行社企业文化建设的途径

（1）**夯实基础，提高物质文化水平**。旅行社的企业文化是一种“上层”的理念，但是必须以物质为基础、为载体。旅行社的物质文化是由旅行社的员工创造的旅游产品和物质设施等构成的一种表层文化，它主要包含旅行社的线路设计，企业名称、企业标志、企业象征物、纪念品，宣传的标语、文字、音像、图片资料，以及员工的衣着、企业的建筑物等，直接外化地反映了一家旅行社的总体特征。企业物质文明的首要内容是企业生产经营的成果，包括企业生产的产品和提供的服务。旅行社物质文化水平提高与否的直接依据就是旅行社的员工创造的旅游产品是否合格或者说优秀，而对旅游产品最具发言权的便是旅游者。要创造出优秀的旅游产品，必须从以下几个方面着手：首先，让旅行社的名称更响亮，应遵从简洁明快、有独特性、易读易记、富有艺术性和形象性等原则来给旅行社命名。其次，要按照旅游企业识别系统的要求，对旅行社的建筑风格、地理位置等从长远战略的角度来进行合理的规划和设计。

（2）**加强旅行社企业管理，突出“服务、诚信、个性”的经营理念。**经营理念是企业文化的重要组成部分。对于广大旅行社来说，应该突出强调以“服务、诚信、个性”为主体的经营理念。服务性是旅行社的基本工作特征，其提供的旅游产品不同于其他产品，其提供的是一种与游客的经历、感受等息息相关的服务，是一种无形产品。在服务过程中，注重诚信、提倡个性，亮出自己独特的企业文化和服务方式，让游客在接受服务、享受旅行的过程中，不仅收获景点视觉享受，更收获该旅行社独特的企业文化。

（3）**注重企业的行为规范，丰富企业的行为文化内涵。**旅行社的企业文化是指旅行社员工在生产经营、学习、娱乐中产生的活动文化，它涵盖了企业经营、人际关系活动等文化现象，是旅行社经营作风、精神面貌、人际活动的动态反映，所以旅行社在塑造自身文化的同时，必须建立健全企业行为文化、人际关系和公共关系的规范。旅行社应当遵守国际、国内的行业规则，追求职业道德，以诚信为本，提高服务质量。在旅行社的人际关系规范中，不但要注重社里员工之间的关系，更重要的是要规范员工与客户之间的关系，建立精确的客户管理档案。旅行社企业制度文化的塑造，是对旅行社员工的行为给予一定的限制，使其能按照旅行社业务操作规范、绩效考核、企业纪律等企业制度文化的内容办事。旅行社的企业制度文化是强化经营责任，提高竞争能力，从而提高企业经济效益的一种经营责任制度。科学的管理制度和经营理念必将激发员工的工作积极性，提高企业的效益；而落后的管理制度和理念则会削弱员工的主观能动性，瓦解企业的战斗力。

（4）**提炼旅行社的核心价值观。**旅行社是整个旅游业中最具有活力与能动性的一个行业，旅行社将旅游业中的“食、住、行、游、购、娱”六要素有机地连接起来，全面盘活了整个旅游业，直接或间接带动了其他产业的发展。旅行社提供的旅游服务与游客的人身经历、心理感受等息息相关，所以旅行社要从实际出发，结合自身所处的客观环境，认真研究自身的经营状况及旅游业的发展前景，通过分析研究，提炼出旅行社的价值观体系，总结出可以促进并保持旅游企业长足发展的企业理念，特别是旅行社的战略目标和经营理念，以促进企业的长期发展。旅行社应当把优质的服务和品质作为企业的理念，全面提升旅行社的服务质量，塑造良好的行业形象。在目前激烈竞争的市场环境下，旅行社一定要根据本企业的历史和经济环境演变过程来形成自身的核心竞争力。对旅行社来说，那就是品牌、诚信、服务质量和内部管理机制，这些和旅行社企业文化都是完全契合的。

（5）**重视品牌效应，提高企业形象**。品牌是旅行社竞争力的核心，也是一个国家、地区旅游经济发展实力的重要标志。品牌经营是旅游企业开展国际化经营的必要条件，是提高旅游企业竞争力的利器。旅游产品是旅游经营者凭借旅游吸引物、交通和旅游设施向旅游者提供旅游与活动需求的全部服务，它的显著特点是不可储存性、无形性和异地消费性，这就决定了旅游企业需要通过品牌形象向消费者传达积极的、实在的感受。旅行社品牌，是旅行社为了识别其旅行社或产品，并区别于其他竞争者所用的一种具有显著特征的标记。品牌的外形要素通常由名称、标志和商标组成，而品牌的内涵要素则是旅行社经营理念、经营方针、经营方式、服务理念、服务特色、服务质量等方面的有机组合。旅行社的品牌经营，则是通过品牌设计、品牌推广、品牌保护及品牌资产评估等活动，以提高客人的满意度、忠诚度和旅行社的知名度、美誉度。重视品牌效应，实施品牌经营战略，能够提高旅行社的知名度，在保证提供优质的旅游产品的前提下更能赢得市场，巩固与旅游消费者的关系，获得更多的经济回报。

（6）**加强员工培训，提升员工素质**。接待工作本身是旅行社员工积累经验和增长见识的途径，然而随着时代的飞速发展，知识不断更新，在旅游活动和接待工作中也会不断地出现新的问题、产生新的挑战，因此每个人在工作中会有新的成功与失败的经历，所有这些都需要一个学习、总结与交流的过程。因此，在旅游淡季或某个必要时段，对员工进行针对性的专业培训是必不可少的。一方面，对员工进行操守教育，提高员工的职业道德素质，主要表现在：遵纪守法，遵守旅游行业内、旅行社及办事处的各项规章制度；积极向上，勤奋好学，刻苦钻研旅游业务，不断提高自身的业务水平，增强市场竞争力；尊重客户，诚信待客，细致耐心，服务好每一位客户，确保留住每一位客户；精通为人之道，光明磊落，诚实守信，真诚待人，符合“做旅游先学会做人”的行业原则；行为端正，仪表端庄，举止大方，服装整洁，谈吐符合旅游行业工作特点等。另一方面，通过培训大力提高员工的综合素质（知识素质、职业素质），员工要有一定的协调能力、沟通能力、分析问题能力与应变能力，这样员工在追求职业成长和发展方面的期望就高，从而提高整个旅行社的服务质量。

构建优秀的旅行社企业文化是旅行社适应竞争、保持长盛不衰的根本保证。旅行社企业文化的提高，对旅行社自身，对整个旅游业都将是一种双赢的结果。但是，旅行社企业文化的培育是一项系统工程，不可能一朝一夕完成，旅行社应该把企业文化建设作为日常工作的一部分，在实践中不断总结，不断创新，引导企业向更健康、更强大、更具竞争力、更富社会责任感的方向发展。

复习与思考

一、名词解释

组织结构设计　　管理跨度　　直线制　　直线—职能制

事业部制　　企业文化

二、简答题

1. 什么是旅行社企业的组织结构?
2. 旅行社企业组织结构的表现形式有哪些?
3. 旅行社企业的制度管理和类别有哪些?
4. 目前旅行社经营的模式有哪些?
5. 旅行社企业文化的内涵是什么?
6. 旅行社企业组织再造的核心是什么?
7. 目前我国旅行社企业常见的组织管理模式有哪些? 各有什么特点及优、缺点?

三、案例分析

快速发展的上海春秋旅行社

上海春秋旅行社成立于1981年，从中山公园一间两平方米的铁皮棚子发展成为国内最大规模的民营旅行社，是上海第一家拥有著名商标的旅游企业。上海春秋旅行社多次荣获上海市“守合同重信用”企业、上海市“用户满意企业”、上海市“用户满意服务”称号，从1994年开始至今已14年蝉联国内旅游百强第一名。自2005年上海市评选名牌产品以来，春秋旅行社已连续三次荣膺“上海市名牌产品”称号。

在国内旅游业为基础的前提下，上海春秋旅行社走出国门进一步开拓国际旅游业务。1987年“春秋国旅”成为二类社，获准经营国际旅游业务，1992年“春秋国旅”成为一类社。1993年在美国洛杉矶成立了美国分公司，打入美国主流市场，打破“华资旅游公司在美没有成功的先例”的历史。经过10年多的拼搏，已经在美国洛杉矶地区站稳了脚跟，并在旧金山、纽约、休斯敦等地设立了代售点，现已成为洛杉矶地区颇具规模的五大华人旅游公司之一。在春秋美国分公司成功开办的基础上，又相继在加拿大、泰国和中国香港特区开设了分公司。1997年上海春秋旅行社把原票务部门扩建成了春秋票务中心，成为国际航协会员，经营国内外几十家航空公司在全球各条航线的机票业务。1998年国内部的门市员工率先使用由“春秋国旅”自己研制开发的NOVEL散客售票软件系统，告别了票板操作的传统，在国内首开科技兴旅先河。在信息技术的支持下在国内率先实现旅游产品的标准化和实时化分销，“春秋国旅”在江浙地区有400余家、在全国有3000余家网络成员，成为中国最具规模的旅游批发商。200多家代理店中电脑联网近百家，营业收入比上年增长近3倍。1999年7月11～20日，上海区域网络营业收入高达733万元，是1997年同期的近6倍。1997年“春秋国旅”建立了春秋会议展览服务有限责任公司，承办国内外各类会议、展览业务。1998年年底加入了国际大会和协会联盟（ICCA），成为中国内地同业中第一个正式成员，至今“春秋国旅”顺利地组织了30多个大型会议和展览活动。2004年5月26日，经国家民航总局批准，春秋航空以注册资本8000万元人民币在上海正式筹建，就此全面打通旅游业上下游产业链，保障整个旅游业网络的全面铺陈和顺畅，形成独一无二的“春秋模式”。

目前“春秋国旅”在全国各地拥有41家全资子公司，在境外拥有8家全资子公司，全国联网销售网络成员4000多家，专业导游900多名。“春秋国旅”旗下拥有“春之旅”、“中外宾客同车游”、“贵族之旅”纯玩团、“自游人”、“爸妈之旅”等高品质旅游产品，为全国最大规模的民营旅行社、上海市用户满意企业和上海旅行社业中唯一拥有著名旅游商标的企业，高端旅游产品“贵族之旅”纯玩团被评选为上海市首批服务类名牌产品。

“春秋国旅”已经发展成为一家多元化发展的综合性旅行企业，业务涉及旅游、航空、酒店预订、机票预订、会议、展览、商务、因私出入境、体育赛事等领域。

根据上述案例，回答如下问题：

根据上海春秋旅行社的案例，谈谈你理解的旅行社组织设计与创新。

第三章 旅行社产品设计

生产和销售产品是旅行社最重要的职能。正确理解旅行社产品的含义、特征和旅行社产品的构成要素，掌握不同类型的旅行社产品的设计要点以及旅行社产品的筛选方法，对把握旅行社的运营规律具有重大的意义。

本章通过对旅行社产品含义、特征、分类和其所含要素的分析和阐述，加深对旅行社产品生产经营活动的特殊规律的认识；通过分析和阐述旅行社产品设计的概念、方法与原则，旅行社产品的设计流程，以及试产试销与产品训练，加深对旅行社产品设计环节的认识；通过对不同类型的旅行社产品筛选方法要点的分析及阐述，初步学会旅行社产品组合与开发试产试销、产品训练和筛选的基本技能。

学习目标

知识目标

1. 掌握旅行社产品的概念、构成、分类、特点。
2. 熟悉旅行社产品设计的概念、设计常用方法与原则。
3. 掌握旅行社产品设计的流程。
4. 掌握试产试销方式。
5. 熟悉产品训练的内涵、方法。
6. 掌握旅行社产品的筛选方法。

能力目标

1. 理解并能解释旅行社产品及旅行社产品设计的概念。
2. 能够从旅行社产品设计人员的角度认识和分析旅行社产品设计的流程。
3. 能够正确运用试产试销的手段。
4. 能够熟练运用产品训练。
5. 能够正确筛选产品。

第一节 旅行社产品概述

产品的狭义概念是被生产出的物品；广义概念是可以满足人们需求的载体。产品是指能够提供给市场，被人们使用和消费，并能满足人们某种需求的任何东西，包括有形的物品，无形的服务、组织、观念或它们的组合。顾名思义，旅行社产品的提供者是旅行社，旅行社产品的消费者是旅游者。

一、旅行社产品的概念

旅行社产品，是指旅行社为满足旅游者旅游过程中的各种需要，通过组织协调一系列旅游经营企业，向旅游者提供的以无形服务为主体内容的特殊产品，是由食、住、行、游、购、娱各种要素构成的“组合产品”。对于旅行社来说，旅行社产品是向旅游者提供的以满足其在旅游过程中的综合需求的服务。对于旅游者来说，旅行社产品是旅游者为了获得物质和精神上的满足，向旅行社购买的一次经历和体验。旅行社产品包含旅行社线路产品以及单项委托代办、散客咨询、差旅管理等产品，其中，旅行社线路产品是旅行社产品的基础产品，因而常常被用来指代旅行社产品。旅行社线路产品是根据旅游消费者的需求，将一定区域范围内的旅游吸引物、旅游交通、旅游食宿等多项旅游产品，按照一定的目的、主题与方式联系起来而形成的一种综合产品，包含食、住、行、游、购、娱等各个方面和旅游者整个旅游过程中的全部或部分需求。因此，如果没有特别说明或界定，本书所称的旅行社产品就是指旅行社线路产品。

二、旅行社产品的构成

（1）**旅游交通**。旅游交通是构成旅行社产品的重要因素。旅游交通可以分为长途交通和短途交通，前者指城市间交通（区间交通），后者指市内接送（区内交通）。常用的旅游交通工具有：民航客机、旅客列车、客运巴士、轮船（或邮轮、游轮、游船）。旅行社编排线路产品时，应本着便利、安全、快速、舒适、平价的原则安排旅游交通方式。在旅游中，如果旅游交通服务不能保证供应价格合理、舒适安全、快速准时，就会影响旅行社产品的质量。

（2）**旅游住宿**。住宿一般占旅游者旅游时间的1/3。同时，在住宿地还可以进行娱乐、文体等方面的活动。因此，旅游者对住宿的满意程度也是关系旅行社产品信誉的重要一环。旅游住宿是涉及旅行社产品质量的重要因素，销售旅行社产品时，必须注明下榻饭店的名称、地点、档次以及提供的服务项目等，一经确定，不能随便更改，更不能降低档次、改变服务项目。旅游住宿包括旅游宾馆饭店、度假村（山庄）、招待所、家庭旅馆、青年旅舍、大众旅社、疗养院、出租公寓等。其中，旅游饭店又可以分为星级和非星级。旅行社安排旅游住宿的原则通常是根据旅游者的消费水平来确定的，对普通旅游者而言，就是卫生整洁、经济实惠、服务周到、美观舒适、位置便利。

（3）**旅游餐饮**。旅游餐饮是旅行社产品中的要素之一。对于旅行社产品的信誉和形象来说，旅游者对餐饮安排的满意程度也是非常重要的。旅行社安排餐饮的原则是：卫生、新鲜、味美、量足、价廉、营养、荤素搭配适宜。

（4）**游览观光**。游览观光是旅游者最主要的旅游动机，是旅行社产品产生吸引力的根本来源，也反映了旅游目的地的品牌与形象。由于游览观光是旅行社产品的核心内容，所以必须充分重视游览观光的质量。旅行社安排游览观光景点的原则是：资源品位高、环境氛围好、游览设施齐全、可进入性好、安全保障强等。

（5）**娱乐项目**。娱乐项目是旅行社产品构成的基本要素，也是现代旅游的主体。只有娱乐项目的多样化、知识化、趣味化、新颖化，才能广泛地吸引各类旅游者。娱乐项目包括歌舞、戏曲、杂技、民间艺术及其他趣味性、消遣性的民俗活动。许多娱乐项目都是参与性很强的活动，能极大地促进旅游者游兴的保持与提高，加深旅游者对旅游目的地的认识。

（6）**购物项目**。旅游者在旅游过程中适当购买一些商品、风土特产、工艺美术品，以自用或做纪念或馈赠亲友，是旅游活动中的一项重要内容。旅行社理应介绍并推荐。

（7）**导游服务**。旅行社为旅游者提供导游服务是旅行社产品的本质要求，大部分旅行社产品中都含有导游服务。导游服务包括地陪、全陪、景点陪同和领队服务，主要是提供翻译、向导、讲解和相关服务。导游服务必须符合国家和行业的有关标准及有关法规，并严格按组团合同的约定提供服务。

（8）**旅游保险**。旅行社提供旅行社产品时，必须向保险公司投保旅行责任险，保险的赔偿范围是由于旅行社的责任致使旅游者在旅游过程中发生人身和财产意外事故而引起的赔偿。

以上各种要素的有机结合，构成了旅行社产品的重要内容。旅行社产品是一个完整、科学的组合概念，完美的旅行社产品是通过完美的组合而形成的。

三、旅行社产品的分类

旅行社产品的分类较为复杂，按照不同的分类标准，可以划分为几种不同的类型，试列举如下。

（一）按照旅游活动的内容和性质分类

旅行社产品按照旅游者的旅游动机、旅游活动内容和性质可以分为观光游览旅游产品、度假休闲旅游产品和专项旅游产品。

（1）**观光游览旅游产品**。观光游览旅游产品是指旅行社以旅游目的地的自然旅游资源和人文旅游资源为依托，以旅行社安排的各项接待设施为载体，组织旅游者前往参观游览自然风光、文物古迹及考察民情风俗的一种旅游产品类型。旅游者的主要目的是满足自身观光游览的需要。观光游览旅游产品一般具有资源品位高、可进入性强、服务设施多、环境氛围好、安全保障强等条件，长期以来一直是国际旅游市场和国内旅游市场的主流产品，深受广大旅游者的喜爱。观光旅游产品开发难度小，操作简易，是旅行社开发度假旅游产品和专项旅游产品的基础。观光旅游产品的优点是旅游者能在较短的时间内领略旅游目的地的特色，缺点是旅游者参与的项目少，旅游者对旅游目的地缺乏深入的感受和体验。

（2）**度假休闲旅游产品**。度假休闲旅游产品是指旅行社组织旅游者前往度假地（区）短期居住，进行娱乐、休闲、健身、疗养等消遣性活动。旅游者的主要目的是休息、度假。度假休闲旅游产品要求度假地（区）具备四个条件：环境质量好、区位条件优越、拥有良好的住宿设施和健身娱乐设施、服务水平高。度假休闲旅游产品所包含的项目参与性很强，如水上运动、滑雪、高尔夫球运动、垂钓、温泉浴、泥疗、狩猎、潜水、农家乐等。购买度假旅游产品的旅游者在旅游目的地的停留时间较长、消费水平较高且大多以散客的形式出行。度假旅游产品对旅游目的地建设水平要求较高。旅行社开发度假旅游产品具有一定的难度，主要原因是目前旅行社观光旅游操作模式与度假旅游产品的制作要求不相匹配。

（3）**专项旅游产品**。专项旅游产品是依据社会、经济、文化、科研、修学、宗教、保健等某一主题而设计开发的旅游线路。产品当中各个组成项目之间有比较统一的内容或属性，具有较强的文化性、知识性、趣味性和专业性。此类旅游产品由于各产品的主题多种多样，因而受到有各种专项需要或不同兴趣爱好的旅游者的欢迎。专项旅游产品包括：商务旅游、会议旅游、体育旅游、探险旅游、考古旅游、宗教旅游、老年旅游、自驾车旅游、事件旅游等。专项旅游产品适应了旅游者个性化、多样化的需求特点，是今后旅行社产品的开发趋势；但由于专项旅游产品的开发难度大，操作程序多，有时需要多个部门的协作，产品设计和宣传推广费用较高，这在一定程度上抑制了旅行社开发此类产品的积极性。

（二）按照提供的旅游服务内容分类

按照旅行社提供的旅游服务的内容可以分为包价旅游产品、组合旅游产品和单项旅游服务产品三种类型。

1. 包价旅游产品

包价旅游是指旅游者在旅游活动开始前将全部或部分旅游费用预付给旅行社，由旅行社根据同旅游者签订的旅游合同相应地为旅游者安排旅游途中的吃、住、行、游、购、娱等活动。包价旅游又分为团体包价旅游产品、散客包价旅游产品、半包价旅游产品、小包价旅游产品和自由包价旅游产品（零包价旅游产品）。

（1）**团体包价旅游产品**。团体包价旅游是指 10 人以上的旅游者组成旅游团采取一次性预付旅费的方式，将各种相关旅游服务全部委托 1 家旅行社办理。团体包价旅游所包括的服务有：①饭店客房；②一日三餐；③市内游览车；④翻译导游服务；⑤交通集散地接送服务；⑥每人 20 千克的行李服务；⑦游览场所门票；⑧文娱活动入场券和全陪服务；国内团队和出境旅游团队包括往返交通客票。就旅游者而言，参加包价旅游可以获得较优惠的价格、预知旅游费用，并可以在旅游团内保持熟悉的氛围，而且旅行社提供全部旅游安排和导游服务，使旅游者具有安全感。但是，包价旅游意味着旅游者不得不放弃自己的个性而适应团体的共性。就旅行社而言，团体包价旅游预订周期较长，相对易于操作，而且批量操作可以提高工作效率，降低经营成本。

（2）**散客包价旅游产品**。散客包价旅游是指 10 人以下的包价旅游项目。参加散客包价旅游的多为自愿结伴而行的亲朋好友。散客包价旅游除了旅游活动安全可靠的益处之外，还具有能够较多地照顾旅游者个性的优点。散客包价旅游的不足之处主要是：①价格一般高于团队包价旅游；②旅行社组织或接待散客包价旅游者的人均成本较高。

（3）**半包价旅游产品**。半包价旅游是一种在包价旅游基础上发展起来的产品形态。半包价旅游是不含午餐和晚餐费用的包价形式。旅行社设计半包价旅游的主要目的是降低产品的直观价格，增强产品的竞争能力。另外，旅游者也能够更加自由地选择和品尝当地风味。团体旅游和散客旅游均可以采用半包价旅游形式。

（4）**小包价旅游产品**。小包价旅游又称可选择性旅游，由非选择性部分和可选择性部分构成。非选择性部分包括接送、住宿和早餐等，旅游费用在出游前预付；可选择性部分包括导游服务、午餐、晚餐、风味餐、文艺节目欣赏、游览参观点等内容，这部分旅游费用旅游者既可以预订，也可以现付。小包价旅游具有经济实惠和灵活方便的特点。

（5）**自由包价旅游产品（零包价旅游产品）**。自由包价旅游（俗称零包价旅游）是一种独特的旅游产品形态。旅游者参加这种形式的旅游时，必须随旅游团前往和离开旅游目的地。到达目的地后，旅游者可以自由活动，不受旅游团的束缚。自由包价旅游的特点是：①旅游者可以享受团体机票的优惠价格；②可以由旅行社统一代办旅游签证手续。它与“零团费”和“零报价”的本质区别在于前者是仅提供服务和旅游需求的便捷，旅游中一切费用均由旅游者自己承担。而后者是在提供免费旅游的“噱头”背景下，地接社承担一切旅游费用，再通过强买强卖其他旅游商品来弥补和超过必需的旅游产品成本。

2. 组合旅游产品

组合旅游产品是指在一些旅游服务设施较完善、交通比较便捷、游览点有较高知名度的旅游目的地地区，当地旅行社为了广泛招徕客源而采取的一种目的地成团的旅游组织方式。组合旅游产品的消费者来自不同的旅游客源地，他们在指定日期抵达旅游目的地，然后由旅游目的地的产品生产旅行社把他们集中起来，组成旅游团进行旅游活动。因此，产品生产旅行社必须做好旅游六要素的采购工作，确保旅游服务的充分供应，保证服务质量。

组合旅游是一种较灵活的旅行社产品，对于旅游目的地旅行社来说，它能够广纳四方旅游消费者，聚沙成山，积少成多。而对于客源市场的旅行社来说，组合旅游能够随时把一些散客旅游者送到目的地，为旅行社创造一定的经济利益。

3. 单项旅游服务产品

单项旅游服务也称零星代办业务或委托代办业务，是旅行社根据旅游者的具体要求为其提供的某一项有偿服务。旅行社单项旅游服务所包含的内容十分广泛，其中常规性的产品有：导游服务、交通接送、代办交通、代办签证、代办保险、代订饭店、代订各种门票、代订餐饮及各种其他旅游需求。

单项旅游服务除了进行常规性面上旅游需求服务外，目前，越来越多地为单位、企业、家庭和个人进行旅游咨询、旅游策划与规划等。单项旅游服务适应了全球性散客旅游的发展趋势，是一种应予以高度重视的旅游服务产品。

（三）按照旅游者的组织形式分类

按照旅游者的组织形式可以分为：团体旅行社产品、散客旅行社产品和自助旅游产品。

（1）**团体旅行社产品**。团体旅行社产品一般是指由10人以上的旅游者组成的旅行社产品，团体旅行社产品一般采用全包价的形式。需要指出的是，旅行社组团人数的标准有时与产品的档次相挂钩，例如，国内旅游豪华团10人成团、标准团16人成团、经济团30人成团；入境旅游团则9人成团。另外，我国公民出境旅游必须以团队形式进行，3人即可成团。

（2）**散客旅行社产品**。散客旅行社产品是10人以下的旅游产品，散客旅行社产品一般采用半包价、小包价的形式，有时也采用全包价的形式。

（3）**自助旅游产品**。自助旅游是旅游者根据自身条件（包括时间、预算、身体状况等）自由选择服务组合的一种旅游方式。其特点是：旅游中所涉及的吃、住、行、游、购、娱所有事情全由旅游者自己搞定，自己安排旅途中的一切，自由、主动、深刻、充满艰辛和诗意，利用现代文明带来的便捷，却又不受商业束缚的旅行。自助旅游不是年轻人的专利，也不是省钱旅游的代名词，无论老少，希望享受自由、深入、有特色旅游的人都可以加入自助旅游的行列。

（四）按照旅游产品的档次分类

（1）**高规格旅行社产品**。高规格旅行社产品旅游费用较高，旅游者一般在四、五星级饭店或豪华邮轮里（或高水准的客房、舱位）住宿和用餐；享用中高级导游服务；乘坐高档豪华型进口车；欣赏高水准的娱乐节目等。此外，在使用长途交通工具上，高规格旅行社产品中，往返使用飞机航线（干线和支线）。

（2）**中等规格旅行社产品**。中等规格旅行社产品旅游费用适中，旅游者一般住宿和用餐于二、三星级饭店或中等水准的宾馆、游轮里；乘坐豪华空调车。中等规格旅行社产品中，大部分使用飞机航线（只限干线）双飞。

（3）**普通规格旅行社产品**。普通规格旅行社产品旅游费用低廉，旅游者住宿和用餐于低水准的招待所或旅馆里；乘坐普通汽车。普通规格旅行社产品一般使用汽车、火车和普通轮船。

（五）按照旅游活动的天数分类

以旅游活动的天数为标准进行分类，从时间上来说，旅行社产品有一日游、二日游、四日游、多日游等。采用这种方式划分旅行社产品在我国的国内游中是比较普遍的。其优点是旅游者一眼便可以看出所需旅游时间的长短；对于旅行社来说，可以根据时间长短来安排旅游内容，并且比较容易确定价格。从我国旅行社现行的操作情况来看，它的缺点是对旅游主题的表述往往不明确，体现不出旅行社产品的特色。如北京—天津包机六日游、昆明—大理—丽江八日游线路。旅游消费者很难从其中看出产品的核心价值。

四、旅行社产品的特点

旅行社产品是一种服务类产品，它具有服务类产品的共性，包括：无形性、不可分离性、差异性、不可储存性和缺乏所有权性。旅行社产品还有其自身的特殊性，即综合性和敏感性。

（1）**无形性**。无形性也称为不可感知性，旅行社产品的无形性可以从两个方面理解：一是旅行社产品的主体部分是服务产品，在旅游消费者购买前表现为无形无质，让人无法真切地意识到它的存在；二是在销售过程中，旅行社产品不会导致某些实物所有权的转移，而且也不会导致产品实物形态的改变。因此，从某种意义上讲，旅游者购买旅行社产品，实际是购买了一种“梦想”，而旅行社出售产品，则是在出售“承诺”。

（2）**不可分离性**。不可分离性又叫生产与消费同一性。旅行社产品一般都是在旅游者亲自参与下生产的，旅行社提供产品的同时，消费者在消费产品。服务活动的完成需要生产者（旅行社）和消费者（旅游者）双方的共同参与。从这个意义上讲，旅行社产品的生产和消费是同时发生的，并且是在同一地点同时发生的。在同一时间内，旅游者使用旅行社产品的过程，也就是旅行社生产和交付产品的过程。

（3）**差异性**。差异性又称异质性，指服务的构成成分及质量水平经常变化，很难统一界定。对旅行社产品而言，一方面，由于旅行社服务人员自身因素的影响，即使由同一服务人员提供的服务也可能会有不同的水平。另一方面，由于旅游者直接参与服务的生产消费过程，旅游者本身的因素也直接影响服务的质量和效果。

（4）**不可储存性**。服务的无形性和生产消费的同步性，使旅行社产品不可能像有形的消费品或工业品那样储存起来以备未来销售。同时，消费者大多数情况下也不能将服务携带回家存放起来。因此，旅行社产品的服务如不能当时消费掉就会造成机会的丧失，也就是说旅行社产品是不可储存的。

（5）**缺乏所有权性**。缺乏所有权性是指在旅行社产品服务的生产和消费过程中不涉及任何东西所有权的转移。既然服务是无形的和不可储存的，所以消费者并不会“实质性”地拥有服务。缺乏所有权会使消费者在购买服务时感受到较大的风险。

（6）**综合性**。综合性是旅行社产品的最基本特征。它表现在两个方面，一是产品构成的综合性，即旅行社产品本身是由旅游交通、住宿、餐饮、景点、线路、娱乐、购物、服务等多项内容组成的混合性产品。二是服务或子产品的提供者是综合的，旅行社产品除了旅行社直接提供产品服务外，还需要很多其他的部门或者间接的企业提供的服务或产品。

（7）**敏感性**。敏感性又称脆弱性，由于旅行社产品的综合性，它所涉及的众多的部门和企业中任意一个发生变化，都会直接或间接地影响到旅行社产品生产和消费的顺利实现。另外，旅游活动还受人类社会的方方面面的因素的影响，诸如战争、政治动乱、国际关系、政府的政策、经济状况、自然灾害等都会影响到旅游需求的变化，并由此深刻影响着旅行社产品的生产和销售。

第二节 旅行社产品设计

旅行社是同时承担生产和销售功能的中介组织。旅行社将分散的单项产品组织成整体旅游产品，改变了产品的存在形态，形成了新的产品。对旅行社来讲，设计种类丰富、满足市场需求的产品是其核心要务。

一、旅行社产品设计概述

旅行社产品设计是指按照一定的规则，配制旅游资源和餐饮、住宿服务，把旅游服务加入其中；并以一定的主题、内容、形式和价格表示出来的过程。一般而言，旅行社产品设计包括以下两个层面。

一是产出更多种类的产品。旅行社在推出新的线路产品时，一定要善于捕捉市场需求信息。例如，一个新的景区开发建设完成之后，通过邀请旅行社踩点考察，希望旅行社将自己纳入线路产品中去。在这种情况下，旅行社对新景点的推广作用就得到了明显的体现。如果线路产品设计不能体现旅游需求的超前性，那么线路产品设计在旅游产业链中的功能和作用就不能充分体现出来。

二是产出更多的优秀产品。对于大众旅游者来说，质优价平的线路产品会永远受到市场的欢迎，也只有好的产品才能经得起市场的检验。从全行业的角度来看，目前，旅行社产品类型单一、品种贫乏、产品品牌不突出。具体到单个企业，旅行社产品质量较低，产品组织粗糙，服务较差。因此，旅行社产品设计者的责任重大。

二、影响旅行社产品设计的因素

（一）产品的设计人员

产品设计是一种生产和创造，好的产品是设计人员的知识、经验、灵感的结晶，是经历和文化的感受。一个好的线路设计者，必须要有丰富的旅游基础知识，产品设计人员还需具备旅游行业工作的技巧，敏锐的商业意识，足够的市场、财会方面的知识。好的产品设计者要懂得顾客的需求和心理，还要了解供给方面的情况。

旅行社的产品设计部门（小组）应该由三种人组成：一是精通旅游市场、熟悉产品内容和具有相当产品设计能力的人员；二是熟悉顾客需求、了解顾客心理特征的一线的接待人员；三是具有一定资历的能胜任美术设计的设计人员。

（二）旅游目的地的资源状况

与旅行社产品相关的旅游目的地的资源，包括旅游资源、社会资源和人力资源。

1. 旅游资源

旅游资源指的是自然界和人类社会凡是能对旅游者产生吸引力，可以为旅游业开发所利用，并可以产生经济效益、社会效益和环境效益的各种事物和因素。它包括自然旅游资源、人文旅游资源。

（1）自然旅游资源。自然旅游资源是在亿万年自然地理环境的演变之中形成的、具有旅游功能的事物和因素。自然旅游资源又称自然风景旅游资源，指凡能使人们产生美感或兴趣的、由各种地理环境或生物构成的自然景观。自然旅游资源的优劣决定着旅游目的地发展的潜力。但是，自然旅游资源对旅行社产品开发的作用，还取决于它们的特点和可进入性，否则只能算做潜在的旅游资源，有待开发。对自然旅游资源的开发不应破坏其自然属性。

（2）**人文旅游资源**。人文旅游资源又称为人文景观旅游资源。指由各种社会环境、人民生活、历史文物、文化艺术、民族风情和物质生产构成的人文景观，由于各具传统特色而成为旅游者游览观赏的对象。它可以划分为历史文化名城、古迹、宗教文化、交通、建筑与园林、文学艺术等旅游资源。更多的人文资源则是人们的日常生活、风土民情，这些也能吸引旅游者，它们是对人文旅游资源的深层次开发。

2. 社会资源

旅游目的地的社会资源是指社会的有形资源（如公共服务设施、安全保障设施和场地空间）和无形资源（如各种公共技术、知识、组织和社会关系）等可以为旅游者提供服务与支持的资源。社会资源是有效地保障旅行社产品实施的基础，如：旅游目的地的安全、通信、网络、生活环境和常住居民的友善度等。社会资源是旅行社产品设计的保证性考虑因素。

3. 人力资源

人力资源是旅游业开发与经营的基本要素，在一定程度上也决定着旅行社产品的开发。它包括旅游目的地的食、住、行、游、购、娱等经营企业以及当地政府从业人员本身的能力、素质。另外，旅游目的地居民的数量、宗教信仰、生活状况、受教育程度、风俗习惯、素质，对旅行社产品的开发而言，也是重要的影响因素。

（三）设施配置

设施配置是指与旅游者密切相关的服务设施和服务网络的配置状况，它包括以下几个方面。

（1）**旅游基础设施**。旅游基础设施包括：一般公用设施，如供水、供电、排污、煤气、电信、道路系统等；满足现代生活所需要的基本设施或条件，如网络、银行、医院、商店、治安管理机构等。旅游基础设施的主要使用者虽然是当地居民，但也必须向旅游者提供，或者说旅游者必须依赖这些设施。没有基础设施作保证，旅游业很难有进一步的发展。

（2）**旅游接待设施**。旅游接待设施是指虽可以供当地居民使用，但主要供外来旅游者使用的设施，如饭店、购物、餐饮、旅游咨询中心等。

（3）**旅游休闲设施**。旅游休闲设施是指供旅游者进行文化娱乐、特色生活体验，健康、愉悦和轻松的各种现代和民俗的场所和相应的服务设施。

（四）旅游需求

旅游需求是指旅游者在一定时期内，愿意以一定价格购买的旅游产品的数量。旅游需求量的大小受许多因素的影响，如旅游产品的价格，旅游者的支付能力、余暇、动机，还有政治、经济、文化、社会等因素。从某种意义上讲，旅游需求决定着旅行社产品开发的方向。

（五）旅游成本

（1）**旅游时间**。旅游时间包括旅游者消费旅行社产品总体耗费的时间以及整个旅游过程中的时间安排。旅游客源地、旅游目的地、出游季节、旅游者闲暇时间不同，旅行社产品中的时间安排也不一样。从旅游经营者的角度考虑，旅游时间就是旅游者对各种旅游产品的消费时间，旅游者逗留的时间越长，旅游经营者获利就越大。但是，旅游者用于消费旅游产品的时间有限。旅行社必须研究不同旅游者的闲暇时间，设计符合其要求的产品。

（2）**旅游价格**。旅游价格（费用）是旅游者为满足其旅游活动的需要所购买的旅游产品的价值的货币体现。影响旅游价格的因素有很多，如旅游供求关系、市场竞争状况、汇率变动及通货膨胀等。过高的价格会使普通旅游者望而却步，而价格过低旅行社又没有利润。因此，制定一个合理的价格是旅行社产品能否实现其价值的关键。

（六）旅行社产品开发资金

旅行社开发产品需要资金的投入。前期的市场调查，线路考察，资源采购，建立、沟通各种关系，这些都需要有充裕的资金作保证。资金短缺会严重影响旅行社产品的开发。

三、旅行社产品设计常用方法

在旅行社产品的设计中，实体的旅游点往往不能为某个旅行社企业所垄断，旅行社产品新的创意闪光点，在市场上一旦推出，很容易被其他旅行社企业模仿。因此，目前的旅行社产品设计主要是从旅行社产品的级别和结构入手，开始注重旅游服务细节的设计。在旅行社产品设计过程中，方法是多种多样的，主要包括以下几种。

（一）创新设计的方法

旅行社产品的创新设计，主要由主题创新、内容创新、形式创新等几部分组成。

案 例

“小导游牵手盲童游西湖”产品设计

浙江某旅行社通过市场调研，发现现在的家长普遍忧虑家里的独生子女因娇生惯养，性格中出现自私、缺乏爱心、以自我为中心的弱点，需要通过适当社会教育活动来提高情商。该旅行社在2006年国际盲人节组织了一次主题旅游活动——“小导游牵手盲童游西湖”。杭州45个家庭的45名小学生与富阳盲人中心的盲童手拉手，一起泛舟西湖，花港观鱼散步、倾谈、玩游戏。小导游们用精心准备的导游词向盲童们讲解西湖的美景，从他们的笑容中收获帮助他人的快乐，随行的家长们也深受教育。这次活动受到了家长和孩子们的热烈欢迎。

案例分析

1. 该产品的创新点在哪里？
2. 该产品在主题创新方面给你的启示是什么？

（二）借鉴设计的方法

借鉴设计的方法为广大中小旅行社企业所采用。他们通过分析创新者推出的旅行社产品的特点和市场定位，根据自己对市场的认识和客户的需求，对产品进行重新包装，迅速获取收益。在旅行社产品设计过程中，这种方法具体体现在汲取成功的设计模式与自身优势的结合上。

案 例

修学旅游产品设计

某旅行社在分析了“我在北京上大学”等修学旅游产品的特点之后，充分学习了这些产品的设计细节、包装方式及其主要卖点，经过对青少年旅游市场的调查分析，发现拓展训练可以提升学生的心理素质并帮助青少年克服一定的心理问题，该旅行社适时推出了包含“名校参观、心理辅导、野外拓展、学生交流、才艺展示”等卖点的青少年夏令营产品，市场反响热烈。

案例分析

1. 查阅“我在北京上大学”等修学旅游产品的资料，分析相同点和不同点。
2. 该产品在借鉴设计方面，给你的启示是什么？

四、旅行社产品设计的原则

（一）市场原则

旅行社产品发生交易离不开三个主要因素，即适销对路的产品、合理的价格和质量的保证。这其中产品的适销对路就是市场原则。旅行社产品的设计开发人员要及时掌握内、外部环境的变化和各方面的信息动向，按照旅游者的需要开发产品。旅行社产品开发的市场原则具体体现在以下三个方面。

（1）**根据旅游者普遍的消费特征开发设计产品**。对于产品设计者来说，设计产品时，以下因素是应该考虑的：①目的地“新、奇、特”，旅游者从未曾到过；②目的地能使旅游者放松身心，从日常的紧张生活中求得短暂的解脱；③尽量有效地利用时间而又不太劳累；④有效地利用预算，物美价廉；⑤舒适身心，陶冶情趣。

（2）**根据旅游者或中间商的要求开发产品**。根据市场营销学的观点，在买方市场转变为卖方市场的供需背景下，产品的生产必须以消费者为中心。在目前，旅游市场对旅行社不是十分有利的前提下，旅行社在产品设计和开发时，更应针对不同旅游者和不同客源地（通过中间商）对旅游的实际需求来实施自己的产品策划、设计和组合。产品设计是一个复杂的“链”。在这里，我们特别提醒，必须根据不同市场的需要来确定相应的旅游目的地。因此，在开展产品设计之前，一定要认真研究各个细分市场的特征，明确产品的市场定位。

（3）**创造性地引导旅游消费**。旅行社通过构思创新，创造性地开发出新产品，引导旅游消费。

（二）通畅原则

在设计旅游产品时，旅行社应对各交通路线和旅游点进行科学、合理的优化组合。

（1）**不走回头路**。应尽量避免重复经过同一旅游点，保证旅游者的需求效应和满足程度。

（2）**择点适量（目的地数量）**。一条旅游线路的设计必须考虑整条线的目的地数量和每天安排的景点景区数量，过多的节点会使人烦躁而对旅游产生厌倦，并降低重游率。调查表明，国内线路最佳旅游目的地为3~5个点，每天安排的景点景区数量最佳也为3~5个。

（3）**点间距离适中**。各旅游点之间的距离不宜太远，以免游客在旅途中耗费过量的时间和金钱，避免劳累。

（4）**特色各异**。同一线路上的各游览点应各有特色，丰富多彩，主题突出，以免影响旅游产品的质量。

（5）**顺序科学**。“顺序”包含两个方面的含义，即空间顺序和时间顺序。大多数的旅游线路是以空间为主要顺序展开的，随着旅游线路主题性要求的提高，在国外，一些旅行社推出了以时间为核心顺序的线路。从顺序考虑，对于线路中热、温、冷的节点通常是以以下方式处理的：第一，起始点和终结点往往选择较热的点，而中间的节点则由各种类型的点交错组织。第二，由一般的旅游点过渡到吸引力较大的点，使游客感觉到高潮迭起。

（三）时效原则

旅游者选择目的地时，很重要的一个心愿就是要看到目的地最美的季节和最动人的景观。因此，旅行社在产品设计时，必须对该产品在何种时段投放最为合适进行考虑。遗憾的是，目前的国内旅行社产品中，多数对产品时效问题有所忽略，往往是摆在柜台上的一种线路产品，从年初卖到年末，以不变应万变。

时效原则的另一个意义，体现在对社会信息的及时采集，及时推出适应的产品。在迅速把握机会、果断决策、抢占先机方面，要充分体现产品的主动性，这样才能赢得良好的市场声誉。因此，旅行社在产品设计时，必须对该产品在何种时段投放市场最为合适进行考虑。

（四）主题鲜明原则

写文章要有主题，设计旅游线路也要有主题。旅游产品在设计时就应该注入灵魂，那就是该产品的主题。可以说，旅游产品的主题有时候就是经营者观点的体现。

确定旅游线路主题的方法有两种：一种是根据内容来提炼主题，另一种是先确定一个主题，然后根据主题去“发掘”并组合相关内容。

（五）新颖原则

“人无我有，人有我优，人优我新”，是许多企业的产品战略目标。遵循新颖原则，就要求设计者既要客观冷静，又要热情洋溢，在对客观现实认真分析之后，努力寻找产品的亮点。新颖原则应贯穿整个产品的设计制作过程。与产品相关的所有因素都可以用新颖原则进行新的架构。无论是产品名称、广告语、线路产品宣传单，还是产品的销售场地、销售手段、氛围营造等许多方面，均能在新颖原则的整体贯穿中产生出奇制胜的效果。

（六）差异原则

差异化产品在市场经济中有很强的存在需求，为市场细分奠定了基础。有了差异化产品，就给了市场更大的选择空间，给了企业以生存的天地。产品的差异化最根本的目的就是要避免或干扰客人进行不同企业间同类产品的简单的价格类比。

（七）效益原则

效益原则又称经济可靠原则，就是将旅行社产品在设计时注重以同等数量的消耗，获得相对较高的效益，或是以相对较低的消耗，获得同等的效益。要把近期效益与远期效益结合起来，加强成本控制，尽量从合作部门获得优惠价格，实现经济最优的产品设计和组合。产品设计者必须要有很强的成本意识。所谓可靠，表现为服务设施确有保障。

第三节　旅行社产品设计的流程

旅行社产品设计既是一项较为复杂的系统工作，更是一个技术性较强的课题。从技术层面上讲，旅行社产品是旅游吸引物资源、旅游设施和旅游时间的合理统一。所以，旅行社产品设计成功与否主要反映在游程和价格的合理性上。常见的旅行社产品设计的流程如图 3–1 所示。

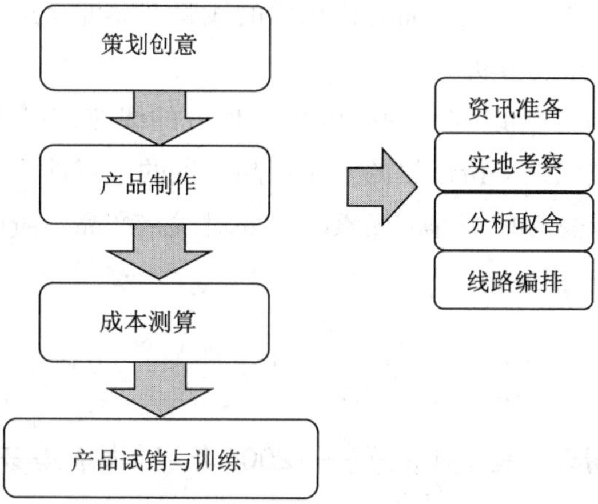

图3–1　常见旅行社产品设计的流程

一、策划创意

进入 21 世纪以后，随着我国经济的持续快速发展，随着大众对休闲、旅游认识的逐步深入，我国的旅游消费环境已经发生了巨大的变化。这种变化表现在：旅游消费的日常化和全民性；旅游消费的个体化和多次性；旅游消费的多元化和梯次性；旅游消费阅历的丰富化和成熟化。总之，旅行社产品的消费已经完全进入了卖方市场。旅行社产品的策划与创意显得尤为重要。

旅行社产品在策划创意的过程中，要注重研究客人的需求变化，对市场的需求必须保持敏锐的洞察力。

在确定每一项旅行社产品的整体创意的时候，产品的特色应是不可忽略的。特色产品之所以受到人们的认可并追捧，与其所包含的具体特质有密切关系。例如，目前各旅行社销售的海岛游线路产品被严重扭曲，主要表现在压缩时间、降低酒店或度假村的星级，不提供足够的旅游咨询，不突出每个海岛的特色，简单地把海岛游界定为自由行或机票＋酒店的产品，将海岛游产品的内涵空心化。由于没有特色可言，海岛游线路产品又出现了价格竞争的现象，进一步降低了产品的质量。要突出旅行社海岛游线路产品的特色，设计者必须准确定义每个海岛，应提供详细的咨询，如位置、飞行时间以及海岛本身所具有的特性；要安排更多健康的户外活动，向游客推荐或安排每个岛上最值得参与的活动，让游客的假期更加完美；设计者应根据飞行时间，安排假期的长短。比如，马尔代夫单程飞行时间约 10 个小时，市面上卖的却是三晚五天的行程，完全破坏了马尔代夫的产品，如果改为两个岛、两个度假村，才算是真正完美的假期；马尔代夫的独特资源更适合喜爱静的消费者，比如度蜜月……

旅行社产品在策划创意阶段，面对构想中的线路产品即将进入真实的操作阶段，设计者一定要进行冷静的市场分析。

市场分析要求设计者能以理性的态度来对拟订的线路产品进行剖析。事实上，这样的线路产品分析就应该是一份详尽的线路产品开发的可行性报告。它不仅包括市场状况、市场需求、游客承受心理等外部因素，也要对线路产品本身的特点、构成、落脚点等因素进行分析。

案　例

“夕阳有情天　美景在杭州——2006 年老年婚庆华东游”策划

浙江新世界国际旅行社在国内旅游产品研发方面颇具想象力，屡出大手笔。该旅行社策划的“夕阳有情天　美景在杭州——2006 年老年婚庆华东游”被列入世界休闲博览会项目。参加这次婚庆旅游的老年游客，至今对当年场景的隆重、热烈津津乐道。豪华婚礼车队巡游、百名志愿服务人员全程陪护；盛大的“纪念婚庆典礼”仪式，数百对老年夫妇相互搀扶走过鲜花和掌声铺就的红地毯；东方式宗教文化祈福大典；举行交换信物仪式，喝交杯酒，并庄严宣誓：相伴今生，永结同心；东方文化园水上餐厅举办盛大的纪念婚喜宴；畅游世界休闲博览园，享受世界级休闲活动……

为了将瞬间美好变为永恒，浙江新世界国旅特地请来知名主持人现场主持，媒体报道婚礼盛况，摄像机跟踪拍摄，为每对夫妇专门制作特写 DVD 光盘。

案例分析

1. 该产品的特色体现在哪里？
2. 该产品在捕捉市场需求方面给你的启示是什么？

目前，已经有旅行社做出尝试，针对细分市场，成立“专项旅游中心”，将专项旅游独立出来。该中心针对第二次或第三次出国的“高端消费人群”，研发出时尚购物和音乐之旅等专项旅行社产品。例如，挑欧洲品牌打折的7月份组织的“法国时尚之旅”购物团，行程以高档、休闲为主，由著名模特当领队。而“音乐之旅”则是深入“知音人群”的专项旅游。这类产品由于针对细分市场，创意独特，推出后受到市场欢迎。

但总的来说，旅行社在产品的策划创意方面存在着较为严重的问题。一方面，产品结构单一化，绝大部分旅行社产品属于观光产品，而休闲旅游产品、度假旅游产品、专项旅游产品所占的比例相对于旺盛的市场需求显得严重不足；另一方面，观光类的旅行社产品层次低、雷同、粗制滥造，而且多为全包价观光旅游产品，受市场欢迎的小包价以及其他针对细分市场的旅行社产品明显缺乏。

二、产品制作

（一）资讯准备

在旅行社产品的策划创意做出后，就进入具体的产品的编排、制作阶段。旅行社产品的制作、线路编排的具体实施阶段的首要步骤是进行资讯准备。尤其需要线路产品设计者注意的是旅游目的地资讯，如目的地国家的首都及主要城市气候、经济、人口、社会发展等。在对资料予以采信之前，需要对所涉及的内容再进行核实。许多网站和出版物中，都存有一些不准确的信息。在地名的翻译和使用中，要尽量采用国家核准的地图出版部门的统一翻译。

在资讯准备阶段，旅行社产品设计者会查阅其他旅行社开发的与本社产品策划方案相近的产品资料。参考或借鉴其他旅游的成形的旅游产品，是目前许多旅行社常常采取的方式。如此全面抄袭借用会有很大的风险，表现为：无法了解其产品的最初编创原因、无法体现原创产品的特色、受原创产品的局限和束缚。

（二）实地考察

实地考察是旅行社产品设计过程中的一个重要的工作步骤，是对旅游目的地的食、住、行、游、购、娱进行全方位的考察。实地考察的具体步骤如下：

（1）**挑选考察人员**。在实地考察人员的选择当中，应优先考虑旅行社的产品设计人员。要让懂得旅行社产品设计、掌握旅行社产品设计规律的专业人士从事线路考察工作。

（2）**考察人员进行准备**。考察人员在考察前应做资料准备并草拟考察提纲。考察人员对已经收集到的目的地资讯要详细记录并列出表格，以方便在实地考察时进行逐项核实。

（3）**进行实地考察**。实地考察在具体实施时，考察人员必须以旅行社的专业眼光对考察中发现的问题及解决问题的过程予以评价，认真进行记录。每天的考察工作开始前，都要对当日的考察内容进行温习，对下榻酒店、用餐餐厅、景点名称、经过线路的名称心中有数。在每天的考察结束后，都应对当日考察情况进行一个全面整理。对餐食质量、景点精彩度、道路状况等涉及旅行行程的各类细项内容进行翔实记录。

（4）**撰写考察报告**。考察报告应包含这次考察的详细记录，包括线路产品的起因、线路产品的构想、考察的详细日程、考察笔记等与此有关的全部材料，应完整保留归档。在实际考察的评价表中，要至少包含这样一些内容：城市评价、城市区间交通状况评价、用餐评价、接待社情况评价、景点评价以及对旅游线路中所涉及的景点的描述。

（三）分析取舍

旅行社产品在制作过程中之所以存在分析取舍，是因为旅行社产品不可能囊括旅游目的地所有的精华，只能在旅行社现有的资源条件下对旅游目的地的旅游吸引物和旅游设施做出一定的取舍。

旅行社产品的分析取舍要符合产品名称并突出主题。旅行社产品的主题、行进形式无不与产品的名称有着紧密的关联。例如，在涉及自然美的欣赏时，人们的审美差异并不明显，在以主要体验自然美的线路中，如到海滩、高原、沙漠、湖泊、林地等地旅游，线路的安排中更多地考虑应该放在是否合理、不让游客太疲劳等形式问题上，游客的知识积淀和欣赏需求可以置于不太重要的地位。但在一些文化类的旅游线路当中，所要考虑的问题就不单单是形式上的需求，线路产品蕴涵内容上是否满足游客心理上的需求就成为设计者所要考虑的重要问题之一。

（四）线路编排

线路编排是旅行社产品成型的最后步骤，应遵循以下原则：

（1）**行程舒适**。旅游消费正日渐成熟，人们已不满足于走马观花、到此一游式的旅游。换个环境、放松身心成为主要诉求。传统的旅行社产品在线路编排上标准化、格式化的流水作业令人倍感乏味和疲惫。新一代的旅行社产品要求行程要舒适轻松，注重休闲设施、休闲活动、休闲空间的布局配置。强调体验参与，讲究环境的营造和氛围的设计。

（2）**让游客体验和参与**。现代旅游者更青睐融入生活元素、生活气息、生活情趣的旅行社产品。人们期望不仅观景、观光，而且能观察生活，甚至能有异地生活的亲历。在观光中观察生活，在度假中体验生活，在休闲中品味生活。因此，现代旅行社产品在设计中要注重社会生活资源的挖掘。集市、家庭、社区、幼儿园、学校、婚俗、村落、农事……皆可作为旅游资源深度利用整合组成产品。传统的旅行社产品模式是以景观为中心设计，以观光为主线展开。以往人们被组织计划安排，被动地消费产品，如今旅游消费者的成熟使消费心理、消费行为发生变化。人们已不再满足于被动地接受程式化的旅行社产品，希望主动地参与旅行社产品的设计和生产的全过程，注重参与过程中的感受和体验。旅游者的参与、社区的参与、与自然人文的交流互动的程度，成为旅行社产品的重要品质。

（3）**有效合理**。有效合理原则的最主要体现，在于对旅行社产品交通工具的选择和使用上。旅行团也应当尽量避免走回头路的线路安排。如北京的一些旅行社销售的新马泰旅游线路，做如下编排：北京飞泰国曼谷—泰国曼谷飞新加坡—新加坡飞泰国曼谷—泰国曼谷飞北京。在这四段飞行当中，要4次经过曼谷，不仅会让游客产生厌烦情绪，也使得行程显得零碎散乱。之所以会产生这样的状况是因为选择了一家航空公司给出的多航段的优惠价格，但这种价格的优势往往会在破碎状态的线路产品当中消失。参加这样的旅程的游客留下的叹息会远大于兴奋，被航班耽搁的宝贵时间往往会成为引发游客对旅行社投诉的导火索。上述不能有效合理安排行程的原因多在于追求旅行社产品的低价格。

三、成本测算

完成了旅行社产品的初步线路编排后，应着手对产品的成本进行测算。成本测算常常包括直接成本和间接成本，其基本构成如图3–2所示。

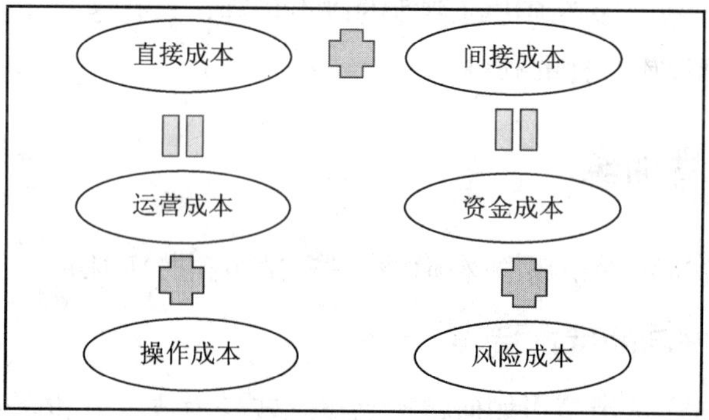

图3–2　旅行社产品的成本构成

（一）直接成本

直接成本是指组成旅行社产品所必须支出的直接用到旅行社产品本身的各种费用，一般分为运营成本和操作成本两种。

（1）**运营成本**。运营成本是指组成旅行社产品必备的要素成本，包括：旅游中必须产生的吃、住、行、游和部分娱乐的费用，而这些费用往往都是通过旅行社对履行辅助人的采购而产生的。由于采用市场化运作，所以这些费用不是一成不变的，相反是变化的、无规律的，给旅行社产品的成本测算带来变数。旅行社的一般处理方法是将各种成本分为淡季和旺季，或周期性进行测算。

（2）**操作成本**。操作成本是指旅行社产品运营时，旅行社自身产生的成本，包括产品开发成本、营销成本、管理与税收、运作消耗品成本和员工成本等。其中，产品开发成本往往采用折旧率的方式分摊计费，而营销成本、管理与税收、运作消耗品成本则往往采用定向定量核算，员工成本则分为直接服务与间接服务核算。

（二）间接成本

间接成本是指旅行社在产品开发和运营时产生的非直接用的产品本身的费用，一般分为资金成本和风险成本两种。

（1）**资金成本**。资金成本是指包括旅行社产品开发、产品运营时由预支的资金而产生的利息，旅行社开办注册资金和保证金所产生的利息在内的费用。由于资金量大小的不同和资金筹措来源的不同，其产生的资金成本也各不相同，有的除了资金利息外还往往需要利息预支和资金风险金等。

（2）**风险成本**。风险成本是指旅行社产品开发与运营时，由不可预测（如社会、政治与经济动荡）和不可抗力（如自然灾害）的因素造成的损失费用，还包括必要的保险费用（如旅行社责任险、旅行社产品或产品中某项目的保险等）。一般旅行社在产品成本测算时将风险成本按总成本的5%进行预算。

总之，旅行社产品设计必须进行细致的成本预算，只有这样才能将旅行社产品有效地投放市场，才能确保旅行社的利益。

四、产品试销与训练

旅行社产品在全面推向市场前必须进行试产试销和产品训练。

（一）旅行社产品的试产试销

旅行社产品的试产试销是指如何将产品概念转变为技术上和商业上可行的产品，只有将概念产品转化为商业产品才能真正进入市场销售和运营。市场试产试销的规模取决于两个方面：一是投资费用和风险大小，二是市场试产试销费用和时间。投资费用和风险越高的产品，其试产试销的规模应越大一些；反之，投资费用和风险较低的产品，其试产试销的规模就可以小一些。从市场试产试销费用和时间来讲，所需市场试产试销费用越多、时间越长的产品，市场试产试销规模应小些；反之，则可大一些。但必须控制试产试销费用在新产品开发中的比例。

（二）旅行社产品的训练

经过试产试销，为旅行社将新产品推向市场提供了一定的信息和经验，在根据市场营销反馈的信息基础上，对旅行社新产品加以修整、改进后，再对旅行社新产品相关的服务人员和管理人员进行产品训练，做好充分的市场服务准备，这样才能以最佳的完整组合将产品推向市场。产品训练内容一般包括：导游训练、行程训练和业务训练。

1. 导游训练

导游训练是旅行社新产品训练的首要内容，它是能否有效获得新产品市场的重中之重。旅行社必须高度重视，不仅要选择合适的导游参与服务，而且要注重导游自身的素质和技能能否适应新产品的需求，而这一切都可以通过导游训练进行衡量。某个新产品的导游训练内容包括：合同保险、游客心理、礼仪、专业知识、讲解技能、事故处理和旅游常规等。

（1）**合同保险**。合同保险是指导游必须了解本产品中旅行社与游客之间的合同内容，包括双方义务和权利、服务内容与范围、服务期限与价格内涵以及违约责任等，还必须了解本产品中建议游客购买的旅游保险等。

（2）**游客心理**。游客心理是指导游应了解参与本产品旅游的游客一般的需求心理和特质。

（3）**礼仪**。新产品中必须遵守的国情民风、宗教信仰及民族民俗等礼仪，导游必须了如指掌，避免发生不必要的摩擦和麻烦。

（4）**专业知识**。专业知识是指导游对本产品中所涉及的旅游资源、旅游服务要素和社会环境等内容必须做到心中有数，并能熟练掌握与应用。

（5）**讲解技能**。讲解技能是导游与游客有效沟通的桥梁，也是反映本产品特色，吸引游客旅游的重要途径，它包括表达与表演方式、因人而异的语言与故事、旅游情节的连贯与趣味性等。

（6）**事故处理**。事故处理是指导游应了解本产品中极易发生的事故处理预案和常规旅游事故处置的流程，真正具备并做到事故预防、事故防范和临危不乱、有序处理的能力。

（7）**旅游常规**。旅游常规指的是导游必须具有的常规性服务意识、技能和技巧，必须遵循的法律法规和服务准则知识，必须处理的日常导游服务事务和常规性事件处理能力等。

2. 行程训练

行程训练往往是针对涉及新产品的导游、领队、产品销售和计调等人员，为其熟悉产品、更有效完成各自工作而进行的一种训练，是新产品立足市场的重要途径。训练的内容包括熟悉线路、交通流程、住宿环境、餐饮介绍、景区特色、购物表述、特别节目等。

（1）**熟悉线路**。涉及新产品的导游、领队、产品销售和计调等人员，必须熟悉新产品的线路编排，掌握行程时序和节点时间，以便有效地处理自身的业务，更好地为游客服务。

（2）**交通流程**。交通流程是指涉及人员必须掌握本产品中使用的交通工具形式、出发与到达时间、交通衔接、交通安全和交通变更常识等。

（3）**住宿环境**。住宿环境是指涉及产品人员，特别是导游和领队，不仅要了解住宿饭店内部的设施、设备、服务和安全保护等情况，而且应熟悉住宿饭店周边的环境，例如有无商场、医院、警务、特色休闲和娱乐场所等。

（4）**餐饮介绍**。涉及新产品的人员，特别是导游和领队，对新产品所涉及的目的地的餐饮，特别是特色菜肴应尽量了解全面一些，例如制作材料、味道特色、主要制作厨艺和营养价值等。

（5）**景区特色**。目的地景区是组成旅行社产品的最为重要的要素。涉及新产品的人员必须对景区特色、景观特点和历史、人文等了如指掌，适时讲解和介绍，确保将最有价值、最美的一面充分展示给游客，给游客留下最美好的记忆。

（6）**购物表述**。购物是旅游六要素之一，也是大多数游客在旅游中常做的事。在不进行特指和强买强卖的前提下，必须为游客提供目的地购物的有用信息，包括特产物品介绍、购物场所指引、物品真伪鉴别与性价比导向等，确保游客避免受骗上当。

（7）**特别节目**。旅游目的地的娱乐、休闲、民俗民风和宗教活动都是旅游活动中必不可少的内容。涉及新产品的人员，特别是导游和领队，必须充分了解这方面的情况和活动方式，特别要了解当地的风俗习惯，友情提醒游客应注意的事项和禁忌。

3. 业务训练

业务训练往往是针对涉及新产品的所有人员，包括管理者、导游、领队、营销、计调和财务等人员，其目的是为了更好地为新产品进入和拓展市场做好旅行社内部的各项服务和监控，也是旅行社新产品立足市场的基础保障。业务训练的内容包括销售、报名、收款、计调（OP）、出团、结团、评估等。

（1）**销售**。销售是指包括旅行社新产品的营销策划、品牌推广、市场宣传、产品展示、洽谈签约等一系列活动；强调应掌握旅行社新产品的市场营销策略、促销方式与方法。保障旅行社新产品所提供的服务满足游客的客观需要，真正达到将旅行社新产品的信息和价值充分传递给消费者。

（2）**报名**。报名是指对购买旅行社新产品的顾客，旅行社设计的必须与顾客间履行的一整套服务流程与服务方法。主要包括合同的确认与签订、行程的主要内容与注意事项、保险的推荐与代理和付款的方式等。

（3）**收款**。收款是指旅行社在收取顾客旅游费用时的服务流程。主要包括收款方式介绍、明确收款内容和区分实收和代理收款的项目等。

（4）**计调（OP）**。计调是旅行社新产品实际安排运行走向计划，统计与之相关的信息，并承担与计划相关的旅游服务采购和有关业务调度工作的重要职位。主要工作包括报价、要素采购、行程单制作、服务联系单的派遣和应对突发变更事件的处置等。计调是完成和落实旅行社新产品计划的总调度、总指挥、总设计。

（5）**出团**。出团是指导游或领队在受领接待任务后，出发前和出发时应履行的义务和责任。包括对旅行社接待任务单内工作的确认、游客行前再确认、行前说明会和出发时间地点及注意事项等。这是保障游客有效旅游和感受旅游新产品的第一步。

（6）**结团**。结团是指导游或领队在完成接待任务后，向旅行社反馈接待完成情况、结算团款等系列工作。

（7）**评估**。评估是指对新产品全方位的评价系统，主要由管理者来操作，各相关涉及人员配合。包括游客游后建议与意见、导游与领队服务后的建议与意见、销售人员的建议与意见、其他相关人员（如履行辅助人）的建议与意见等。在分析和总结的基础上对新产品给予客观的评估，并提出进一步改进与提高的要求和方法。

总之，通过对新产品的试产试销和产品训练，不仅能确保旅行社新产品的有序推广和市场促进，而且能使新产品不断改进和提高，使之真正成为受消费者欢迎的旅游产品。

第四节 旅行社产品的筛选

产品投入市场并非产品设计过程的终结，旅行社还应对产品进行定期的检查与评价，从中选出畅销及经济效益好的产品和具有发展前景的产品，并淘汰滞销及经济效益差的产品和没有发展前景的产品。旅行社评价、筛选产品一般采用四象限评价法或产品生命周期评价法。

一、四象限评价法

四象限评价法是在美国波士顿咨询集团设计的“市场导向型产品检测模型”的基础上加以改进后提出的，又叫“市场增长率—市场占有率”矩阵分析法。该分析法也可用于对旅行社产品进行总体分析比较。这种分析方法按照产品在市场上受欢迎程度的大小和为旅行社带来的经济效益的多寡把旅行社的全部现有产品分成明星产品、问号产品、金牛产品和金钱陷阱产品四种类型，并对不同类型的产品分别采取发展、培养、利用或淘汰的策略。

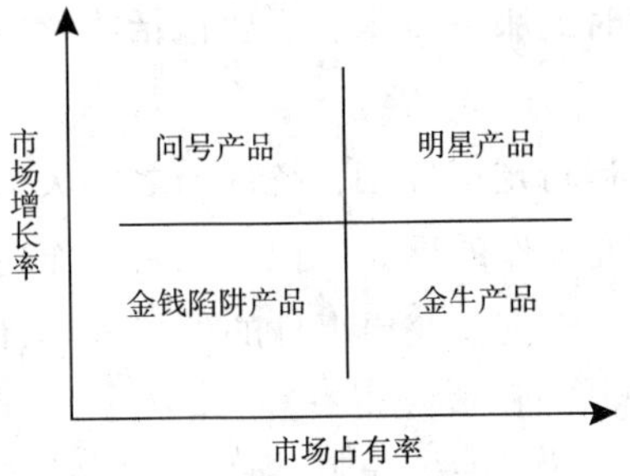

图3-3 旅行社现有产品分析（四象限评价法）

（一）明星产品

明星产品是指市场上十分受旅游者欢迎，而且能够为旅行社带来较高经济效益的产品，产品价格的变化对旅游者在购买该产品的数量上所产生的影响很小。

在明星产品投放市场一段时间后，旅行社就可以对产品的价格进行适当调整，提高产品价格，以试探旅游消费者的反应。如果旅游消费者在明星产品提价后仍旧大量购买这种产品，就说明该产品的价格弹性小，即旅游消费者对产品的价格变化不敏感。在这种情况下，旅行社还应该逐步调整产品的价格，直到旅游消费者对产品价格变得较为敏感为止。明星产品是旅行社获取长期利润的重要渠道和扩大市场份额的有力手段，旅行社必须严格保证明星产品的质量，并大力向旅游市场宣传和推销这些产品。

（二）问号产品

问号产品是指目前在旅游市场上受欢迎程度较低，但是赢利水平却较高的旅行社产品。问号产品既可能发展成为明星产品，也可能存在某种不确定因素，演变成金钱陷阱产品。旅行社经营问号产品要冒一定的风险，但其也很可能在将来为旅行社带来丰厚的回报。例如，某旅行社为满足人们希望体验新农村生活的需求，推出“主题农庄游”产品，由于其他旅行社很少经营这类产品，所以该产品的利润率较高，但是到旅行社报名参加“主题农庄游”的旅游者并不是很多。这一情况就表明该旅行社的“主题农庄游”产品是一个问号产品。

对于问号产品，旅行社应该进行具体分析，找出影响产品销路的主要问题并制定出相应的对策。如果是因为定价过高造成旅游消费者购买力不强和推销力度不够，旅行社就应该加强产品的宣传促销力度；如果产品确实存在某些缺陷，旅行社就应该根据市场需要对产品进行改进。

（三）金牛产品

金牛产品的特点是产品的利润比较低，但是却受到旅游消费者的欢迎。这类产品投放市场时间比较长，质量比较稳定，价格也已经为旅游消费者所接受；其缺点是旅行社销售这种产品所获得的利润较少。金牛产品是目前旅行社的主要收入来源，能扩大旅行社的市场份额，提高旅行社的知名度。例如，上海市许多旅行社经营的华东游产品很受旅游者欢迎，每天都有大量上海旅游者通过旅行社参加华东旅游活动，但经营这条旅游线路给旅行社带来的利润比较少，有时每接待 1 人次只能获得 10 元人民币的毛利润。

然而，由于购买这条旅游线路的旅游者人数很多，许多旅行社还是大力经营这个产品。毫无疑问，这条线路是一个典型的金牛产品。

金牛产品大多是旅游市场上成熟的产品，以其质优价廉的特点受到旅游者的欢迎。许多旅游者购买金牛产品的重要原因之一就是因为该产品价格较低，因此，旅行社在调整金牛产品的价格时必须十分慎重。尽管金牛产品广受欢迎，但利润较低，所以，旅行社应该积极开发新产品以逐步取代现有的金牛产品。

（四）金钱陷阱产品

金钱陷阱产品是指既得不到大量旅游者的欢迎，利润又少的产品。金钱陷阱产品既不能够像明星产品那样扩大旅行社的市场份额，也不能够像金牛产品那样给旅行社带来可观的收入。对于金钱陷阱产品，旅行社应该采取果断措施，有计划地加以淘汰，把资金和人力用到发展机会和赢利机会更大的产品上去。

四象限评价法是旅行社分析和筛选现有产品的一个十分有用的工具。这种方法以产品在旅游市场上受欢迎的程度和给旅行社带来的经济效益为依据，对不同的产品做出客观的分析，并提出具有针对性的对策。这是一种将市场导向和经济利益紧密结合在一起的产品分析方法，在旅行社的经营中值得大力推广。

二、产品生命周期评价法

（一）产品生命周期

产品生命周期是指旅行社的产品从完成设计、投放市场开始，到该产品被淘汰、退出市场为止的全部过程。旅行社产品生命周期分为投入期、成长期、成熟期和衰退期四个阶段。

（1）**投入期**。投入期是指新产品试制成功，投放市场试销的阶段。在这个阶段，由于新产品刚刚进入市场，尚未为广大旅游者所接受，所以产品的销售量较小，销售额增长缓慢。为了使旅游者能够很快地了解和熟悉新产品，旅行社往往在广告宣传方面大做文章，从而造成该产品的销售费用较高而利润较低的局面。

（2）**成长期**。当新产品试销取得成功，旅行社开始将产品批量地投入市场以扩大市场销售量的时候，这种产品便进入它的成长期阶段。在这个阶段，产品的销售量迅速增长，旅游者对产品已经有所了解，广告费用可以相应减少，从而使得销售成本大幅度下降，经营利润迅速上升。与此同时，其他旅行社开始仿制这类产品，市场开始出现竞争趋势。

（3）**成熟期**。在这一阶段，旅游市场上对这种产品的需求量已逐渐趋于饱和，该产品的销售量已达到最高点。同时，由于各旅行社推出的同类产品大批进入市场，市场竞争异常激烈，旅行社经营这种产品所获得的利润开始下降。

（4）**衰退期**。在这一阶段，产品逐渐老化，市场销售量日益下降，新产品开始进入市场，并逐渐代替老化产品。在产品衰退期，市场竞争突出地表现为价格竞争，导致产品的销售量和经营利润不断下降。

产品生命的兴衰取决于旅行社规划并实施的设计、营销战略与战术。

最佳的产品生命周期形态如图 3–4 所示，其特点是：产品投入期（Dp）时间短，新产品试产试销费用较低；成长期（I/G）时，产品销售额和利润增长迅速，初期即可获得最大收益；成熟期（M）可持续相当长时间，实质延长了获利期和利润数额；衰退期（D）非常缓慢，销售和利润逐渐下降，而不是突然跌落。

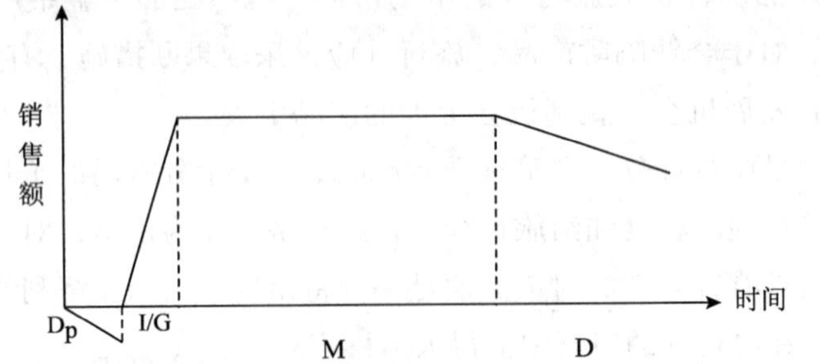

图3–4 最佳的产品生命周期形态

最不理想的产品生命周期形态如图 3–5 所示，其特点是：产品投入期时间长，相应付出高成本，成长时间长，成熟期短，衰退快。

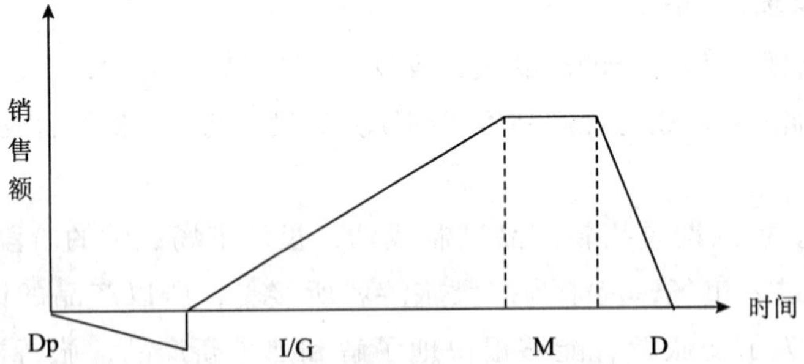

图3–5 最不理想的产品生命周期形态

（二）产品生命周期评价法

产品生命周期评价法正是根据产品的这种生命周期现象，对处于不同阶段的产品进行分析，指出其目前的竞争地位和今后的发展前景，并据此提出相应的产品开发策略。产品生命周期评价法以产品所处的生命周期阶段和产品目前的竞争地位作为主要依据，将旅行社的产品分别标在一个由 12 个方格构成的矩阵图中，横轴表示产品的竞争地位，纵轴则表示产品所处的生命周期阶段（图 3–6）。

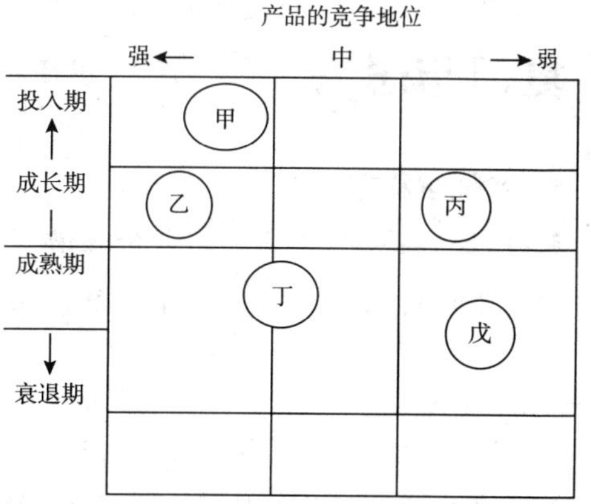

图3–6　旅行社现有产品分析（产品生命周期评价法）

从图 3–6 中我们可以看出，产品甲具有很大的发展潜力，在产品生命周期的投入期阶段，具有很强的竞争能力。由于该产品所处的生命周期为投入期，意味着这种产品的发展前景十分乐观。当该产品进入成长期后，便会处于一种销售增长率均较高的有利态势，能够充分发展，扩大产品的市场份额，增加赢利的机会。产品乙则是处在生命周期的成长期阶段的成功产品。该产品所在的市场尚有一定的发展余地，而产品本身的竞争地位却很强，所以该产品同样能够抓住机遇。产品丙与产品乙都处于产品生命周期的成长期阶段，然而产品丙的竞争地位很弱。如果说目前市场尚未饱和，该产品尚能拥有一定的销路，一旦产品进入成熟期，市场需求基本饱和，该产品将难以在激烈的市场竞争状态下继续生存。产品丁是一个处于产品生命周期成熟期阶段的产品，其竞争地位为中等偏强。这种产品的市场目前基本已经饱和，不可能继续扩大。但是，这种产品往往是旅行社获得利润的重要渠道，旅行社应该充分利用这种产品目前的市场地位，努力从它们的销售中获得最大的经营利润。同时，旅行社应该注意开发新产品，以便当这些处于成熟期的产品进入衰退期后逐步取代它们。产品戊则是旅行社应该设法予以淘汰的产品，因为它不仅处在产品生命周期的衰退期阶段，其市场已经开始萎缩，而且该产品的竞争地位也不强，无法给旅行社带来足够的经营利润。

产品生命周期评价法的优点十分明显，它显示出旅行社各项产品在市场上所处的生命周期阶段，使旅行社经营者能够较好地预测其产品在未来市场上的发展方向，并能够及时采取相应措施保持产品组合的平衡。另外，这种评价方法使旅行社经营者能够把注意力集中在潜在产品市场的开发，使旅行社得以开发出适合未来市场需求的产品。

总之，上面介绍的两种现有产品筛选与评价方法均能够帮助旅行社产品设计开发人员对旅行社产品进行较为系统的科学评价，从中挑选出适合本旅行社经营目标的各种产品。旅行社产品设计开发人员应该根据本旅行社的具体情况，选择最适宜的方法。

复习与思考

一、名词解释

旅行社产品　　包价旅游　　旅游资源

四象限评价法　　旅行社产品生命周期

二、简答题

1.简述旅行社产品的概念。

2.简述旅行社产品的特点。

3.影响旅行社产品设计的因素是什么？

4.旅行社产品设计的原则是什么？

5.旅行社产品设计的流程是什么？

6.简述旅行社产品训练的内容。

7.简述旅行社产品的分类。

8.简述旅行社产品成本的构成。

9. 简述旅行社产品筛选的方法。

三、案例分析

巴厘岛蜜月婚纱之旅（新航）6天　誓要久久相守

行程特点：

- 全程入住五星级特约酒店蜜月大床房，奢华享受！
- 杭州西子湖秀丽风景＋巴厘岛浪漫海滩风情，专业摄影师、化妆师让你摄影游玩两不误！
- 行程含热带丛林漂流，惊险刺激而乐趣无穷！更安排巴厘式按摩使你身心舒爽！

第一天　杭州拍摄—上海浦东国际机场（住宿：机场附近酒店）。幸福与甜蜜的第一天，前往杭州知名影楼，由专业摄影师进行外景、内景拍摄。晚上用完夜宵后指定时间集合，专车前往上海浦东国际机场，入住机场酒店。

第二天　上海✈巴厘岛（住宿：特约酒店）。早上搭乘航班经新加坡飞往素有“人间乐园”、“梦幻艺术之岛”、“蜜月天堂”之称的巴厘岛。巴厘美女献上美丽的花串，为你的巴厘之行留下一路幽香，在享用夜宵后，入住我们特约的度假酒店。为迎接你和你的爱侣，房内有鲜花、水果奉送。

第三天　酒店区　海滩外景拍摄—巴厘地标海神庙（早餐酒店自助／中：简餐／晚：中式餐）。今日主题——巴厘岛浪漫婚纱拍摄。让海风和金色沙滩成为你和爱侣的浪漫背景，在海神庙神灵的见证下留下永恒的爱情印象。

第四天　乌布皇宫—乌布传统市集 + 漂流之旅 + 下午茶—观习巴厘舞蹈 + 巴厘式按摩 30 分钟—自助或巴厘式情人套餐（早、午、晚餐　住宿同上）。早餐后前往巴厘岛艺术发源地乌布，到巴厘必到乌布，这里特色餐厅、小店比比皆是，参观乌布皇宫，皇宫内处处雕梁画栋，皇室昔日绝代风华重现眼前，之后前往闻名的乌布传统市场，选购你喜爱的巴厘岛当地民俗工艺品。午餐享用地道的水晶脆皮烤鸭餐，然后进行漂流之旅，热带丛林中的漂流，惊而不险的刺激，留下难忘记忆。完毕后喝着下午茶，然后再享受一次 30 分钟的巴厘式按摩，放松你的身心，随后学习巴厘舞蹈，晚餐享用自助餐或巴厘情人套餐，然后返回酒店休息。

第五天　半天自由活动— KUTA 区自由购物（早、午、晚餐　住宿同上）。今天享受自由的半天，你可以睡到自然醒，也可以在酒店早餐后充分享用五星级饭店的各项休闲设施，你可以懒洋洋地躺在沙滩上的遮阳伞下，享受阳光、沙滩以及宁静的大自然气息，感受热带的南洋风情。中午指定时间集合，前往 KUTA 区享受购物的乐趣，可以在巴厘岛最大的购物中心、太阳百货、POLO 专卖店享受淘宝的乐趣。之后前往金巴兰海滩，夕阳西下，迎着习习海风，眼前是绚丽的彩霞，耳边是浪涛阵阵，远处的飞机起落成了绝佳背景，品尝着当地特色烧烤海鲜的美味，美好时光令人终生难忘……

第六天　巴厘岛 ✈ 新加坡 ✈ 上海（飞机上用餐）。早餐后前往机场搭乘航班至新加坡转机至上海。结束难忘的蜜月旅行！

国际往返机票、空调大巴、巴厘岛特约酒店住宿；行程中团队标准用餐（自助餐或中餐，含飞机上用餐）；落地签证、司机、导游、景点第一门票、出境机场税；旅行社责任险。

根据上述案例，回答如下问题：

1. 分析这份“巴厘岛蜜月婚纱之旅”产品行程单，回答度假旅游产品的设计要点。

2.“巴厘岛蜜月婚纱之旅”的亮点是什么？满足了目标市场的哪些需求？

3. 与传统的巴厘岛线路产品相对比，该产品的创新点有哪些？

四、技能训练

请学生设计一份适合杭州中学生夏季出游的产品。将学生分为不同的小组，每组为 6 ～ 8 人，选出组长一名。学生须完成以下任务：

1. 撰写策划创意方案；
2. 进行资讯准备；
3. 撰写实地考察方案；
4. 在业务部门的协助下，编排线路；
5. 在业务部门的协助下，给产品定价；
6. 分组进行成果展示，自评、互评、教师评。

第四章 旅行社产品的定价、促销和销售

旅游产品是旅行社经济活动运行的有机组成部分。正确理解旅行社产品的定价、促销和销售，对把握旅行社经济活动运行规律具有重大意义。

本章通过对影响旅行社产品定价因素、原则、旅行社产品定价方法的分析与阐述，加深对旅行社产品价格构成以及合理定价的策略的认识。通过对旅行社销售的概念、意义、特点、方式的阐述，明确旅行社企业销售活动的特性。通过分析和阐述旅行社产品的销售策略，加深对旅行社产品销售过程中使用的人员推销、销售促进、广告和公共关系的一些特点和关键环节的认识；通过分析和阐述旅行社产品售后服务的技巧，认识旅行社产品售后服务的重要性，以及初步学会旅行社产品售后服务的基本技能；通过分析和阐述旅行社产品销售过程的管理，了解旅行社销售过程管理的重要性以及管理的内容和方法。

学习目标

知识目标

1. 掌握旅行社产品的定价原则与方法。
2. 掌握旅行社产品销售的概念、意义和特点。
3. 熟悉旅行社产品销售的方式。
4. 掌握旅行社产品的促销策略。
5. 掌握人员推销的步骤和方法。
6. 掌握销售促进的策略。
7. 了解广告制作、发布的过程。
8. 熟悉旅行社公共关系的组织与实施方法。
9. 掌握旅行社产品的销售渠道方面的知识。

能力目标

1. 理解并能解释旅行社产品定价、促销、销售的基本概念。
2. 从旅行社营销人员的角度，认识和分析旅行社促销、销售活动。
3. 有意识地培养自身的定价、促销、销售技能。

第一节　旅行社产品的定价

旅行社产品的定价比较复杂，主要原因有：其一，旅行社的利润来源主要是旅游产品的批零差价和销售佣金，这使得旅行社产品定价受到各旅游供应商、代理商的制约和影响；其二，旅行社产品具有需求弹性大、季节性强、不可转移、不可储存的特性，旅行社产品销售压力大，旅行社产品的定价关系到旅行社经营目标的实现，直接影响到旅行社的生存与发展。

一、影响旅行社产品价格的因素

旅行社产品的价格水平一般由三个因素确定：产品成本、市场上同类产品的价格以及旅游者的购买能力和对产品价值的认识。其中，产品成本是旅行社制定销售价格的直接依据；以产品成本为依据确定的产品销售价格可以简单地表述为产品成本、利润和税金之和。在旅行社行业利润率和国家确定的税率相对稳定的情况下，产品成本的高低直接决定了旅行社产品价格的涨落。因此，在核算旅行社产品成本的时候，涉及的因素有很多。一些影响旅行社产品成本的因素常常处于不断的变化状态之中，如机票价格的增减、酒店价格的升降等。除考虑成本因素外，旅行社在制定产品价格时要考虑到企业的整体营销战略。此外，还必须考虑以下要素。

（1）**市场定位**。旅行社产品的市场定位是该产品进入市场后准备占有的市场地位。价格是在整体的营销组合中影响产品市场定位的一项要素。

（2）**新产品可复制特征**。产品价格的确立与新产品的可复制特征有关。一般来说，将一种新产品投放市场时，往往将容易复制的新产品采用低价策略去渗透市场，而不易复制的新产品则采用撇脂策略，即高价策略投放市场。

（3）**产品价格的战略角色**。定价决策在实现企业整体目标的过程中具有战略性地位，因而，任何单个产品的定价决策都要同企业的战略目标相一致。

二、旅行社产品定价的原则

在旅行社的各项决策中，价格制定是一项重要内容，它是旅行社营销组合中最重要的一个环节。要制定出合理的产品价格，常常要遵循以下 4 个原则：

（1）**市场原则**。市场原则是旅行社在制定价格时以市场需求为导向，根据市场需求的变化制定和调整产品的价格。市场供给总是处于两种状态：或者是卖方市场，供不应求；或者是买方市场，供过于求。当处于卖方市场时，可以将产品的价格适当提高，而当处于买方市场时，则应把产品的价格适当下调，通过薄利多销来拓展市场的占有率，提高产品的竞争力。

（2）**质量原则**。没有质就不会有量，没有量则没有效益。旅行社制定产品价格的另一个杠杆应该是质价相符。对旅行社产品来说，包含两层意义：一是强调产品的性价比相当，二是强调商贸意义上的信价比。旅游业作为服务业中重要的业态，应该同时注重这二种“比”。但必须注意两个方面：一方面，不应把价格定得过高而脱离旅游者的期望，造成质次价高的印象；另一方面，又不应把产品价格定得过低，使旅行社造成不应有的经济损失。

（3）**稳定性原则**。稳定性原则是指旅行社在制定产品价格时，必须保持其价格在一定时期内的稳定。旅行社产品的需求弹性系数较大，因而旅游者对于旅行社产品价格的变化相当敏感。旅行社产品价格的频繁变化会给旅游市场带来一定程度的波动，也会使旅游消费者产生不信任感，从而影响旅行社产品在市场上的需求，削弱在市场上的竞争力。

（4）**灵活性原则**。旅行社产品是由众多采购的“零部件”组成的，采购的时间、季节以及供应单位不一样，其产品价格也不一样。由于旅行社产品的不可储存性，旅行社在制定产品价格时必须见机行事，灵活把握，随条件的变化而变化。

对于以上 4 个原则，旅行社价格制定者必须学会灵活运用。尤其在处理稳定性与灵活性原则时，因为这二者本身就是一对矛盾的关系，如果需要灵活的时候还坚持追求稳定，那么就会失去很多机会。

三、旅行社产品的定价方法

旅行社产品的定价方法是旅行社为实现其定价目标所采取的具体方法，包括传统定价方法、新产品的灵活定价法、优惠价和差价定价法。

（一）传统定价方法

1. 以成本导向为中心的定价方法

以成本导向为中心的定价方法是指以旅行社的成本为基础，以预期利润为目标的定价方法，包含成本加成定价法和目标利润定价法两类。

（1）**成本加成定价法**。就是在单位产品的直接成本上面加上一定比例的毛利后定价。这里的毛利包含了旅行社的其他各种费用，通常根据直接成本的一定比例来确定。公式如下：

$$旅行社单位产品的价格 = 单位产品直接成本 \times（1 + 加成率）$$

这种方法计算简单，特别是在旅游产品的内涵、档次等变动很多的情况下，采用这种方法最为方便，因而也是使用最为普遍的方法。但它忽略了市场需求和竞争情况的变化，容易犯盲目定价的错误。

（2）**目标利润定价法**。即先确定本企业本期内要获得多少利润，并预测本期内可以销售的产品数量，然后用预期总成本加上预期总利润除以预期销售量即得出单位产品的售价。

旅行社单位产品的价格 =（预期总成本 + 预期总利润）/ 预期销售量

这种方法能使企业经营者对完成经营目标心中比较有底，因为任何企业都需要一个最低利润目标，对于实行承包或供销挂钩的企业来说更为重要。但由于旅游行业的脆弱性和存在激烈的同行竞争，要预先确定销售量和利润率是比较困难的。

2. 以需求导向为中心的定价方法

与以成本导向为中心的定价方法不同，以需求导向为中心的定价方法强调应依据消费者对产品价值的认知和对产品的需求来确定价格，而不是以生产成本为中心制定价格。以需求导向为中心的定价方法主要有理解价值定价法和差别定价法。

（1）**理解价值定价法**。理解价值定价法是一种把顾客对产品的感知价值和旅行社或产品知名度、美誉度等综合在 一起最后确定产品价格的方法。

（2）**差别定价法**。旅行社对不同的游客的需求迫切程度、偏好和价格敏感性以及不同的时间和地点依据基本价格来确定不同价格。

- 以顾客为基础的差别定价：儿童价、成人价、学生价、外国游客价等；
- 以时间为基础的差别定价：淡、旺季不同价格；
- 以位置为基础的差别定价。

3. 以竞争导向为中心的定价方法

以竞争导向为中心的定价方法是旅行社通过研究竞争对手的生产条件、服务状况、价格水平等因素，依据自身的竞争实力，参考成本和供求状况来确定商品价格。这是以市场上竞争者的类似产品的价格作为本企业产品定价的参照系的一种定价方法。以竞争导向为中心的定价方法主要包括随行就市定价法和追随定价法。

（1）**随行就市定价法**。以本行业的平均价格水平或习惯价格水平作为定价标准。

（2）**追随定价法**。依据行业领先者的定价确定自己的价格。

以上三种办法在市场条件下应该结合使用，即眼睛盯着市场行情的变化，心中想着本旅行社的最低利润目标，再根据当前经营情况好坏，主要是本经营年度迄今已获得利润和预期同期利润相比较，已达到或超过则说明经营情况良好，否则就是经营不善，以此随时调整毛利率，再用成本加成的办法确定产品价格。另外，还要根据供求关系的变化，尽可能降低自己的采购价格，以降低产品成本。

（二）新产品的灵活定价法

（1）**撇脂定价法**。即在新产品刚刚进入市场之时，采取高价投放的策略，以便在短期内获得高额利润。其缺点在于，刚投放市场的产品还没有建立起自己的信誉，高价投放不容易开拓市场。另外，如果在产品投入不久就有竞争者跟进，以较低价格经营相似产品，就有可能使先进入的企业处于不利地位。通常来说，具备以下条件的产品可以采用这种方法：接待能力有限；垄断性经营；需求缺乏弹性。

（2）**渗透定价法**。即在新产品投入市场初期，采用低价投放的原则，以增加销量，开拓市场，并可有效地排斥竞争者加入，长期占有市场。具备以下条件的产品可以采用这种策略：具备大批量接待能力；非垄断性经营；需求富有弹性。

（三）优惠价和差价定价法

优惠价定价法可以分成两种：一种叫数量折扣，一种叫现金折扣。数量折扣，即在年初商定，如在本年度内该客户的购买量达到一定数量时给予一定的折扣，并采用累计办法，营业额越大，折扣率越高，年终一次结算。这种方法有利于促使客户集中使用购买力。现金折扣，即如果客户同意提前付款，旅行社可以按原来的价格给予一定比例的现金折扣。现金折扣应稍高于客户所在地当时的银行存款利率，否则就不能调动他们提前付款的积极性。这种方法是由于，在买方市场条件下，客户要利用其优势在交易中迫使旅行社让步；除了压价，一般还要求放宽支付条件，即延长付款期，变预付款为后付款，也即赊账。对后一种情况，由于旅游交易一般不能使用担保，为了避免风险，旅行社可以用现金折扣的办法鼓励客户早付款。

差价定价法一般有季节差价和地区差价之分。一般而言，客流量在不同季节和不同地区是不均衡的，这种不均衡性对旅行社的经营效益是有一定影响的。因此，要缓解这种不利，最重要的办法就是采取季节或地区差价。旺季价高，淡季价低；热点价高，冷点价低。有的地方还采取了周末价和平时价。旅行社也可以随之推出淡季特价旅游线路，吸引旅游时间选择自由度较大的游客。

（四）制定旅行社产品价格的技巧

（1）**双人同行，价格优先**。国外旅行社的产品报价当中也经常可以看到类似的例子：新婚旅游产品的价格以双人价格报出，为新人的旅游预算省却了单人价格相加的计算过程。例如某旅行社推出的巴厘岛蜜月旅游线路，直接报出“二人同行，惊喜促销价11160元（不含税）”的价格。

（2）**以人数增加，价格递减的形式报价**。这种价格标注方式是随着参加团队旅游的人数的增加，价格逐渐减少的形式。这在一些旅行社产品的报价中也经常采用，主要拟吸引几个朋友结伴出游或几个家庭共同参加。如不少旅行社推出的“三人同行，立减一百”的促销策略。

（3）**折扣报价和阶段报价**。在报价中将对旅行社俱乐部会员的价格列出，可以吸引更多的客人加入成为会员。在儿童节、“三八”节、教师节、老人节等社会上需要特别关爱、特别尊重的人群的节日，实行专项的折扣报价。如“三八”节期间，各旅行社推出“女士报名，享受五折到八折优惠”的促销活动。

（4）**发挥价格的杠杆作用**。把阶段性报价作为销售武器，可以平抑淡旺市场、吸引更多客人参加。如在春节的旅行社产品的报价单中，用大的字体打出春节后的大幅度优惠的出行价格，对部分客人就会产生心理影响，而对春节后旅行社产品的热销会起到很好的调节作用。如不少旅行社均在淡季推出特价旅游线路，吸引出游时间相对自由的游客报名参加，部分线路产品的价格相对旺季而言，可以低至六折左右。

第二节　旅行社产品的销售

销售是企业从市场获得外部信息，将企业及有关产品的信息向外传播。销售是企业经营活动的核心和关键。对于以销售服务类产品为主的旅行社企业而言，其重要性不言而喻。

一、旅行社产品销售概述

（一）旅行社产品销售的概念

旅行社产品的销售活动实质上是买卖双方（旅游消费者和旅行社）进行货币对有形产品和无形服务的交换过程。一方面，旅游消费者需要并愿意支付货币购买旅行社的产品和劳务；另一方面，旅行社可能并愿意提供产品或劳务来获得旅游消费者的货币。

（二）旅行社产品销售的意义

旅行社产品销售因为产品的同质化、市场的同一性，竞争极其激烈。旅行社不得不设法强化销售服务，以提升消费者购买旅行社产品的附加价值，诸如价格保障、购买的方便程度、生动形象的产品描述、因购买知名旅行社的品牌产品带来的身份认同、因产品质量可靠而产生的安全感。旅行社的销售服务促成了旅行社产品的交易，不仅实现了旅行社的经营目标，也带动了旅游产业的发展。

（1）**提高旅游需求和旅游供给的匹配效率**。旅行社从旅游供应商处批发产品构成要素并组合成大批量的、质量相对稳定、价格具有一定保障的旅行社产品销售给广大旅游消费者，在一定程度上，提高了旅游市场上旅游需求和旅游供给的匹配效率。旅行社的销售活动给供应商提供了源源不断的客源，也使广大旅游者的出游欲望成为现实。

（2）**简化旅游消费者对旅行社产品的选择和预订过程。**旅行社产品是无形的，其所有权具有不可转移性、不可分割性，旅游消费者在经验、时间、精力相对缺乏的情况下，对旅游产品的选择和预订具有一定的风险。而旅行社通过密集的营业网点以及受过专业训练人员的咨询接待服务，大大简化了旅游消费者对旅行社产品的选择和预订过程，通过“一次性购买”交易为旅游消费者提供了心理和经济上的安全保障，从而保证了旅行社产品销售的速度和数量。

（3）**保证旅行社产品质量和服务承诺的兑现。**旅行社为保证产品的销售，一般会采取一些措施，保证旅行社产品质量和服务承诺的兑现。如：通过宣传资料的制作与投放，对产品内容和产品质量进行具体描述；与旅游消费者签订交易旅行社产品的合同；密切关注旅游消费者的满意度。

（4）**提供优惠价格。**旅行社一直都能从旅游供应商、旅游批发商那里获得相当大的批量折扣，不仅足以抵消其经营成本，还可以给予旅游消费者自身无法获得的价格优势。

（三）旅行社销售的特点

（1）**旅行社销售必须高度重视“人”的因素。**旅行社提供的产品是满足人们精神需求的服务性产品。旅行社产品具有无形性，为了减少由于服务的无形性所造成的不确定性，旅游消费者会搜寻能够提供有关服务的信息和能够形成对服务的信赖的各种有形的证据。因此，生产并销售服务产品的服务人员的素质和技能，是促成交易的关键。服务性产品的质量处于不确定的状态，旅行社管理人员没法控制它的质量，它掌握在生产并销售服务产品的服务人员（计调、外联、导游等）的手中。而服务性产品的生产与消费是同时进行的，服务人员需要运用服务技巧，对旅游消费者进行引导和管理。值得注意的是，旅游市场需求具有较强的波动性，服务高峰时间里的旅行社产品质量难以与平时保持一致，旅行社应提升服务人员的心智技能，使其能够巧妙地消除旅游消费者因服务质量下滑引起的不满。因此，旅行社销售的成败，取决于旅行社一线从业人员的服务态度与服务素养，旅行社经营管理者必须高度重视“人”的因素，必须整合一切资源培养服务人员的“敬业、勤业、乐业”精神。

（2）**旅行社销售必须以旅游消费者的需求为中心。**旅行社产品具有不可储存、不可转移的特点，因此，旅行社产品的特色、质量、吸引力和价格必须能够适应目标市场的需要。如果旅行社供给的产品与需求不相匹配，旅游消费者会改变购买决策，对于旅行社企业而言，容易衰败、容易耗损的产品一旦销售不出去，会给旅行社造成亏损。

（3）**旅行社销售活动与相关行业及部门存在互补关联性。**旅行社产品的构成要素复杂，是由交通部门、饭店业、饮食业、游览地和娱乐场所以及其他的服务部门或企业所提供的各单项产品的组合，缺少其中任何一个部门的产品，都难以构成整体的旅行社产品。这些行业和部门，以旅行社产品的生产和销售为纽带，构成一个相互关联、相互依存的统一体，共同为满足旅游消费者的需求提供产品或服务。这些行业和部门之间呈现出非常紧密的互补关系，各行业的存在都以其他部门和行业的发展为前提，各个行业和部门的接待能力也存在着一定的内在联系。旅行社产品的销售必须高度重视与作为产品要素提供方的各行业和部门的沟通与协调，如果各行业、部门与旅行社企业出现不协调现象，必将影响旅行社产品整体效能的发挥，使旅游消费者的需要得不到满足。

（4）**旅行社销售活动与社会其他行业及部门存在依存关系。**旅行社产品的销售除了在内部存在着结构中的互补关联性外，在外部还存在着与社会多个行业或部门间的依存关系。如果没有诸如商贸、金融、海关、公安、交通、邮电等部门和行业的支持，旅行社产品的销售工作将无法进行。而旅行社产品的大量销售又会促进这些相关行业的进一步发展。旅行社销售活动与社会其他行业及部门存在的依存关联性，使得旅行社的销售活动必须考虑其他消费者的利益，考虑地方政府和整个社会的效益。

二、旅行社产品销售的方式

（一）旅行社单项服务的销售方式

单项服务的销售分为直接销售和委托销售两种形式。直接销售是指旅行社为本地或已经到达本地的旅游者提供各种相关服务，如预订客房、餐食、票务及选择性旅游项目等，其中有些是供旅游者在当地消费的，有些是旅游者赴下一个目的地旅游所需要的。委托销售是指旅行社委托海外或国内其他旅游城市的旅行社为旅游者预订到达该地后所需要的各种旅游服务。

（二）包价旅游的销售方式

旅游目的地旅行社的团体包价旅游产品一般以客源产生地的旅游经营商或旅游零售商为直接销售对象，这在我国国际入境旅游中表现得尤为突出。团体包价旅游的销售方式又分为系列团和非系列团两种。

系列团是指多次重复安排某一旅游线路，一般由旅游客源产生地的旅游经营商或旅游零售商与旅游目的地的外联旅行社达成协议，在下一个价格年度内组织一条或数条固定的旅游线路，计划每条线路（每个系列）组织一定数目的旅游团，如每月一团、每周一团，甚至每天一团。系列团的销售方式是一次达成协议，分批发团、分批接待和结算。

招徕能力较强的客源产生地的旅游经营商一般愿意采用这种方式，以节约成本开支。对于目的地旅行社来说，这也是手续简便、营业额较大和效益较高的一种销售方式。

非系列旅游团是指一次性销售的旅游产品，一般是指客源地旅游经营商或旅游零售商在计划组织某旅游团时，对旅游目的地外联提出线路要求并询价。目的地旅行社如果愿意接受则呈报价格，客源产生地旅游经营商或零售商如接受其价格即复函确认（通常需经过价格协商）。这类非系列旅游团的比重相当大，特别是奖励旅游团、会议旅游团及各种专业旅游团几乎全部是非系列团。

值得注意的是，旅行社产品的特性决定了旅行社通常采取预售的方式销售产品，即旅行社产品的交易属于预约性交易的范畴，对于团体包价旅游的系列团来讲更是如此。这其中包括了两层含义。其一，旅行社产品的价格往往需要提前半年或更长时间报出。根据国际惯例，产品价格一经报出，在执行年度内要保持相对稳定，不宜修改，这是维护旅行社声誉的必要条件。因此，旅行社在制定产品售价以前，应注重调查研究价格的变化趋势及影响因素，尽量避免由于价格的变化给旅行社带来损失。其二，按照我国现行规定，旅游团通常需要预先交费，确认购买特定的产品，而旅游活动通常是在旅游者交费后一段时间才发生。在旅行社产品出售和实际旅游活动开始的这段时间内，如果由于各种原因发生附加费用时，旅行社有以下五种选择：全部转嫁——旅行社在产品目录中做出明确规定，当产品产生附加费用时，旅行社把它们全部转嫁到旅游者身上。如此一来，旅行社的产品报价会因不必考虑可能发生的附加费用而具有一定的吸引力，但额外加价会损害企业形象。全部承担——在产品目录中保证不收任何附加费用，当产生附加费用时，由旅行社全部承担。这是一种对旅游者极富吸引力的做法，但旅行社的风险会因此增大，而且报价会因考虑了可能的附加费用而偏高，并由此影响旅行社在市场中的竞争力。有条件地转嫁——旅行社事先声明将全部附加费用由旅游者承担，但如果附加费用超过原有价格的一定比例，旅行社则允许旅游者无条件取消预订。有条件地承担——旅行社对可能发生的附加费用进行水平规定，规定水平以内的由旅游者承担，超出规定水平的部分由旅行社承担。提前付款免收附加费——旅游者在旅行社规定的时间内预付旅费，在此情况下，如果发生任何附加费用，旅行社将全部承担。

第三节 旅行社产品的促销策略

旅行社促销是指旅行社将本企业的形象或产品的信息通过各种方式传递给消费者，促进其了解、信赖并购买本企业的产品，以达到扩大销售的目的。旅行社常用的促销方法有人员推销、销售促进、广告和公共关系 4 种类型。

一、人员推销

人员推销是指旅行社的推销人员与消费者（旅游中间商）直接进行面对面的沟通来达成销售。人员推销向消费者介绍产品，激起他们的兴趣，并影响他们的购买决策和购买行为。人员推销的步骤和方法如下。

（1）**寻找潜在消费者并做出评价**。推销人员通过各种渠道了解潜在消费者群体以及他们中最具影响力的人物或行政上司的姓名、爱好等。搜索潜在消费者的各种信息资料，对于潜在消费者，按照年龄、身体健康情况、收入情况、家庭状况等因素鉴定其资格，判断是否值得与其进行联系，确立目标客户，展开推销。

（2）**做好推销准备工作**。推销人员通过多种途径如熟人介绍，以及收集到的资料确定潜在消费者的需求特点，了解潜在的消费者群体中由谁负责组织旅游活动以及由谁做出购买决定等情况，根据这些特点和情况决定推销的计划、方式，最后选择进行推销的时机和地点。要注意的是，客户的身体状况、时间安排、精神状况等都会影响推销人员访问的效果。定好访问的时间后，推销人员要积极做好见面的准备工作，包括仪容仪表、谈话的内容等。

（3）**讲解和示范表演**。这包括多种方法，第一种方法是将讲话的内容事先背熟，等到与客户见面时再背诵出来，同时配以图片、图像等工具，引起客户的兴趣；第二种方法是互动式的，争取让客户一起参与讨论，在这种互动的交流中弄清对方的需求和态度，然后将准备好的关于旅行社产品的内容介绍给对方；第三种方法要求推销人员采用多种方式引导客户多说话，要善于倾听他们说的话以了解他们真正的需要，并设法解决他们的实际问题。无论是哪种方法，销售人员都应努力获得客户的好感，从而使他们建立起对销售人员所代表的旅行社和所推销的旅行社产品的好感。

（4）**应对反对意见**。消费者或多或少会对推销人员的话提出质疑或反对意见。推销人员要采取积极的措施来转变他们的态度，例如让消费者阐述他们的想法，诚恳地让他们提出解决问题的建议。然后在尊重他们合理建议的前提下，适当地进行引导，尽可能地将他们的反对意见转变为购买的理由。

（5）**达成交易**。推销人员必须具备敏锐的洞察力，要懂得从客户的话语、动作、表情、语气语调中琢磨他们的心理，发现他们流露出想要购买产品的意向时再加以劝诱，如再给予一定的价格优惠、附赠礼物等，往往就可以促成这次交易了。

（6）**后续工作**。一次成功的人员推销并非在旅游消费者购买了旅行社产品之后就结束了，而应通过这次的购买将该消费者吸纳进自己的客户群之中，使其在以后仍能给自己带来业务。因此，产品销售的后续工作是必不可少的。推销人员在达成交易后就应该立即着手进行履行约定的各项准备工作，和客户保持联络，随时征询他们的意见并及时将有关信息传递给他们。

相关链接 搜索

人员促销必须做到五个明白

- 明白自己推销什么，包括产品的特点、服务的程度、在市场上的竞争优势、购买了产品或服务后所享受的利益等；
- 明白谁将购买这个产品；
- 明白消费者什么时候将需要这个产品；
- 明白消费的决策者，即明白谁有拍板购买的权利；
- 明白选择什么时机去推销这个产品最合适。

二、销售促进

销售促进也叫营业推广。它是指对本行业（一般是中间商）以及旅游消费者或销售队伍成员提供短期激励的一种活动，目的是促其购买或努力销售某一特定产品。销售促进往往是一种临时性的、带有馈赠性质或奖励性质的促销方法。

对于旅行社企业来说，销售促进的作用是非常明显的：首先，它可以促使旅游者购买本旅行社产品；其次，和其他旅行社形成竞争；再次，还可以促进旅行社其他产品的销售。

（一）针对旅游者的销售促进

1. 旅游目的地展示

旅游目的地展示的主要内容包括关于目的地的宣传手册、相关印刷资料、海报、照片、目的地的纪念品和手工艺品、幻灯片、录像带和光盘等。大多数旅行社会在自己的门市部、接待处和办公室里张贴一些景区景点的大幅海报，一来可以美化办公环境，二来也是对旅游目的地进行宣传。而一些印刷精美、可视性强、吸引力大的手册则被放在旅行社的显著位置进行展示，并可供前来咨询的消费者免费索取参看。这些宣传手册一般由旅游产品的供应商提供，大都经过精心设计和编写，在质地优良的铜版纸上印上最具有吸引力的关于旅游产品和目的地的照片。旅行社销售人员可以通过这些手册向消费者展示可供他们挑选的旅游产品，还可以让潜在消费者将手册带回家慢慢欣赏并做出选择。

目前，多媒体光盘这类宣传工具被越来越多地使用到旅游产品宣传工作中。这类影音资料能够让旅游消费者更直观地了解到旅游目的地，更能产生身临其境的良好效果。

有条件的旅行社可以在接待处放置播放设备进行播放，让消费者在旅行社观看，这时宜选择那些集中介绍某个产品、播放时间短的录像或光盘。还有一些录像和光盘对旅游目的地的介绍比较详细，介绍的方位和角度比较全面，这类资料适合让消费者在家中观看。

另外，旅行社还可以就某一主题展开短时期的系列宣传活动，来进行围绕主题的旅游目的地展示。例如，旅行社就某少数民族地区风情游开展为期一周的宣传活动，在宣传周期间，展出以该少数民族为主题的海报和手册，播放该地区的旅游风光和风俗民情，甚至可以让旅行社工作人员穿着相关的服装服饰，这样营造出的一种氛围容易调动起参观者的情绪，使消费者产生积极的反应。不过，目前在国内，一家旅行社单独推出这类规模的主题展销活动还比较少。

2. 折扣优惠

旅行社产品虽然和一般产品相比有很多特殊性，但它也和其他产品一样，降价就能提高销售量。降价促销的一大目的是通过降价、打折吸引初次购买者，使他们成为旅行社的忠实消费者，并在日后购买不打折的旅行社线路产品。

优惠赠券也是旅行社常采用的一种促销方法。旅行社通过多种途径将赠券发送到旅游消费者手中，消费者可以凭这些赠券在购买旅行社产品时获得一定幅度的折扣优惠。

旅行社还可以采用捆绑销售的方法来提高促销效率。捆绑销售就是旅行社与其他同行业或不同行业的销售者合作，承诺消费者购买合作者的某个产品后，可以买到打折的旅行社产品。例如，如果旅游消费者购买了某个品牌的数码相机或全套音响设备，就能以八五折的优惠价购买旅行社某个产品。

3. 免费旅行社产品

这种销售推广形式通常是对旅行社产品的初期销售不进行打折让价，但是在符合一定条件后提供免费旅行社产品。对于这一促销方式，消费者一般反应积极。目前，大多数旅行社的华东旅游产品销售就采用了这一方法，如果旅游者参加了华东五个城市（杭州市、上海市、苏州市、无锡市、南京市）的游览线路，就可以免费再游览一个江南水乡古镇。

4. 有奖销售

有奖销售就是对购买特定旅行社产品的旅游者以多种方式给予一定的物质奖励，这在国外是一种较为流行的促销方式，可以吸引新旅游消费者的注意并保持老旅游消费者购买旅游产品的兴趣。

目前，国内许多旅行社向购买他们产品的旅游者提供的免费礼品主要是印有该旅行社标志、名称、联系方式等的旅行袋、遮阳帽等，有的旅行社会赠送当地的特色纪念品给旅游者，如杭州一些旅行社对参加华东地区豪华游的旅游者提供天竺筷、丝绸手帕等纪念品。国外的许多旅游经营商通常给旅游者提供行李箱、磁带或者录像带、旅游书籍、各式各样的衣服等礼品。

旅行社的奖品派发有时是有条件的。例如，旅行社向那些最先购买新产品的消费者提供免费奖品，或者通过抽奖的办法来分送奖品，这类奖品往往价值不菲，具有较大的诱惑力。英国就曾推出过一次旅游抽奖活动，奖品是一部劳斯莱斯汽车。我们国内也有不少如“游 ××，赢钻石”之类的抽奖活动。

5. 忠诚度销售

当消费者在某家旅行社购买产品后，所消费的金额将按一定的比例折算成积分，当积分累积到一定的数目就可以获得相应的利益。这种积分计划旨在吸引老旅游消费者，使其成为回头客，培养对企业的忠诚度。

（二）针对销售人员的销售促进活动

（1）**提成**。提成的方法有两种：一种是按照销售人员的销售额进行提成，另一种是按照销售获得的利润额进行提成。无论哪种方法，都要求销售人员多售出旅行社产品，只有多售出旅行社产品才能提高销量，才能多得利润，销售人员才能获得更多的提成。这种业绩与收入直接挂钩的做法可以激励销售人员大力推销旅行社产品。

（2）**奖励**。旅行社对销售业绩突出、对公司贡献大的销售人员应给予物质上的奖励，包括金钱或实物，以鼓励其继续努力，不断提高销售成绩。许多旅行社还通过诸如提高工资待遇、提供免费旅游机会等方式来鼓励销售人员。

三、广告促销

广告促销就是将媒体作为营销工具，支付一定的费用来购买某种宣传媒介一定的时间或空间，用以向公众推销宣传自己的产品。通过广告的宣传效应激发潜在客户的购买兴趣和愿望，最终使其产生购买行为或索取更多产品信息 。

（一）常见旅游产品广告的形式

1. 按照媒介分类

（1）**媒体广告**。主要指大众传播媒体广告，包括电视广告、电台广告、杂志广告和报纸广告四类。不同的媒体又具有各自不同的特点。

（2）**户外广告**。指的是通过户外的广告牌、路灯灯箱、交通工具、建筑物等发布广告，进行宣传。它的主要优势是成本相对较低；重复性强，可以让人天天看到；地理空间选择性较强。缺点主要是制作周期较长，很难迅速更新和变换；另外，看到广告的人中间潜在旅游消费者的百分率比较低。

（3）**邮寄广告**。这是旅行社通过邮寄宣传资料、明信片等来宣传自身线路产品的一种广告形式。这种直邮的方法制作和投递的灵活性较大，可选择性强，并且由于邮寄广告的反馈方式较为详细，易于对方进行反馈。但是直邮需要事先知道对方的确切地址，因此在对象的选择范围上有一定的局限性。

（4）**网络宣传**。随着互联网的普及，越来越多的旅行社将网络作为促销的一个有力工具，通过在网络上登载自己的企业动态、线路产品介绍，或者采用网络销售的方式，让更多的人能够迅速快捷地了解到自己旅行社的线路产品，方便旅游者或中间商的购买。

由于旅行社线路产品销售的目标市场不同，其所适合选用的广告媒介也不尽相同。在以地理因素划分的目标市场中，选择能够覆盖这个地理区域的媒介如电视电台、报纸等媒体比较合适；而在以性别、社会层次等因素划分的目标市场中，则应采取对于某一市场最具影响力的媒介，例如目前许多女性时尚杂志如《ELLE》等就拥有众多的白领女性读者，采用这样的媒体发布旅行社产品广告，有针对性且不浪费发行量。

2. 按照产品的竞争阶段分类

（1）**通知性广告**。通知性广告是在旅行社的某个线路产品刚刚投放市场的时候使用。此时的旅行社产品处于开拓市场的初期阶段，需要让旅游者和中间商对新推出的产品有一个初步的了解和认识，留下一个较为深刻、良好的第一印象。旅行社通知性广告的内容一般是向市场告知有关新的线路产品的情况，或者提出某条线路产品的若干新变化。

（2）**说服性广告**。说服性广告一般通过宣传介绍旅行社产品的特点，或通过与其他竞争对手进行比较，达到说服旅游消费者选择自己旅行社线路产品的目的。

（3）**提醒性广告**。提醒性广告是当旅行社已经在市场上占有一定的份额、具有一定的知名度之后，为了使消费者对自身线路产品的记忆不至于中断，巩固已经形成的旅游消费者群，吸引更多的回头客而推出的广告。

（二）旅行社产品广告的制作、发布过程

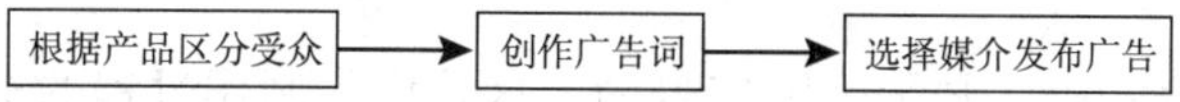

广告的制作、发布过程

1. 区分受众

在选择广告媒体之前，必须先区分广告的目标受众。面向中间商的广告与直接针对那些购买旅行社产品的消费者的广告，由于两类受众对信息需求的差异很大，广告的创作就有很大不同。

以下是一份西安某地接社在某旅行社同业销售网站上发布的广告：

专业地接：散客团队、团队、夏令营均接！

A 线： 兵马俑 市内两日游 ××× 元 / 人

D1 ： 接团赴临潼游秦始皇兵马俑 ×× 元/人、华清池 ×× 元/人、秦陵地宫 × 元/人； 住西安。

D2 ： 观明城墙 ×× 元 / 人，大雁塔广场、钟鼓楼广场自由活动、送团。

该广告是旅行社针对中间商发布的产品广告，中间商最关心的是线路的编排以及产品的价格，对线路产品本身的主题、线路产品的卖点和亮点等并不关心。因此该广告重点突出线路产品的价格，以及线路的编排，看上去枯燥无味，其实简明扼要。

以下是某旅行社在该社网站上发布的广告：

“精彩西安”行程推荐

西安市内、兵马俑、华清池二日游 ¥ ××× 元起

第一天 兵马俑、华清池及地宫

早上到酒店接客人，乘车赴临潼，车观周幽王“一笑失天下”的烽火台，游览世界第八大奇迹秦始皇兵马俑一、二、三号展厅及铜车马展厅，最古老的皇家园林——华清池，赏贵妃池，欣赏秦陵地宫。

第二天 西安市内

畅游西安名胜古迹，市内：参观保存最完整的古代大型军事防御建筑工程——明城墙；大雁塔北广场观赏亚洲地区最大的音乐喷泉水景广场，游览钟鼓楼广场、回民风情小吃街。

该广告是旅行社针对散客发布的广告，因此比较重视体现线路产品本身的吸引力，行程介绍简洁，对重要景点的介绍比较精当，语言流畅而优美，能激发起游客的游览欲望。

2. 创作广告词

在明确目标受众之后，必须确定广告词，这是广告制作过程的核心环节。广告词必须让潜在的旅游消费者意识到广告中的这家旅行社的产品能够很好地满足他们的需要。对所有编写广告词的人来说，必须遵循一定的编写原则。

广告词应该清楚、直白、简练。如：某旅游网站的广告语“我们的微笑听得见”；某旅行社产品广告语“江南第一家一日游——端午节状元行”等。

广告词要能清楚地描述产品所能给购买者带来的利益。如：某旅行社的韩国自由行广告“去韩国，我的行程我做主”；某旅行社的“海岛特惠广告——巴厘岛四晚五天（东航直飞，仅此两班），特惠方案：二人同行，第二人劲减 300 元，赠：金巴兰海鲜烧

烤、咖喱鱼大餐，含：机票税及回程机场税，宿：当地海边五星级酒店”。

广告词要能唤起旅游消费者明确的行动。如：某旅行社的暑期优惠广告：“快乐暑假——凭2008年高考、中考准考证，在×××旅行社本部营业大厅报名，即有惊喜等着您!”

要了解法律对于广告有何约束和影响。如某旅行社在做一个大型旅游活动时，销售人员错把“50个免费旅游名额等你来拿”的广告语处理成“免费旅游名额等你来拿”，结果引起旅游者的投诉。广告在发布前，措辞要极为谨慎，以免因失实引起法律纠纷。

3. 旅行社产品广告发布

（1）**媒介的选择**。媒介选择必须针对每次广告的具体目标和要求，权衡各媒介的优缺点，运用适当的方法来选择。首先，要使接受广告的有关对象数量达到最多，而且越接近市场区划的目标层次越好；同时要使无关的对象数量最少，越少打扰对广告内容不感兴趣的人越好。其次，应在能够达到广告目标的前提下，核算不同媒介的使用成本，力求少花钱、多办事。最后，要按照人们的生活习惯，选准媒介使用的最佳时间（或场合）。对旅行社产品而言，要根据该产品的特色以及针对的细分市场来选择媒体投放广告。

案例

定点投放，效果显著

——杭州某旅行社主题旅游活动的广告媒介选择

杭州某知名旅行社曾经组织过一次大型的购物旅游活动，参加的游客有1000多人。在接受关于旅游信息渠道调查的800名游客中，游客反映其信息主要来自于他人告知，比例达到了37.04%，其次是宣传这次活动的某电视台知名栏目（21.57%）、旅行社的旅游促销（17.22%）、某知名报纸（13.39%）、当地另一家日报（4.17%）、当地某广播电台（1.6%）。由于选对了广告投放的媒介，与某电视台以家庭主妇、退休老人为主要观众的知名栏目合作，以及在当地市民中颇具影响的知名报纸上投放醒目广告，使该社在短短一个星期内，收客达到1000多人，取得了辉煌的销售成果。

案例分析

结合本案例，分析该旅行社主题旅游活动的广告媒介的选择与传统观光旅游线路广告媒介的选择有什么不同。

（2）**时机的选择**。旅行社产品的时间、季节差异性很大，因此，旅行社产品广告的发布时间、发布频率及发布时序都有很强的科学性。旅行社促销人员在发布产品广告时，要注意选择产品广告发布的最佳时机，以使产品广告的利用率、到达率达到最理想的程度。例如，某上海旅行社在《新民晚报》的《旅游信息》专栏刊载产品广告，报道该旅行社的产品信息。但由于刊载旅行社产品广告的报纸每星期六出版，读者在星期六拿到晚报看到旅行社产品信息后，已经错过了这一星期的双休日出游时机，对旅行社产品的销售很不利。后来，这个栏目广告改为每星期四刊载，这样一来正好赶在双休日之前，读者在看到旅行社产品广告后就可以马上联系购买。这一改动使得该旅行社的产品销售有了突破性的进展。

（3）**旅行社产品广告应避免的误区**。广告接受要素中最重要的是独特性。独特性可以使产品从众多同类同质化广告中脱颖而出。比如"佳洁士"牙膏的广告，即有意规避一般牙膏广告功能宣传，选择"不磨损"为独特卖点。目前报纸杂志中的旅行社产品广告，创意与制作十分初级，广告元素浪费、广告资源配置不合理。旅行社应充分重视旅行社产品广告，要注意避免旅行社产品广告误区。

相关链接　搜索

旅行社产品广告误区

误区1：旅行社产品广告做成了企业形象广告。广告中旅行社企业的抬头字号过大，冲淡了产品的冲击力。读者看旅行社产品广告，通常是要选择出行的产品，选好了产品，读者自然会在关联中看到旅行社的名称。旅行社销售的是产品，而不是旅行社本身，目标处置不当，耽搁了读者视觉的第一选择，白白浪费了广告版面。

误区2：色彩浪费。在彩色报纸杂志上做黑白广告或单色广告，对彩色版的色彩资源是一种浪费。出现这样的问题多数是因为旅行社操作人员的懒惰。一期广告在黑白报纸上刊发后，原样交给彩色的媒介载体发出，多交出了彩色版的费用，不仅在经济上不划算，也使广告的色彩元素成为多余。

误区3：不计对象，样式重复。不少旅行社在刊登线路产品广告时，不管是青年报还是晚报，只用一个广告模板。对不同媒介的受众没有进行分析，其实两类报刊的读者对象会有部分差别。旅行社在投放线路产品广告时应当意识到这样的差别，在广告语、广告版式等方面都应体现对应的差别。

误区4：主推旅行社产品与普通旅行社产品并列，主次不分。所有的旅行社产品平行排列，字号相同，看不出主推产品与普通产品的区别，旅行社产品的有效布局未能形成。目前旅行社的广告多数是由广告公司负责制作。广告公司的一个广告文员往往面对数十个旅行社客户，无法了解旅行社的产品策略、主打产品，无非只能按其想象，在文字、图片上增加些花哨，有些线路产品广告并未能给产品增色，而以不适当的图文强调，将线路产品的主题打乱。

应对上述误区的办法：与广告公司商谈，希望广告公司能像五星级饭店的"管家服务"一样，对旅行社提供一对一的管家服务。这种服务要使广告适应旅行社的意图，对旅行社的广告式样、主题色彩、风格进行针对性设计。广告公司的设计人员还应与旅行社的产品设计人员共同策划，将广告的元素用足，使产品在广告形式上与产品的整体追求相对应。

旅行社在与广告公司的沟通中，应该首先提出每期广告的一些具体的线路产品要求、形式要求，在广告公司的广告样稿出来后，再反复修改使之达到要求，以保证线路产品广告费用的投放获得最大效益。

广告的设计人员如能与线路产品实地接触，直接获取线路产品的元素，为线路产品广告的图文提供更恰当的表达方式，线路产品广告的投入就会获得更加理想的效果回报。

四、公共关系

旅行社的公共关系是指通过信息沟通，发展旅行社企业与社会、公众之间的良好关系，建立、维护、改善或改变企业和产品的形象，营造有利于企业的经营环境和经营态势的一系列措施和行动。简单地说，就是旅行社面向社会广大公众的一切宣传联系活动，是旅行社与公众之间的关系。

与广告不同的是，公共关系的意图不是促成旅游消费者购买产品或直接产生销售。一般而言，公共关系的目的是提高旅行社、旅行社产品及其广告在公众心目中的知名度。而提高知名度则意味着会增加潜在消费者的认可。公共关系的另一目的是与旅行社公众或旅游中间商建立良好的关系或巩固现有的关系。这里的旅行社公众指的是现在或将来对旅行社经营声誉具有影响力和作用的个人或团体，它包括现实旅游者、旅游中间商、宣传机构等。

（一）公共关系的形式

旅行社企业的公共关系工作主要包括两个方面：一个是针对社会公众的公关活动，另一个是针对新闻界的公关活动。

1. 针对社会公众的公关活动

针对社会公众的公关活动主要有以下几个方面：

- 出版旅行社杂志、刊物，通过出版物介绍旅行社的发展、产品信息、员工生活等方面的情况，与公众进行沟通，增进了解；
- 资助公益事业，通过慈善义举，树立在公众心目中的良好形象；
- 赞助社区活动，拉近与社区居民的关系；
- 举办各种文体活动，积极融入公众生活；
- 在周年纪念日等有特殊纪念意义的日子组织社会公众参观；
- 通过举办专题讲座、赞助学术会议等方式，宣传旅游产品，吸引公众的关注。

2. 针对新闻界的公关活动

很多旅行社将公关的重点放在面对新闻界的方向上，通过新闻媒体来影响公众的观念。与广告相比，这样的公关活动费用要低得多。广告是由旅行社花钱购买一定时间或空间，而有关旅游主题的文章或电视专题片的宣传空间和时间则不需要花钱购买，只要提供相应的公关活动费用即可。另外，广告的宣传时间和篇幅有限，而关于旅游的新闻报道、专题访谈节目或是相关文章的播放时间和刊载篇幅就要宽裕很多，可以更详尽地提供关于旅行社和旅游产品的信息。由于具有这些优势，利用公共关系进行宣传就成为旅行社的一种理想形式。然而，旅行社没办法控制媒体宣传的内容，控制权掌握在新闻媒体手中，他们会选择刊载或播出的内容。一个出色的旅行社公关人员要能够考虑到这一点，并采取一定的措施，既要尽可能地扩大曝光率，又要尽量减少宣传内容中出现负面信息的风险。出于以上原因，再加上只有当编辑或制作人认为读者或者观众可能感兴趣时，旅行社一些有价值的事件才能成为新闻，所以，旅行社公关人员与媒体的全面合作，对公关活动的成败起着至关重要的作用。

相关链接 搜索

专业公关人员通常使用的传递信息方式

新闻报道。新闻报道是客观描述有新闻价值的事件的报道。旅行社可以把对自己有利的事件或人物先进事迹作为新闻素材提供给媒体，也可以自己写成新闻报道投给媒体。如果自己写作，需要注意的是新闻报道应以新闻工作者的风格来写，力争使特殊事件的新闻价值最大化，而且要做到没有刻意宣传的痕迹，就像一名不带任何偏见的记者写的那样。国外一些大型旅游公司的公关部门通常专门雇用那些训练有素的新闻写作者从事这项工作。

新闻发布会。这是另一种常用的营销公关方法，它是旅行社通过新闻媒体通报信息的方式，来达到向外界发布关于自身的某些信息的目的，如新产品发布会。通常，举办新闻发布会应先邀请各大媒体，在发布会上，旅行社负责人向各应邀媒体发布新闻，然后接受他们的提问。举办新闻发布会的目的是为了宣传旅行社即将开始某项活动，或即将进行某件事，以提高媒体对它的关注程度，增进公众的好奇心和了解程度。新闻发布会的成本较大，公关人员在做计划时需要谨慎认真。

3. 策划节事活动

旅行社为了提高自身的知名度，树立良好的品牌形象，也可以策划一些节事活动，如举办美食节、邀请名人做代言、组织戏剧演出等。但是，由于这些活动的成本费用相当高，目前在国内旅游行业举办这些活动的多为一些旅游组织或旅游管理部门，旅行社更多的是参与一些节事活动，如果策划得当，也可以取得很好的效果。

4. 招待会

这种招待会主要是面向新闻媒体，是旅行社为了增加与媒体代表如发行商、制片人、编辑、作家和记者之间的联系而组织的。与新闻发布会相比，招待会的气氛更轻松活跃，更有助于加强旅行社与媒体的感情联络，而不仅仅是传播信息。也正因为如此，招待会的地点通常选在豪华的宾馆酒店，那里优雅的环境、舒适的条件利于给媒体代表们留下美好的印象。

案　例

借势央视晚会　旅行社“搭车宣传”

2004 年中央电视台文艺频道曾在杭州举办一台晚会，晚会面向全国实况转播。杭州某旅行社就抓住这次机会，与晚会举办方合作，为晚会提供幸运观众的奖品。当全国各地收看晚会的观众听到主持人在晚会上宣布“拨打热线电话或发短信参与晚会活动的观众将有机会参加由杭州 ×× 旅行社提供的 ×× 游”时，大多数观众会对这家旅行社产生信任感，旅行社的知名度和美誉度也随之大大提高。

案例分析

结合本案例，列举两个旅行社“搭车宣传”的典型案例，并进行对比分析。

5. 体验产品

给媒体留下深刻、美好的印象的最直接有效的方法就是让他们亲身体验一下旅行社产品。旅行社邀请媒体代表游览新推出的线路产品或精品旅游线路，大多数的记者参加这样的活动时都会对过程进行记录报道。这种方法同邀请旅游中间商考察线路一样，花销较大，但是如果能够直接影响媒体，那么这样的投入还是非常值得的。

（二）公关宣传的步骤

1. 确定公关活动的目标

（1）**制造新闻**。抓住旅途趣闻制造新闻，旅游者在旅游途中有趣的经历常常会产生巨大的促销作用。

（2）**激励旅游中间商和推销员**。旅行社抓住典型事例，通过新闻媒体宣传推销人员和旅游中间商，提高他们的知名度，为他们塑造良好的形象。这种做法能够激发他们的自豪感，有时会产生比给予其物质奖励更大的激励作用。

（3）**增加消费者对产品的信任感**。在公众心目中，新闻报道往往是公正客观的，而广告的可信度则较低，因此要利用新闻媒体来传播营销信息，增加公众对产品的信任度。

（4）**节约促销费用**。公关宣传的成本通常较其他促销方式低，有时旅游企业的资金匮乏，选用这种方法可以节约成本，对企业很有意义。

2. 确定公关活动的内容

通常可以从两个方面寻找公关活动的内容：一是在产品或与产品相关的方面寻找具有新闻价值的素材，主要是旅游者关心的焦点问题，如旅游地的治安状况、重大节日、体育比赛、住宿设施等；二是利用各种大型的活动创造新闻，要注意避免流于平淡。

3. 实施活动计划

有时候旅行社公关人员会遇到计划不能顺利实施的情况，例如所选定的报道素材无法通过编辑的审查。因此，旅行社公关活动内容能否顺利实施，媒体相关负责人在一定程度上会起到关键作用。公关人员要努力确保活动计划的顺利实施。对于活动的准备工作也要尽量周到，事先必须周密筹划，小心行事，对突发事件要有应急措施和方案。

4. 评估公关宣传的效果

对公关活动实施后取得的效果进行评价，可以结合旅行社产品销售额等数据，通过社会公众对旅行社产品的态度是否良好、旅行社企业知名度是否提升等方面，综合予以评价。

第四节　旅行社产品的销售渠道

一、旅行社产品销售渠道概述

旅行社产品的销售渠道是指旅行社将其线路产品提供给最终消费者的途径，又称为销售分配系统。旅行社产品的销售渠道主要包括两大类，即直接销售渠道和间接销售渠道。所谓直接销售渠道，是指旅行社直接将线路产品销售给最终消费者，没有介入任何中间环节的销售分配系统。间接销售渠道可以只有一个中间环节介入，也可以有多个中间环节介入，旅行社通过国外的旅游批发商和旅游零售商销售其旅行社产品时采用的就是间接销售渠道。

目前，我国旅行社在国际入境旅游业务中采用的主要是间接销售渠道，因为任何一家旅行社都不可能也没有必要在所有市场上设立销售机构，更何况并非所有的国家和地区都允许外国旅行社进入。与此同时，由于我国的旅游业起步较晚，现有的旅行社大都对主要客源地情况缺乏全面、深入的了解，在此情况下，采用直接销售渠道不仅成本高，而且效果差。此外，由于发展历史方面的原因，我国主要客源产生地区的旅游中间商一般都拥有自己相对稳定的目标群体，对于当地旅游者的消费心理和需求特点比较理解，并可以有针对性地组合产品，这就为我国的旅行社利用海外中间商销售其产品提供了良好的条件。正因为如此，尽管采用间接销售渠道存在一些不利之处，如加价或佣金导致我国旅行社产品直观价格偏高，但我国绝大多数的旅行社还是选择了间接销售渠道，直接销售只是在小范围内为我国的旅行社所采用。具体说来，我国的旅行社在国际入境旅游业务中主要采取以下两种形式的间接销售渠道。

（一）通过零售商向国外旅游者销售旅行社产品

一般情况下，通过这种渠道销售的旅行社产品均为包价旅游。这类产品既适合散客旅游者，也适合团体旅游者。

（二）通过批发商或经营商和零售商向国外旅游者销售旅行社产品

在此情况下，虽然介入了另一环节，但价格不一定比前一种方式高，原因在于经营商或批发商实力较强，通常可以获得较理想的批量价格。另外，批发旅游经营商还可以根据自己的经验和研究结果，在我国旅行社提供的产品基础上进行加工和重新组装，或者加上第三国（地区）的产品，经过这样加工后的产品往往更符合当地旅游者的需要。

除了直接向海外客源地联系招徕客源外，许多旅行社还注重不断加强与国内其他组团旅行社的联系，通过横向联系，招揽、接待旅游者，这在我国旅行社业界被称为地联业务。为了使外地组团旅行社对自己有充分的了解，开展地联业务的旅行社应该及时向相关组团旅行社提供信息，这些信息主要包括本旅行社的接待能力、旅游活动安排情况、收费标准、各类附加费标准、当地饭店房价、当地旅游资源情况和当地交通状况等。

在出境旅行社产品的销售方面，旅行社主要采取直接销售渠道策略，同时也采用通过其他旅行社代理销售的间接销售渠道策略。

在国内旅游方面，我国经济发达地区的国内旅行社目前大都采取直接销售渠道策略，就地招揽客源；而旅游资源相对丰富的地区则多通过横向联系获得旅游接待的机会。

二、旅行社产品销售渠道策略

在国际旅游市场中，大的旅游经营商都十分重视对销售渠道策略的研究，他们认为这是影响旅行社产品销量的关键因素之一。除了采取直接销售渠道策略向旅游者销售线路产品外，可供旅行社选择的间接销售渠道策略主要有以下三种。

（1）**广泛性销售渠道策略**。对经营国际入境旅游业务的旅行社来讲，广泛性销售渠道策略是指通过多家旅游中间商把产品广泛散布到目标市场上以便及时满足旅游者需求的一种销售策略。对经营国际出境业务和国内旅游业务的旅行社来说，广泛性销售渠道策略是指广泛委托各地旅行社销售线路产品、招揽客源的一种销售策略。旅行社产品的销售和其他日用消费品的销售一样，人们希望迅速、方便地满足自己的需求，特别是在旅游发达的国家，人们外出旅游频繁，有众多的零售商会方便旅游者购买。广泛性销售渠道策略的优点是采用间接销售方式，选择较多的批发商和零售商销售线路产品，方便旅游者购买。由于销售渠道广泛，便于旅行社联系广大旅游者和潜在旅游者，在旅行社开始向某一市场推销产品时，采用这种渠道策略有利于旅行社发现理想的中间商。这种渠道策略的不利之处在于成本较高，而且由于旅行社产品销售过于分散，会给旅行社的销售管理增加一定的困难。

（2）**选择性销售渠道策略**。选择性销售渠道策略是指旅行社只在一定市场中选择少数几个中间商的渠道策略。采用广泛性销售渠道策略的旅行社，在经过一段时间后，往往可以根据中间商在市场营销中的作用、组团能力以及销售量变化情况，选择其中有利于旅行社产品推销的几家中间商。这种策略的优点是由目的地少数有销售能力的中间商进行旅行社产品推销，这样可以降低成本。缺点是如果中间商选择不当，则有可能影响相关市场的旅行社产品销售。

（3）**专营性销售渠道策略**。专营性销售渠道策略是指在一定时期、一定地区内只选择一家中间商的渠道策略。通常情况下，作为旅行社总代理的中间商不能同时代销其他竞争对手的旅行社产品。专营性销售渠道策略的优点在于可以提高中间商的积极性和推销效率，更好地为旅游者服务。此外，旅行社与中间商联系单一，可以降低销售成本；而且产销双方由于利害关系紧密，能更好地相互支持和合作。这一销售渠道策略的缺点在于如果专营中间商经营失误，就可能在该地区失去一部分市场；若中间商选择不当，则可能完全失去该市场。

三、旅游中间商的选择

目前我国的旅行社广泛采用间接销售策略，这就必然涉及旅游中间商的选择与管理问题。事实上，对于中间商的选择与管理直接决定了旅行社间接销售渠道策略的成败。

在选择旅游中间商之前，旅行社应该首先进行综合分析，明确自己的目标市场，建立销售网络的目标，确定产品的种类、数量和质量，摸清旅游市场需求状况和制定销售渠道策略，在此基础上才能有针对性地选择适合自己需要的旅游中间商。旅行社可以通过有关专业出版物、参加国际旅游博览会、派遣出访团、向潜在的中间商寄发新建资料或通过接团等方式发现中间商，必须首先对旅游中间商的情况进行详细的调查与分析，待时机成熟时，再向旅游中间商明确表示合作意愿。旅行社对旅游中间商的考察应该从以下几个方面进行。

（1）**中间商可能带来的经济效益**。毫无疑问，旅行社选择中间商的目的在于扩大销售、增加收益。因此，旅行社应选择成本相对较低、利润相对较高的销售网和中间商。对经济效益的追求要注重风险与利润的对称。一般来说，在利润相同的情况下，风险最小的销售渠道便是最理想的销售渠道。但是，风险小往往利润也小；风险大往往利润也大。所以，旅行社应该根据自己的经营实力，在利润大小和风险高低之间进行平衡与选择。

（2）**中间商的目标群体与旅行社的目标市场的一致性**。中间商的目标群体必须与旅行社的目标市场相吻合，而且中间商在地理位置上应该接近旅行社客源较为集中的地区，这样便于旅行社充分利用中间商的优势进行产品推销。例如，美国是我国旅行社的主要目标市场之一，而美国只是一个大的地理概念，美国出国旅游市场并非均匀分布，而是相对集中地分布在有限的区域。据统计，美国出国旅游的50%集中在加利福尼亚、纽约、新泽西、佛罗里达、得克萨斯和伊利诺伊六个州。日本的出国旅游者相对集中在东京都、京阪神和东海三大城市圈，比例高达68%。在德国，北威州的杜塞尔多夫、多特蒙德等城市，巴伐利亚州的州府慕尼黑和斯图加特，以及北部的汉诺威、不来梅等都是出国旅游市场比较集中的地带。英国出国旅游者的13%来自伦敦，27%来自英格兰东南部，12%来自英格兰西北部，即英格兰占出国旅游者总量的52%。因此，旅行社选择的旅游中间商在地理位置上应该接近这些客源相对集中的地区，并在此基础上考虑旅游中间商的目标群体与旅行社的目标市场是否一致。

（3）**中间商的商誉与能力**。旅游中间商应当有良好的信誉和较高的声誉，并具有较强的推销能力和偿付能力。中间商讲究信誉是旅行社不受侵害的保证；中间商的信誉将决定旅游者对它的信任程度，从而直接影响中间商的推销能力；而中间商的偿付能力是双方合作的经济保障。

（4）**中间商对旅行社的业务依赖性**。中间商的业务范围各不相同，对旅行社的依赖程度也存在差异。有的国外中间商专营中国旅游产品，对我国旅行社具有相当大的依赖性，如英促进旅行社、日中旅行社、日中和平观光公司等，全部经营中国旅游业务。而有的中间商则同时经营许多国家、许多旅行社的产品，对某个具体旅行社依赖性较小，甚至不存在任何依赖性。在可能的情况下，旅行社应该对此加以考虑，因为这直接关系到中间商的努力程度。

（5）**中间商的规模与数量**。旅行社在同一地区应该选择适当数量、适当规模的中间商，因为中间商过多，会造成促销方面不必要的重复与浪费，而且中间商本身也会因僧多粥少而影响推销积极性；中间商过少有可能形成垄断性销售或销售不力的局面。中间商规模大、实力雄厚、组团能力强，但也往往机构庞大、层次较多，营销效率低，而且也会形成垄断性销售的局面，使旅行社受制于人；中间商规模太小，往往组团能力差，不利于旅行社的产品推销。中间商的规模与数量取决于旅行社的经营实力和销售渠道策略。

（6）**中间商的合作意向**。旅行社应该通过不同的渠道，了解中间商是否有意与旅行社合作。因为在旅行社选择中间商的同时，中间商也在选择旅行社，这是一个相互选择的过程。旅行社在选定中间商后，便可以签订合同，并开展业务合作。

四、旅游中间商的管理

（一）建立中间商档案

建立中间商档案可以使旅行社随时了解中间商的历史与现状，通过综合分析与比较研究，探索进一步合作与扩大合作的可能性，并对不同的中间商采取不同的对策。如对销售能力强的中间商应有特殊的条件和优惠；对一些小的中间商，如认为有发展前景，就应该重点扶植培养。此外，还可以根据中间商组团能力等指标对中间商进行分类排队等。

经过一段时间的合作，旅行社对中间商的经营实力及信誉等都有了进一步的了解，此时中间商档案应该增加新的内容，如组团能力、经济效益、偿还能力、推销速度等，从而不断扩大、充实中间商档案，为扩大合作或终止合作提供决策依据。

需要特别指出的是，人际关系特别是个人交往是与中间商友好合作的一个重要因素，中间商档案中应该对中间商的个人资料有尽可能详细的记载，而且旅行社应该充分运用这些资料发展与中间商的友好关系。

（二）及时沟通信息

向中间商及时、准确、完整地提供产品信息，是保证中间商有效推销的重要途径；从中间商处获得有效的市场需求信息，则是旅行社进行产品改造和产品开发的重要依据。

（三）有针对性地实行价格优惠与奖励中间商

有针对性地实行价格优惠与奖励中间商可以调动中间商的推销积极性。旅行社对中间商经常实行的价格优惠和奖励形式多样，包括减收或免收预付款、组织奖励旅游、组织中间商考察旅游、实行领队优惠、联合推销和联合促销等。

（1）**销售奖励**。销售奖励是作为旅游供应商的旅行社给予旅游中间商各种形式的奖励，来激励旅游中间商更多地销售旅行社产品。旅游供应商可以向完成销售目标的旅游中间商提供一些免费赠品，如免费旅游的机会或一些活动门票等；也可以采用支付现金的方式进行奖励，即当旅游中间商在一定时期内销售旅行社产品达到一定数量，供应商按一定的比例或约定的方式发给其一定数量的佣金。

（2）**旅游展览会、招待会**。旅游供应商通过旅游展览会，向旅游中间商介绍自己的旅行社产品，使他们对旅行社产品产生兴趣，或者加深对旅行社产品的了解。不少旅行社利用这个机会，在展览会期间召开招待会，增进与旅游中间商之间的交流。对于旅游供应商来说，旅游展览会是加强合作、增进了解、联络感情的大好时机，一定要好好利用商业展览会这种至关重要的销售推广场所。

（3）**合作广告**。合作广告是指旅游供应商和旅游中间商合作刊登广告，由旅游供应商承担广告的全部或部分费用。这种形式有利于刺激旅游中间商大批量经营某一旅行社的线路产品。

（4）**折扣**。折扣是指旅行社对购买旅行社产品达到一定数量的旅游中间商给予一定的折扣。折扣的给予形式有两种：一种是现金折扣，就是当旅游中间商购买旅行社产品达到一定数量时，在产品的售价上打折，按打折后的金额收取费用；另一种是实物折扣，就是购买量达到一定数额时，再赠送一定数量的同类旅行社产品。给旅游中间商折扣优惠可以刺激旅游中间商进行大批量的购买。

（5）**熟悉旅程**。这种方法指的是旅行社邀请旅游中间商亲身体验旅行社产品，组织他们进行实地考察，了解旅游目的地的情况。目的是通过亲身体验，给旅游中间商心中留下积极而美好的印象，提高其对旅行社产品的认知度，成为旅游供应商重要的销售力量。这种组织旅游中间商参加的熟悉旅程的游览活动，费用一般由组织活动的旅行社支付，因此这种销售推广方法的成本较高，在计划活动时更应认真仔细，提高效率，使活动富有创意。对于参与活动的旅游中间商也要精心筛选，参加人数以 20 ~ 30 人为宜。

（四）实时调整中间商队伍

旅行社应该根据自身发展情况和中间商发展情况，适时调整中间商队伍。旅行社在下述情况下应该做出调整中间商的决策：原有中间商质量发生变化；旅行社产品种类和档次发生变化；旅行社需要扩大销售；旅行社要开辟新的市场；旅行社的客源结构发生变化；市场竞争加剧等。

第五节　旅行社的售后服务

一、旅行社售后服务的内涵与作用

旅行社的售后服务是指旅游者结束旅游之后，由旅行社向客户继续提供的一系列服务，旨在加强同客户的联系和主动解决客户遇到的问题。

售后服务对旅行社保持已有客源和开拓新的客源来说都很重要。美国《旅游代理人》杂志曾经对一些老客户不再光顾原旅行社的原因做过调查，调查结果显示：不再光顾原旅行社的老客户有 2/3 以上是由于旅行社不重视售后服务和不积极争取回头客造成的。美国有一位旅行社的顾问曾说过，“一些老客户之所以不再光顾旅行社，首先是因为这些旅行社对他们抱着爱来不来的态度”。

由于售后服务在销售方面的重要性，因而西方国家的旅行社都极为重视售后服务，并采取了多种多样的售后服务方式以争取每一位旅游消费者，我国在这方面尚有待改进。西方旅行社之所以十分重视售后服务，是因为售后服务对旅行社的促销起着至关重要的作用。旅行社只有搞好售后服务，才能巩固与扩大客源。

二、旅行社售后服务的方式

（一）问候电话

即在客户旅游返回后的第二天就给客户打电话。由于时间少，旅行社通常只能给一些重要的老客户打电话，这种做法可以达到“一箭三雕”的目的：首先，客户会觉得旅行社非常关心他们，从而对旅行社心存感激；其次，旅行社可以从他们那里了解到客户此次旅游的目的是否实现以及一路上各种服务部门的工作情况；最后，旅行社可以及时掌握旅途中发生的麻烦以及客户可能提出的投诉，这样就可以争取主动，早做工作，妥善处理。

客户往往不会主动给旅行社打电话提意见，他们对旅途中的意见宁可采取消极抵抗的态度。而旅行社主动打电话来，不仅可以缓和客户的情绪，避免客户转而选择其他旅行社，而且通过对问题的处理和意见的沟通，还可以使旅行社在客户心目中更具吸引力。

（二）意见征询单

由于时间和条件的限制，旅行社不可能给每一位返回的客户打电话，但可以给每位客户寄送意见征询单。这种意见征询单应该印制精美，在向客户表示问候的同时，请他们对此次旅游发表意见。意见征询单可以使旅行社掌握第一手资料，以便安排好以后的旅游。为了使客户毫无顾虑地发表意见，旅行社可以不要求客户在征询单上签名和注明地址，但旅行社要对每份意见征询单进行编码，以便在分类整理时参考客户意见并改进工作。意见征询单内容可繁可简，但条目必须清楚，便于客户填写，并且附有回寄信封，以提高征询单的回收率。

（三）书信往来

旅行社同客户进行书面联系时，切忌用一大堆广告单把客户的信箱塞得满满的。这种只会寄宣传材料的热情往往会受到客户的冷遇。同客户进行书面联系的较好方式是给客户写亲笔信。这种做法突出了业务关系中人与人的直接交往，会使对方感到亲切。

旅行社当然不能向所有旅游归来的客户都写亲笔信，致信的客户也是经过挑选的，平均每月写给 20~30 人。事实证明，这种争取客户的办法会收到良好的效果。这种亲笔信也不仅仅写给刚刚旅游归来的客户，如果一个旅行社好久没有得到老客户的音信，也可以向这种客户寄去亲笔信。如果条件允许的话，与客户通过电子邮件保持联络也是一种不错的选择。

（1）**问候性明信片**。与写亲笔信相比较，旅行社向客户寄送明信片会更省事些。这种明信片应附有旅行社的社徽、地址、电话等内容，并由旅行社工作人员亲笔写上欢迎光顾或祝贺旅游圆满结束之类的语句，并且希望客户能给旅行社来信或来电话谈谈此次旅行的情况。一旦客户接到明信片并与旅行社联系，旅行社便可以利用这一机会向他们推销新的旅游产品。

（2）**促销性明信片**。所谓促销性明信片，即旅行社工作人员在考察旅游胜地时向客户寄送有关旅游胜地风景的明信片。这是旅行社同客户保持经常性接触的行之有效的联络手段。一位美国旅行社的领队每次到风景名胜区考察时，都要购买 250 张印有该景点的明信片，通过当地邮局将这些明信片寄给经过挑选的客户。他这样做，既可以向客户介绍该地的风景名胜，引起客户“到此一游”的兴趣，同时又使客户觉得，到那里旅游是不会吃亏的，因为旅行社的工作人员到那里“度假”了。

（四）客户招待会

旅行社除了使用打电话等联络方式外，还可以同客户进行直接的面对面的接触。旅行社可以在社内或者宾馆内举办风景点幻灯片、照片和录像片观赏活动，或者召开客户招待会。这些活动不仅能够密切旅行社同客户的联系，还能够提高旅行社的知名度。被邀请的客户或通过幻灯片、照片和录像片了解各国的风景名胜、历史古迹和奇风异俗，或者座谈旅途中的感想。有些客户或许会通过会上相互间的介绍与推荐而欣然订购下一次旅游产品。在国外，一些专门经营散客业务的旅行社还喜欢举办招待会，为那些独来独往的客户提供互相认识与互相推荐旅游线路的机会。还有的旅行社甚至举办客户野餐会或狂欢节舞会，这些直接进行接触的做法使得客户同旅行社的联系犹如一个家庭的联系那样自然。上述场合中那种轻松愉快的气氛无疑会给旅行社的推销带来很多好处。

（五）节日祝贺

节日或者客户生日是旅行社加强同客户联系的理想时机。旅行社在组织旅游时要注意积累客户的资料，建立客户档案，并届时向客户表示祝贺。这些祝贺常使客户在惊喜之余觉得旅行社同他的个人关系很亲近，从而乐意购买该旅行社的产品。

（六）影印资料

旅行社向客户寄送的报纸影印资料种类很多，其中有关于客户感兴趣的旅游胜地的报道，也有关于旅游的趣味性信息和文章，还有在客户外出旅游时家乡发生的一些新闻事件等，究竟给客户寄送哪些材料则由旅行社根据客户的情况而定。

（七）旅行社小报

旅行社可以根据客户的多少及营业额的大小每年出 2~4 期的小报。小报的内容可简可繁，有条件的旅行社可以把小报办得同地方报纸一样。小报的内容主要是介绍旅游知识和经验，帮助客户消除诸如害怕坐飞机等心理障碍。报上的文章要富有人情味，供客户茶余饭后消遣用。事实证明，这种小报已经成为旅行社与客户保持经常联系的一条纽带。

（八）旅行社开放日

为了密切和客户的关系，西方旅行社每年都举行一次旅行社开放日活动。届时，旅行社有针对性地邀请一些客户到旅行社参观及观看录像，他们还向大家介绍一些有名望的客户、旅游专家、飞机机长、旅游新闻工作者或旅游题材的作家。通过这些活动，可以让客户了解旅行社的资源采购和整合能力，从而使客户坚信这家旅行社完全有能力为他们提供旅游咨询以及为他们安排好旅游活动。这样，许多客户就会乐意继续订购这家旅行社的旅游产品了。

第六节 旅行社产品的销售过程及管理

一、旅行社产品的销售过程

旅行社产品的销售需要经过一个复杂的过程，而且不同产品交易的销售过程也不尽相同。但是，一般说来，旅行社的销售过程通常由以下步骤组成。第一步，旅行社销售人员通过不同方式向旅游者或旅游中间商推出产品（线路、节目和价格），后者或全盘接受旅行社的产品及价格，或者对旅行社的产品和价格提出修改意见，甚至放弃旅行社推出的产品而提出自己的产品要求。第二步，旅行社销售人员根据旅游者或旅游中间商的反馈，对产品进行修订，编制旅行日程表，核定产品价格，并将其反馈给旅游者或旅游中间商，请求确认。在旅游者或旅游中间商确认购买后，向旅行社提供旅游者名单，通知抵达时间和抵达的交通工具。这一步骤有时需要反复多次才能完成。第三步，在向国外旅游者或中间商销售旅游产品时，旅行社在获得客人的最终确认后，将向我国驻外使领馆发出签证通知，客人凭此办理入境签证，并根据旅行社的要求按期付款。第四步，旅行社销售人员将旅行社日程表和相关资料移交给接待人员，由接待人员落实具体接待事宜。

二、旅行社产品销售过程的管理

与其他产品的销售相比，旅行社产品的销售方式和销售过程更为复杂，这主要表现在以下几个方面。

（一）旅行社产品构成复杂

每个旅游团的线路、日程、内容、档次各不相同，即使同属一个系列线路，每个团的时间、人数及要求也不尽相同。

（二）交易周期长且交易手续复杂

旅游交易具有小额多批次的特点，而且从报价到成交，再到实际接待完成，通常需要经过相当长的时间，有的甚至长达一年以上，在此期间可能发生价格变动、汇率升降和人员增减等，这更增加了交易的复杂性。面对如此复杂的交易方式和交易过程，旅行社要确保销售工作的顺利进行就必须防止发生两种情况：一是交易双方发生经济纠纷，二是销售工作效率低下。要防止这两种情况的发生，前者需要有严密的交易合同来规范买卖双方的行为，后者需要有科学的销售工作程序、制度和方法，以确保效率，减少失误。因此，旅行社销售过程的管理主要包括如下内容。

（1）**建立旅游交易合同制度**。这里的交易合同从实质上讲与旅行社的采购合同相似，只是在这里旅行社成为旅游交易的供给方，而旅游客源产生地的旅游中间商或旅游者成为需求方。

（2）**制定科学的销售工作程序**。旅行社的销售程序大致如前所述，这里的关键是旅行社应对每个环节制定明确的工作流程、文书格式、授权范围和岗位责任等，特别注意每个环节之间的衔接和配合，以免产生差错和失误。

（三）加强对销售人员的管理

加强对销售人员的管理，包括选择适当的销售人员，不断提高销售人员的业务素质，明确销售人员的责、权、利，通过制度约束销售人员的责任心，以及充分发挥销售人员的积极性等。

复习与思考

一、名词解释

旅行社促销　　人员推销　　销售促进　　旅行社的公共关系　　直接销售渠道

二、简答题

1. 旅行社产品定价的方法有哪些？
2. 旅行社产品定价的原则是什么？
3. 联系实际，谈谈旅行社如何进行人员促销。
4. 联系实际，举例说明旅行社产品广告应避免的误区。
5. 简述旅行社应如何策划面向媒体的公共关系活动。
6. 旅行社应如何选择中间商？旅行社应如何对中间商进行管理？
7. 简述旅行社售后服务的方式。
8. 旅行社对销售过程应该如何进行管理？为什么？

三、案例分析

原本"守株待兔"的旅行社挑起夏日"时空战"

这个夏天，杭州的几大旅行社"动静"都不小。有旅行社把门店开进了各大超市，有旅行社办起了"旅游夜市"……原本坐在门店"守株待兔"的旅行社也主动出击，"见缝插针"地搞起营销。显然，新一轮的市场大战不再是价格竞争、产品竞争，更多地已经扩展到了经营模式的竞争上。

旅游门店开进世纪联华

世纪联华庆春店入口处出现了浙江省中国旅行社的旅游门店，虽然台面很小，但可以咨询产品，还能当场下单。

"到目前为止，我们已经在杭州的6家超市开出旅游门店了。随后，黄龙的好又多超市也将出现一家。"昨天，浙江中旅旅业网点管理中心门店负责人朱彤告诉记者，在超市里开门店主要是看中超市稳定而密集的客流量，而且门店与超市同时段营业，旅游产品就变得像超市里的日用品一样，可以随意地挑选。

今年以来，浙江省中旅开始在多家大型超市里布点，包括华润万家濮家店、世纪联华庆春店等。

"其实，世纪联华庆春店的这家门店，我们在5月份就试营业了，但当时几乎没人关注。"朱彤坦言，整个5月份这家门店仅仅收到了两单生意，而且都是短线游。但从6月份开始，订单就出现大幅增长，尤其是7月份，已经成功卖出了云南、三亚和北京等多条国内长线产品。

“旅游夜市”让客人感到很贴心

浙江新世界国旅的城东营业部一直到晚上8时多还灯火通明，里头还有不少客人在咨询。

这是旅行社最新推出的“旅游夜市”。一来天气太热，二来大部分人白天都要上班，所以旅行社特意将营业时间延长到了晚上9时半。不过，让前来咨询的游客更为惊喜的是，逛了“夜市”，还能顺便申请一张“好邻居”卡，除了可以享受各种优惠服务外，还能得到一份小礼物。

对这样的服务，旅行社的老客户都觉得很贴心，现在晚上的客流量比整个白天还要多呢。浙江新世界旅行社还计划推出“一站式”的旅游经纪人服务，全程介入客人的旅游过程，从开始预订旅游产品直到出游结束，提供无微不至的服务。

根据上述案例，回答如下问题：

1. 面对在线旅游经销商的挑战，传统旅行社在产品的销售上如何出奇制胜？

2. 你对浙江新世界旅行社推出“一站式”的旅游经纪人服务怎么看？分析一下这种服务的利与弊。

四、技能训练

要求学生撰写一份旅行社线路产品的推销脚本。具体要求如下：

1. 将学生分为不同的小组，每组为6～8人，选出组长一名；
2. 收集目标客户的资料；
3. 将收集到的资料进行整理；
4. 撰写人员推销的脚本；
5. 模拟销售场景，现场推销线路产品；
6. 自评、他评、教师评。

第五章 旅行社的采购

采购是旅行社经营的核心。有效掌握和准确运用采购原则和策略，对提高旅行社经济效益和市场竞争力具有重大的现实意义。

本章通过对旅行社采购的内涵、内容、特点和原则的分析和阐述，使学习者对旅行社的采购业务有基本的认识；通过对旅游产品“六要素”服务的具体采购与推荐分析和阐述，加深对旅行社不同服务的采购需关注的问题和方法的认识；通过对旅行社所涉保险的采购分析和阐述为学习者提供有效运用保险、最大程度保护旅行社和旅游者利益的思路与办法；通过对旅行社采购的管理策略的分析和阐述，初步学会准确采购的基本技能。

学习目标

知识目标

1. 明确旅行社旅游服务采购的内涵、内容、特点和原则。
2. 掌握旅行社航空交通服务采购，铁路、公路、水路交通服务采购。
3. 熟悉旅行社住宿、餐饮服务的采购。
4. 了解景点、娱乐和合作旅行社的采购，购物推荐的方法。
5. 掌握旅游所涉保险的采购。
6. 了解旅行社旅游服务采购的管理。

能力目标

1. 能运用采购的基本策略来设计和有效实施旅行社产品所涉服务的采购，提出提高采购品质的途径和方法。
2. 能运用采购的原则和管理方法正确处理保证供给和降低成本的关系。

第一节 旅行社旅游服务采购概述

采购，是指在需要的时间和地点，以最低成本、最高效率获得最适当数量和品质的物资或服务，并及时交付需要部门使用的一项企业经营活动。采购是一个商业性质的有机体为维持正常运转而寻求从体外摄入物质或服务的过程。采购分为战略采购和日常采购两部分。

一、旅行社旅游服务采购的内涵

（一）旅行社旅游服务采购的概念

旅行社旅游服务采购是指旅行社为组合旅游产品而以一定的价格向履行辅助人购买旅游服务项目的行为。旅行社购买的服务项目是旅行社产品必要的组成部分。

对于旅行社旅游服务采购这一概念，我们应从旅行社与履行辅助人交易的实质去理解。因为与饭店不同，旅行社采购的并不是具体的商品或实物，而是某种设施或服务的特定时段内的使用权。如果依照我们对采购的传统理解，是难于接受旅行社旅游服务采购这一概念的。但是，如果我们将有形的产品和无形的服务均视为具有一定效应的出售物时，就能够从商品交易实质的角度理解旅行社的采购行为，并接受旅行社旅游服务采购这一概念。因此，现代旅行社业务中开始用“采购”这一新概念取代传统旅行社业务运行中“计调”的概念。

（二）旅行社旅游服务采购的内容

旅游服务采购的要素包括：订房、订餐、订车、票务、景区、娱乐、购物、保险、合作旅行社等。可以总的归纳为：

- 对交通服务的采购；
- 对住宿服务的采购；
- 对餐饮服务的采购；
- 对游览景点和参观单位的服务的采购；
- 对购物和娱乐服务的采购；
- 对保险服务的采购；
- 对合作旅行社接待服务的采购。

在旅游服务采购过程中，采购人员必须善于同各种旅游服务部门和企业打交道，根据市场的供求情况和相关部门或企业的有关规定，在保证旅游服务供给的前提下，设法为旅行社采购到价廉质优的各种旅游服务产品，以保证旅行社的正常经营能够顺利进行。因此，采购人员必须注重旅游服务采购程序和方法的研究。

（三）旅行社旅游服务采购的特点

（1）**比重大**。在旅行社的产品构成中，除了导游服务等少量内容来自旅行社自身外，其余的住宿、餐饮、交通、景点、娱乐、购物、保险等产品内容皆须从相关的企业或部门采购。这些旅游服务及相关服务的总成本在旅行社产品的价值中占很大的比例，必须得到足够的重视。

（2）**涉及面广**。为了保证旅行社产品能够满足旅游者在整个旅游过程各方面的需求，旅行社必须采购各个相关行业的产品和服务。因此，旅行社采购业务所涉及的范围广泛，必须建立起有效的采购网络以保障旅行社产品生产“原材料”的供应。

（四）旅行社旅游服务采购的任务

（1）**保证提供旅游者所购买的各种服务**。旅行社在销售产品时需要明确产品的内容和范围，并规定其数量与质量。在旅游者到达目的地时，假如由于采购工作的失误，不能完全兑现“已经销售的产品”，如旅游者搭不上计划中的航班，住不上预期的饭店，欣赏不到旅游合同中的景点，品尝不了销售时所推荐的菜肴时，都会引起旅游者的不满甚至投诉，从而影响旅行社的声誉。可见，保证供给是旅行社做好服务的保证，也是旅行社获得利益的保障。总之，保证提供旅游者所购买的各种服务包含两方面的含义：一是旅行社与旅游者之间签订的旅游合同规定的服务内容必须得以保证，如交通设施、饭店星级、餐饮标准等；二是常规性“软性”服务必须得以保障，如已采购项目和导游的服务态度、接待情绪等。

（2）**降低旅游产品的成本**。在保证供给的前提下，旅行社采购必须注重低成本，以保证企业的正常利益。在旅行社的产品成本中，直接成本占大部分，因此旅行社降低成本的主要着眼点应放在决定直接成本高低的关键性因素——采购价格上。目前我国旅行社业的价格竞争十分激烈，导致旅行社利益呈不断下降趋势。在此情况下，如果某家旅行社的采购价格比其他旅行社低，就可以争取到更多的客源；反之，就会失去客源。由此可见，降低采购价格成本对增加旅行社营业额与利润具有重大意义。另外，我国正处在价格改革和经济高速发展的过程中，常常会因为国家调整某些产品价格或因通货膨胀等原因造成某些旅游服务的涨价，而旅行社出售的产品，特别是系列产品，从报价到成交有一个时间差。如果在旅行社报价与成交之间某些旅游服务价格上涨幅度过大，就会给旅行社造成很多困难，甚至失去客户的信任。因此，如何尽可能保持产品成本的稳定是采购工作的一项重要任务。

二、旅行社旅游服务采购的原则

只有购到好原料，才能保证旅行社旅游产品生产的顺利进行，而购进原材料的价格决定着产品的成本及投放市场的销售价格。所以，旅行社采购应遵循以下原则：

（1）**保证供应原则**。保证供应是旅行社在采购中必须遵循的首要原则。旅行社产品主要由购自其他部门或企业的旅游服务项目所构成。由于旅行社的产品多数采用预售的方式，所以一旦旅行社不能从有关的部门或企业购买到本社已经预售出去的产品所包含的服务内容，就会因无法履约引起旅游者的不满和投诉，给旅行社带来经济损失和声誉损害。因此，采购工作中必须坚持保证供应的原则，设法保证采购到已售出的产品中包含的全部内容，避免影响旅行社的经营工作。

（2）**保证质量原则**。在采购各项旅游服务项目时，不仅要保证能够买到所需数量的产品，而且要保证其所购买的旅游服务项目全部符合预售产品所规定的质量。如果旅行社只关心所购旅游服务项目的数量而忽视其质量，将同样会造成旅游者的不满和投诉。

（3）**成本领先原则**。旅行社产品中的主要成分是购自其他旅游服务部门或企业的旅游服务项目，所以购买这些旅游服务项目的价格构成了旅行社产品的主要成本。换句话说，旅行社经营的成败在很大程度上取决于旅行社采购来的各种旅游服务项目的价格。如果旅行社的采购工作得力，采购到的旅游服务项目价格低于其竞争对手，则旅行社就能够在激烈的市场竞争中占据成本优势，就有可能获得较多的利润。因此，旅行社必须在保证旅游服务的供应和旅游服务质量的前提下，尽量设法降低成本。

（4）**互惠互利原则**。旅行社的产品质量和价格在很大程度上取决于所采购的旅游服务产品的质量和价格。相关企业的价值链和旅行社的价值链之间的各种联系为旅行社增强其竞争优势提供了机会。旅行社与相关企业的关系，不应该是一方受益而另一方受损的“零和游戏”[①]，而应该成为一种双方都能受益的关系。因此，在采购活动中应该坚持互惠互利的原则，建立起与相关企业和部门之间互惠互利的合作关系，以实现合作最优化和降低总成本的目标。

总之，只有坚持保证供应、保证质量、成本领先和互惠互利的原则，才能使旅行社经营正常化和可持续发展。

---

① “零和游戏”也叫“零和博弈”。源于博弈论，是指在一项游戏中，参加者有输有赢，赢家所得正好是输家所失，总成绩永远为零。

第二节 旅行社旅游服务采购的实施

旅行社旅游服务的采购是旅行社经营的核心，也是旅行社的主要利润源，采购工作的有效性、科学性和相对合理性是旅行社实现正常经营的保障。为了达到这个目的，就需要与不同的采购对象进行合作，而合作的关键在于了解合作方，特别是熟悉合作方的运营模式和价格体系等，做到“知己知彼，百战不殆”。

一、旅行社交通服务采购

旅游是一种异地活动，无论从常住地到旅游目的地，还是在目的地的暂时逗留与旅游活动期间各地之间的往返，交通都承担着旅游者空间位移的任务。交通不仅要解决旅游者往来不同旅游点间的空间距离问题，更重要的是解决其中的时间距离问题。因此，安全、舒适、便捷、经济是旅行社采购交通服务时需要考虑的因素。交通的形式主要有飞机（包机）、火车、汽车和轮船，旅行社必须与包括航空公司、铁路部门、轮船公司、汽车公司在内的交通部门建立密切的合作关系。事实上，为寻找稳定的客源渠道，交通部门也非常倾向于同旅行社的业务合作。旅行社要争取获得有关交通部门的代理资格，以便顺利采购到所需的交通服务。

二、旅行社航空交通服务采购

航空交通是旅游者使用最频繁的交通方式之一，世界上约 35% 的旅游者乘飞机旅行。我国的旅游者中也有 25% 以上享受航空交通服务。

（一）认识航空交通服务

1. 航空交通的组织构成

航空交通组织由三大部分组成：有事业性的政府机构（中国民用航空总局），有企业性质的航空公司，还有政企参半性质的企业型机场。 中国民用航空局（隶属中华人民共和国交通部）是我国民航管理的最高政府职能机构。其主要职责是：全面监督和实施国家批准的各项有关民航的法律法规及制度。航空公司是指以各种航空飞行器为运输工具，以空中运输的方式运载人员或货物的企业。旅客或旅行社有票务问题、飞机误点问题和座位问题等均应找航空公司来处理。机场（公司）亦称空港。旅客或旅行社在办理登机手续（与机票无关的问题）、例行检查、候机等遇到问题时，应找机场公司处理。

表5–1　中国国内各航空公司标志和代码

公司标志	代码	公司名称	公司标志	代码	公司名称
	CA	中国国际航空股份有限公司		ZH	深圳航空有限责任公司
	MU	中国东方航空股份有限公司		3U	四川航空股份有限公司
	CZ	中国南方航空股份有限公司		SC	山东航空股份有限公司
	HU	海南航空股份有限公司		9C	春秋航空公司
	FM	上海航空股份有限公司		8L	云南祥鹏航空有限责任公司
	MF	厦门航空有限公司		HO	上海吉祥航空有限公司

2. 民航服务的一般常识

（1）**机场服务**。包括售票、登记客票、提取行李、安全检查、海关检查、问讯等柜台，旅客登机设施和迎送厅等，并配备有进出港航班动态显示装置、广播设备和行李分拣装置、行李车等。生活保证设施包括休息室、游乐室、餐厅、卫生间、售品部、邮局、银行、书报摊、出租汽车预订柜台等。

在诸多服务中旅客最应关注的是行李问题，这也是旅行社服务人员最应提醒旅客的问题。民航规定：行李分为托运行李、自理行李和随身携带物品。托运行李在办理登机牌时同时办理托运手续，自理行李和随身携带物品则需通过机场安检。

1）行李托运。旅客必须凭有效客票托运行李，一般在航班离站当日办理乘机手续时收运行李。不属于行李的物品应按货物托运。托运行李必须包装完善、锁扣完好、捆扎牢固，能承受一定的压力，能够在正常的操作条件下安全装卸和运输。旅客的托运行李每公斤价值超过人民币 50 元时，可办理行李价值声明。托运行李的声明价值不能超过行李本身的实际价值。每一旅客的行李声明价值最高限额为人民币 8000 元。

2）行李重量。民航对旅客行李的重量和体积有明确规定（表 5–2）。

表5–2　民航对旅客行李重量与体积的限定

项　　目	托运行李	自理行李	随身携带物品
每件重量	≤ 50 公斤	≤ 10 公斤	≤ 5 公斤
每件体积	40 × 60 × 100（厘米）	20 × 40 × 55（厘米）	20 × 40 × 55（厘米）

每位旅客的免费行李额（包括托运和自理行李）：国内航班持成人票或儿童票的头等舱旅客为 40 公斤，公务舱旅客为 30 公斤，经济舱旅客为 20 公斤。持婴儿票的旅客无免费行李额。各航空公司对国际航班免费行李额的规定也不甚相同。构成国际运输的国内航段，每位旅客的免费行李额按适用的国际航线免费行李额计算。逾重行

李旅客应支付逾重行李费，国内航班逾重行李费率以每公斤按经济舱票价的 1.5% 计算。各航空公司对国际航班逾重行李费率的计算方法均不相同，旅客须按各航空公司规定办理。

3）行李领取。旅客应在航班到达后立即在机场凭行李牌的识别联领取行李。必要时应交验客票。旅客遗失行李牌的识别联，应立即向航空公司挂失。

4）行李延误、损坏或丢失。行李运输发生延误、丢失或损坏，旅客应会同航班经停地或目的地的航空公司或其代理人填写《行李运输事故记录》，并按法定时限向航空公司或代理人提出赔偿要求，并随附客票（或影印件）、行李牌的识别联、《行李运输事故记录》、证明行李内容和价格的凭证以及其他有关的证明。因航空公司原因使旅客的托运行李未能与旅客同机到达，造成旅客旅途生活的不便，旅客可在经停地或目的地向航空公司要求适当的临时生活用品补偿费。

5）行李赔偿限额。国内航班旅客的托运行李全部或部分损坏、丢失，赔偿金额每公斤不超过人民币 50 元。如行李的价值每公斤低于 50 元时，按实际价值赔偿。已收逾重行李费退还。旅客丢失行李的重量按实际托运行李的重量计算。无法确定重量时，每位旅客的丢失行李最多只能按该旅客享受的免费行李额赔偿。旅客的丢失行李如已办理行李声明价值，应按声明的价值赔偿，声明价值附加费不退。行李的声明价值高于实际价值时，应按实际价值赔偿。行李损坏时，按照行李降低的价值赔偿或负担修理费用。

（2）**机上服务**。分登机、起飞、途中、降落等环节的服务，由空乘人员提供。

1）登机服务：包括指示和引导座位、安放行李等。

2）起飞、降落服务：包括示范安全坐机事项、帮助个人安全事项的实施和检查、明确起飞过程中的旅客行为规范和要求（如关闭电子设备、通信设备，不准吸烟，不得去厕所，要系好安全带和其他机上设施的标准调整等）。

3）途中服务：飞机上备有免费供应的酒水、饮料、茶点等，正值正餐时间或旅途超过 2 小时的航班，还免费提供正餐。飞机上备有各种文字的报纸、杂志，供旅客阅读，但不能带走。很多大型飞机在旅途中放电影，免费提供耳机听音乐。

（二）航空交通服务采购

航空交通服务采购是指旅行社根据旅游团队的旅游计划或散客旅游消费者的委托，为旅游消费者和旅游团队的领队及全程陪同代购旅游途中所需的飞机票。目前，旅行社往往通过两种渠道进行机票采购，一是向民航申请机票销售代理资格，二是直接向机票销售代理或航空公司销售点进行团队预订和采购。

1. 民航机票销售代理资格申请

（1）**航空运输销售代理业务资格认可机构**。依据 2006 年 3 月 31 日实施的《中国民用航空运输销售代理资格认可办法》规定：我国的航空运输销售代理业务资格由中国航空运输协会（简称中国航协）负责认可工作。地区代表处（指各地区航空运输协会分会）在中国航协授权范围内开展本地区的销售代理资格认可工作，负责受理本地区销售代理企业的资格认可申请，监督和管理本地区销售代理企业的经营活动（如华东地区的航空运输销售代理业务资格应向中国航协华东代表处申请）。在获得中国航协颁发的《中国民用航空运输销售代理业务资格认可证书》后，方能成为航空运输销售代理企业。取得资格认可证书的航空运输销售代理企业必须接受航空运输企业委托，依照双方签订的委托销售代理合同，在委托的业务范围内从事销售代理活动。

（2）**销售代理资格。**销售代理资格分为一类航空运输销售代理资格和二类航空运输销售代理资格。一类航空运输销售代理资格，是指经营国际航线或者中国香港、中国澳门及中国台湾地区航线的民用航空旅客运输和货物运输销售代理资格。二类航空运输销售代理资格，是指经营国内航线除中国香港、中国澳门及中国台湾地区航线外的民用航空旅客运输和货物运输销售代理资格。

（3）**销售代理资格的基本条件。**①依法取得经工商行政管理机关注册登记的中华人民共和国企业法人营业执照。②从事一类航空运输销售代理业务的，其实缴的注册资本应不少于人民币 150 万元；从事二类航空运输销售代理业务的，其实缴的注册资本应不少于人民币 50 万元。③在中华人民共和国境内依法设立的中外合资、中外合作企业可以申请一类旅客运输和货物运输以及二类货物运输销售代理资格。其中中方投资方出资数额占企业注册资本的比例应不少于 50%，外商投资的比例应当符合国家有关法律、法规的规定。外商企业不得独资设立销售代理企业或从事销售代理经营活动。④中国香港、中国澳门及中国台湾地区公司、企业、其他经济组织或个人在内地设立的企业从事销售代理经营活动的，投资比例应当符合国家有关规定。以合资、合营及独资形式申请一类客、货运及二类货运的销售代理企业，需提供中国香港工业贸易署出具的《香港服务提供者证明书》。⑤国家法律、法规禁止或者限制投资销售代理业的企业或单位，不得从事销售代理活动。⑥未取得中国航协颁发的资格认可证书，不得通过互联网开展销售代理活动；销售代理企业选择互联网进行销售代理经营活动的，应当按下列事项向中国航协备案：联网网站名称和域名；网站性质、应用范围和所需主机地址；服务器或代理服务器的详细信息及其他书面资料；通过互联网开展销售活动的，应当符合国家法律、法规和行业的有关规定。⑦有至少三名取得航空运输销售代理人员相应业务合格证书的从业人员。⑧有与开展业务相适应的固定的独立营业场所。⑨有电信设备和其他必要的营业设施。⑩民航总局和中国航协规定的其他必要条件。销售代理企业每申请增设一个分支机构，必须增加注册资本人民币 50 万元和至少三名合格的航空运输销售代理人员及本办法要求的其他条件。

（4）**销售代理资格认可程序。**申请销售代理资格可以从中国航协网站下载或向所在地区代表处领取中国航协统一制定的航空运输销售代理资格申请表。一类、二类航空运输销售代理资格认可申请应当向地区代表处提出，由地区代表处进行初审。资格认可申请经地区代表处初审合格后，报请中国航协进行复审，由中国航协决定是否准予颁发资格认可证书。申请航空运输销售代理资格，应当提交下列文件、资料：

- 航空运输销售代理资格认可申请表；
- 企业章程、营业执照原件（副本）及其复印件；
- 验资报告或近期审计报告；
- 经济担保证明文件（含担保方企业法人营业执照及资信证明）；
- 企业法定代表人或者主要负责人的身份证复印件及简历；
- 电信设备、营业设施清单，企业住所、营业场所证明文件（包括详细地址、办公营业用房产权证明或者租赁合同复印件、场所内外照片）；申请货运销售代理资格的，还应提供货物仓储场所证明文件；
- 至少三名销售代理人员的从业资格证书及复印件；
- 与企业投资方签订的股东投资协议及各股东法人营业执照（副本）或自然人身份证明；
- 其他必要的文件和资料。

（5）**销售代理资格认可程序流程（图 5-1）。**

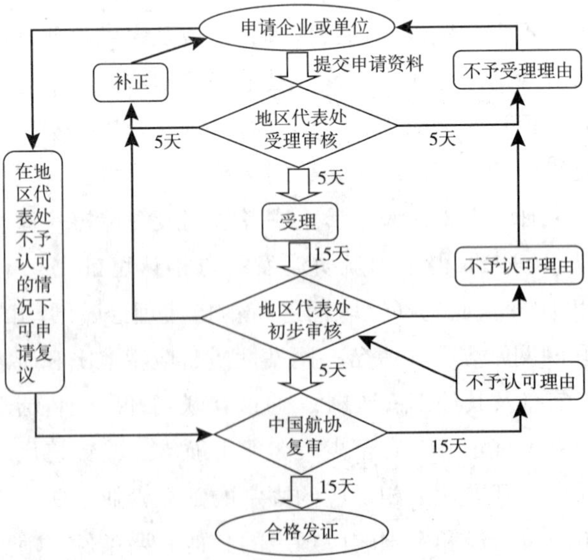

图5-1　销售代理资格认可程序流程

（6）**销售代理资格认可证书的有效期**。取得销售代理资格认可证的企业其资格认可证书的有效期为三年。

2. 旅行社机票的采购

有的旅行社有航空运输销售代理业务资格，还有的旅行社直接向机票销售代理或航空公司销售点进行团队预订和采购机票。航空机票的采购分为两种形式，即定期航班飞机票的采购和旅游包机的预订。

（1）**定期航班飞机票的采购**。定期航班飞机票的采购业务包括飞机票的预订、购买、确认、变更和退票五项内容。

1）预订。无论是团体还是散客旅游者，旅行社采购人员在预订其飞机票之前，必须了解两个方面的信息：旅游消费者方面的信息有乘坐飞机者，包括旅游者姓名的全称、同行人的有关信息、旅游者的联系电话、旅游目的地、日期、支付方式、特殊要求等；航空公司方面的信息有飞机设施设备方面的信息、机票价格方面的信息等。

2）购买。根据旅行社的经营业务，旅行社采购的飞机票主要为团体机票和散客机票、国内客票和国际客票。

团体机票：同一日期同一航班且乘机人数等于或者大于 10 人才可以进行团体机票的购买。团体机票申请需提前询价且提供初步名单，票价折扣以实际订妥座位为准。团体机票出票后旅客不得进行签转或者改期，航班起飞前如需退票，需按规定收取退票手续费，航班起飞后不能退票，只可退税。

国内客票：指旅游者乘坐国内航班旅行的客票，有效期为一年。

国际客票：包括国际间旅行的单程客票、来回程客票和环程客票，有效期为一年。

3）确认。有些旅游者事先已自行购买了飞机票，对于这类旅游者，旅行社提供的服务是为旅游者确认机票。

案　例

不确认机票的“后果”

某年 8 月的一天，上海的导游员谢先生送一个 20 多人的美国旅游团出境去中国香港。由于那几天航空客运紧张，在沪旅游期间谢先生曾多次劝说领队提前确认机票。但自负的领队却不以为然，总是说在美国只要上飞机前确认，直接上机场就能找到座位，所以她连一个联系电话都没打。那天到机场后，正如谢先生预料的那样，由于没有确认机票，这批客人的机票早已售出了。这下子美国领队可抓瞎了，她非常急迫地对谢先生说，那批客人一定要在当天赶到中国香港，因为许多人要乘次日下午的航班飞回美国。紧接着，她又要在机场打长途电话与美方联系，希望得到援助。谢先生劝她冷静下来，因为与美国联系也解决不了问题，还不如了解一下后面航班的座位情况。谢先生和领队到售票处了解后面几个航班，包括次日中午以前飞中国香港的航班。从电脑显示来看，所有的空位加起来也只有十几个，于是他建议让大家分批走。经过权衡，领队终于同意了谢先生的意见，先为一部分人办理登机手续，而其他人乘次日上午的航班离开上海。

案例分析

1. 为什么要进行机票的确认？
2. 对什么机票要确认？

4）变更。在旅游过程中，因为各种原因，会发生机票丢失的情况。按照规定，每张机票只能变更一次。

5）自愿变更。除航空公司具体产品另有规定外，团体旅客只允许整团变更，不允许个别旅客变更。

6）非自愿变更。团体旅客非自愿变更，按照非自愿变更规定处理。团体旅客中部分成员因病要求变更，应要求旅客最迟在航班规定起飞前提出并出示县级（含）以上医疗单位的证明原件（包括诊断书原件、病历和旅客不能乘机的证明）。按非自愿退票处理，免收手续费。

7）退票。旅行社采购人员在为旅游团队或旅游者预订或购买飞机票后，有时会遇到因旅游计划变更造成旅游团队的人数减少或旅游者（团队）取消旅行计划等情况。

团体旅客购票后自愿要求退票，除航空公司具体产品另有规定外，按下列规定收取退票费：在航班规定离站时间 72 小时（含）以前，收取客票价 10% 的退票费。在航班规定离站时间 72 小时以内至规定离站时间前一天中午 12 时（含）以前，收取客票价 30% 的退票费。在航班规定离站时间前一天中午 12 时以后至航班规定离站时间以前，收取客票价 50% 的退票费。在航班规定离站时间以后，客票作废，票款不退。持联程、来回程客票的团体旅客要求退票，分别按上述规定收取退票航段的退票费。团体客票的退票手续均在原出票地点办理。

团体旅客中部分成员自愿要求退票，除航空公司具体产品另有规定外，按下列规定处理：如乘机的旅客人数不少于该票价规定的最低团体人数时，自愿退票的部分团体旅客按上述规定处理，其他旅客可以继续旅行。如乘机的旅客人数少于该票价规定的最低团体人数时，分别按下列规定办理：如客票全部未使用，应将团体旅客原付折扣票价总金额扣除乘机旅客按当时开放的散客最低票价（所采用的散客最低票价须高于原客票列明的团体票价）计算的票价总金额，再扣除上述规定的退票旅客所需支付的退票手续费，差额多退少补，并为继续乘机的旅客重新填开客票。如客票部分未使用，应将团体旅客原实付票价总金额扣除该团体已使用航段的票款后，再扣除乘机旅客按当时开放的散客最低票价（所采用的散客最低票价须高于原客票列明的团体票价）

计算的未使用航段票款总金额及扣除上述规定的退票旅客所需支付的退票手续费，差额多退少补，并为继续旅行的旅客重新填开客票。

团体旅客或团体旅客中部分成员非自愿退票，按照上述的规定办理。

团体旅客中部分成员因病要求退票，按照航空公司对因病旅客的规定办理，免收退票费。因团体旅客中部分成员因病退票而造成继续旅行的旅客不足10人或不符合航空公司具体产品最低成团人数，则继续旅行的旅客应补付当时开放的散客最低票价（所采用的散客最低票价须高于原客票列明的团体票价）和原实付团体票价的差额，重新填开新客票。

团体旅客误机，按下列规定办理：误机发生在航班规定离站时间以前，收取客票价50%的误机费。误机发生在航班规定离站时间以后，客票作废，票款不退。

（2）**旅游包机业务**。旅游包机是旅行社因无法满足旅游者乘坐正常航班抵达目的地的要求而采取的一种采购方法。

1）包机的手续：凡需要包机的旅行社应事先与当地民航管理局联系，填写包机申请书，说明任务的性质、游客的人数和身份、包用机型和架次、使用日期及航程事项。旅行社的包机申请经当地民航管理局同意后，再与航空公司签订包机合同。

2）包机变更：包机合同签订后，如果包机的旅行社要求取消包机，需按规定交付退包费。

3）包机费用：按航空公司规定，包机费用根据包用机型的每公里费率和计费里程或包用机型的每小时费率和飞行时间计收。

三、其他交通服务的采购

（一）铁路交通服务的采购

铁路交通主要从事中距离旅游运输活动，世界上约有7%的旅游者使用这种交通方式。其主要运输优势表现为安全正点、经济实惠和快速高效，其劣势主要是灵活性较差。

1. 铁路交通服务常识

（1）铁路客运列车的分类。目前我国开行的旅客列车类型有多种，车次代码也不一样，车次的开头字母有以下几种，具体含义如下：

G：高速列车（时速300~350公里）。

C：城际动车组列车（时速300~350公里）。

D：动车组列车（时速200~250公里）。

Z：直达特快列车（时速约为160公里）。

T：特快列车（时速约为140公里）。

K：快速列车（时速约为120公里）。

N：管内快速列车（在一个铁路局内运行的快速列车，目前原先所有N字开头的列车全部换为K字开头+4位数字的车次）。

L、A：临时旅客列车（一般是普通列车）。

Y：旅游列车（一般相当于特快列车）。

X：是专门集中装运某一方向行李、包裹的行包专列，亦属于旅客列车的范畴。

没有字母的4位数字车次多为普通列车（时速约为100公里）。

（2）车票。

1）铁路车票的含义。铁路车票是旅客乘车的凭证，同时也是旅客加入铁路旅客意外伤害强制保险的凭证。

2）铁路车票票面应载明的内容。铁路车票票面（特殊票种除外）主要应当载明：发站和到站站名；座别、卧别；路径；票价；车次；乘车日期；有效期。

3）铁路调整票价时对已售出的车票的处理。车票票价为旅客乘车日的适用票价，铁路调整票价时，已售出的车票不再补收或退还票价差额。目前，铁路部门发售的纸质车票主要包括：①红色底纹的计算机软纸车票；②浅蓝色底纹的计算机磁介质车票；③由铁路站车工作人员手工填写、规定格式的代用票、区段票、客运运价杂费收据。

4）随身携带品。旅客携带品由自己负责看管。每人免费携带的重量和体积是：儿童（含免费儿童）10公斤，外交人员35公斤，其他旅客20公斤。每件物品外部尺寸长、宽、高之和不超过160厘米。杆状物品不超过200厘米；重量不超过20公斤。残疾人旅行时代步的折叠式轮椅可免费携带并不计入上述范围。

5）行李。行李是指旅客出行所带的东西。行李中不得夹带货币、证券、珍贵文物、金银珠宝、档案材料等贵重物品和国家禁止、限制运输物品及危险品。每件行李的最大重量为50公斤，体积以适于装入行李车为限。行李应随旅客所乘列车运送或提前运送。

2. 铁路服务的采购和常规事务处理

（1）**购票**。①车票应在承运人或销售代理人的售票处购买。在有运输能力的情况下，承运人或销售代理人应按购票人的要求发售车票。承运人可以开办往返票、联程票（指在购票地能够买到换乘地或返回地带有席位、铺位号的车票）、定期票、不定期票、储值票、定额票等多种售票业务，以便于购票人购票和使用。②旅客乘坐硬座、软座、卧铺和提供空调的列车等时，应购买相应等级的车票或空调票。③承运人一般不接受儿童单独旅行（乘火车通勤的学生和承运人同意在旅途中监护的除外）。随同成人旅行的身高在1.1 ~ 1.5米的儿童，享受半价客票、加快票和空调票（以下简称儿童票）。超过1.5米时应买全价票。每一成人旅客可以免费携带一名身高不足1.1米的儿童，超过一名时，超过的人数应买儿童票。儿童票的座别应与成人车票相同，其到站不得远于成人车票的到站。免费乘车的儿童单独使用卧铺时，应购买全价卧铺票，有空调时还应购买半价空调票。④中国人民解放军和中国人民武装警察部队因伤致残的军人（以下简称伤残军人）凭“革命伤残军人证”，因公致残的人民警察凭“人民警察伤残抚恤证”享受半价的软座、硬座客票和附加票。

（2）**丢失车票的处理**。旅客丢失车票应另行购票。在列车上应自丢失站起（不能判明时从列车始发站起）补收票价，核收手续费。旅客补票后又找到原票时，列车长应编制客运记录交旅客，作为在到站出站前向到站要求退还后补票价的依据。

（3）**退票**。旅客要求退票时，按下列规定办理，核收退票费：①在发站开车前，特殊情况也可以在开车后 2 小时内退还全部票价。团体旅客必须在开车 48 小时以前办理。②旅客开始旅行后不能退票。但如因伤、病不能继续旅行时，经站、车证实，可退还已收票价与已乘区间票价差额；已乘区间不足起码里程时，按起码里程计算；同行人同样办理。③退还带有“行”字戳记的车票时，应先办理行李变更手续。④站台票售出不退。

因承运人责任致使旅客退票时按下列规定办理，不收退票费：①在始发站，退还全部票价。②在中途站，退还已收票价与已乘区间票价差额，已乘区间不足起码里程时，退还全部票价。 ③在到站，退还已收票价与已使用部分票价差额。未使用部分不足起码里程按起码里程计算。④空调列车因空调设备故障在运行过程中不能修复时，应退还未使用区间的空调票价。

发生线路中断旅客要求退票时，在始发站(包括中断运输站返回始发站的)退还全部票价；在中途站退还已收票价与已乘区间票价差额，不收退票费，但因违章加收的部分和已使用至到站的车票不退。如线路中断系承运人责任时，按以上办法处理。

3. 关于和谐号高铁和动车组

（1）**和谐号高铁、动车组**。我们通常看到的电力机车和内燃机车，其动力装置都集中安装在机车上，在机车后面挂着许多没有动力装置的客车车厢。如果把动力装置分散安装在每节车厢上，使其既具有牵引动力，又可以载客，这样的客车车辆便叫做动车。而动车组就是几节自带动力的车辆加几节不带动力的车辆编成一组。带动力的车辆叫动车，不带动力的车辆叫拖车。动车组有两种牵引动力的分布方式，一种叫动力分散，一种叫动力集中。高铁是指专用铁路加专用动车构成的铁路系统。中国铁路于 2007 年 4 月 18 日第六次大提速上线运行的动车组名称为“和谐号”。原名 CRH 系列，CRH 是 China Railway High-speed（中国铁路高速）的缩写，目前有 CRH1、CRH2、CRH3 和 CRH5 几种型号。这些型号分别从日本、德国、法国等国引进先进技术，消化吸收并进行国产化改造，我国自行开发研制的 CRH380 系列，作为主要高铁列车运营在 1.3 万公里的高铁线上，成为具有我国自主知识产权的动车组产品系列。

（2）**和谐号高铁、动车组的列车乘务工作模式。**和谐号高铁、动车组列车每 8 节车厢配一长（列车长）、一员（列车员）、两名配餐员和两名保洁员，乘务工作要求高效有序。同时，高铁、动车组上的卫生间设有婴儿专用尿布床，带婴儿的乘客可以把婴儿放在上面更换尿布；坐便器的座盖板为电加热式，冬天坐上去也不冷；第七号车厢在设有残疾人卫生间的同时还设了一间多功能室，乘客出现特殊情况时可以躺卧休息。另外，动车组餐饮由专门配餐公司提供，服务员上岗前要经过综合业务培训，提供可媲美酒店的微笑式服务，这些优越条件减轻了乘务人员的负担，也为乘务人员的高效工作提供了基础保障。

（3）**和谐号高铁、动车组的其他事项。**第一，买动车组当日车票，到高铁、动车组专用服务区购买；如果提前购买动车组车票，可以通过网上登录 12306.cn 网站注册后购票。在已经开通电话订票业务的地区，旅客先通过电话预订车票，再按规定时间到指定地点取票。也可以到铁路售票窗口（包括铁路车站售票窗口、自动售票机和铁路代售点查询）购买。第二，高铁、动车组车票有效期，只限当日当次。由于速度快、乘车时间短，动车组列车的车票有效期与其他列车车票不同。动车组列车车票当日当次有效，而其他火车票有效期则从指定乘车日起至有效期最后一日的 24 时止计算。第三，在 12306.cn 网站购票且乘车站和下车站均具备二代居民身份证检票条件的，旅客可以凭购票时所使用的二代居民身份证原件直接通过自动检票机（闸机）办理进、出站检票手续。在指定线路上可以购买铁路乘车卡，并凭卡进站、乘车。第四，高铁、动车组车票可以办理改签，推迟乘车的时间应当在车站售票的预售期内。持直通票的旅客在中转站要求换乘动车组列车时，需要补交该区间的动车组列车票价与原票票价差额。

（二）公路交通服务的采购

公路运输是最普及的旅游交通方式，世界上 50% 以上的旅游者乘坐汽车出游。公路运输优势表现为实现点对点的交通服务、灵活方便、便于游览和高效省时，其劣势是速度慢、运距短、舒适性较差、安全系数低等。

旅游公路运行速度受限，在高速公路速度限制在 120 公里 / 小时以内，在二级公路限制在 80 公里 / 小时以内，在城市街道限制在 70 公里 / 小时以内。受运速制约，其运输距离以不超过 200 公里为最佳。

1. 公路交通服务常识

（1）**公路的基本组成。**公路是指城市间、城乡间、乡村间主要供机动车辆使用的公共道路。公路由路基、路面、桥梁、涵洞、隧道、公路渡口、防护及支撑工程、公路用土地及公路附属设施组成。公路按行政等级可以分为国家级公路、省级公路、县级公路和乡级公路（简称为国、省、乡道）以及专用公路五个等级。一般把国道和省道称为干线，县道和乡道称为支线。按使用任务、功能和适应的交通量可以分为高速公路、一级公路、二级公路、三级公路、四级公路五个等级。

我国道路的编号规则：由国、省、县三字汉语拼音首字母 G、S、X 作为它们各自相应的标志符，标志符加数字组成编号。

（2）**高速公路**。我国交通部《公路工程技术标准》规定，高速公路是指“能适应年平均昼夜小客车交通量为25000辆以上、专供汽车分道高速行驶并全部控制出入的公路”。

1）高速公路为汽车专用公路。高速公路为专供汽车分向、分车道行驶并全部控制出入的干线公路。汽车在高速公路上行驶时不能掉头、后退或逆向行驶，自行车、摩托、拖拉机等非标准汽车不准上高速公路，行人更不能上高速公路。

2）高速公路为快速通行通道。高速公路计算行车速度一般为 120 公里 / 小时。当受条件限制时，可选用 100 公里 / 小时或 80 公里 / 小时的计算行车速度。行车速度快，通行能力强；但并非无限速，计算行车速度一般即为行车限速。

3）高速公路车道划分。高速公路行车道分超车道、主车道两部分，车辆正常行驶时应在主车道上，在条件允许时可以通过超车道超越前方车辆。在主车道的外侧，一般设有紧急停车带，供车辆在紧急状态下停车使用。

4）高速公路规模。到 2013 年年底，中国高速公路通车总里程达到 10.4 万公里，居世界第一位。按照中国 2013 年公布的高速公路网发展规划，到 2030 年，基本建成国家高速公路网，届时，中国高速公路通车总里程将达 11.8 万公里。新路网由 7 条首都放射线、11 条南北纵向线和 18 条东西横向线组成。

5）高速公路安全设施。高速公路沿途每隔 2 公里有 1 对应急电话，供司乘人员需紧急救援时使用；隧道中有火灾等紧急报警系统，两侧有消防安全设施（包括消火栓和每隔 50 米的灭火器）；高速公路的警告标志、可变情报板等都是指导人们安全行车的工具。

6）高速公路的路标。在路右边和中间隔离带有里程指示牌，每隔 1 公里有指示，每隔 5 公里有前方出口指示和距离。旅游目的地也有指示。出口前 2.5 公里、2 公里、1 公里、500 米等均有指示。一般每隔 30 ~ 60 公里有服务区。

2. 旅游交通车辆的租赁采购

旅游交通车辆租赁是旅游中必不可少的一项采购内容，车辆的交通安全是整个旅游活动中至关重要的头等大事，也是切实完善优质旅游、安全旅游和旅游赢利的服务宗旨。因此，旅游经营者在旅游交通车辆租赁问题上应十分注意处理的细节：车型、车况、司机驾驶技术、准运资格、合理价格和合同等。

（1）**车型**。选择舒服、适用、性价比高的车型是旅游交通车辆租赁的首要工作，要结合旅游实际需求，即旅游的人数、旅游的对象、旅游的费用等作为车型选择的基本依据。按照旅游线路的需求、旅游项目的内容和本次旅游希望实现的目的，一般采用以下选择原则：

1）择“裕”不择“满”。“裕”指车型的选择相对要宽裕，不要“满当当”的。一般不能满打满算地按人数来择车，尤其是相对行车较远的旅游线路。

2）择“舒”不择“豪”。旅游的第一需求是舒适，尤其对车辆交通，舒适需求度远比车辆豪华度更重要，这就要求在选择车型时必须首先考虑游客对舒适度的需求，而不是单纯考虑是不是豪华和豪华程度。事实上往往有的原装进口豪华车还不如中外合资车、国产车。如日本车就不太适合欧美游客乘坐等。

3）择“旧”不择“黑”。选择安全可靠的营运车辆是择车的关键，现在有许多临时挂靠甚至无营运证的豪华新“黑”车，为迎合部分旅行社的竞争需要而非法服务于旅游业，不仅扰乱了正常的交通市场和旅游市场，而且还存在着随时可能发生的安全隐患。为了你和你的客人的安全，为了使你的企业可持续发展，更为了保障你的绝对利益，宁可选择安全可靠的“旧”营运车辆（指合法的，又按国家要求进行安检的），也勿选择貌似豪华崭新的“黑”车。

4）择“需”不择“实”。对高端客户应按“需”择车，不应按“实”择车。由于高端客户或特殊客户一般对车型的要求较高、较挑剔，所以必须按合同中要求的类似车型租赁，切忌张冠李戴、偷梁换柱。

（2）**车况**。车况是保障车辆安全的前提，良好的车况是旅游者的福音，为此，在每次出行前都必须认真检查车况，将隐患消灭在萌芽中。作为被承租人必须实事求是地向承租人介绍车辆的车况，有随车司机的，司机必须在出行前严格检查车况。承租人亦可以用以下几个方法粗略了解车况：

1）发动车辆，静听发动机的运行声音，发出均匀、无断续的声音表明发动机的台速正常，初步断定发动机运作良好。

2）加负载进一步了解发动机的性能，打开空调再听发动机的声音，仍为规律性、不间断（间断时间大于一分钟）声响的表明发动机正常。

3）仔细检查轮胎的纹路 。轮胎上有一些沟槽形成花纹，这些沟槽有排水、散热和在较差路面上增加摩擦力的作用。使用一段时间后花纹会磨损，沟槽变浅。作为检验轮胎磨损度的标准，从轮胎表面到沟槽底部的橡胶厚度应不低于 1.6 毫米。

4）仔细检查轮胎的气压。可以通过观察轮胎与地面接触部分的变形状态确认气压是否正常，一般客车的轮胎气压在空车时几乎看不出被压的痕迹，当客满时再观察轮胎气压，若无明显压痕则轮胎气压正常，也可以使用气压表进行检测。注意保证左右两侧车轮充气压力的一致。当一侧轮胎压力过低时，行车、刹车过程中车辆就会向这一侧跑偏。同时也要注意不同厂家、不同花纹的轮胎不可同时用于前轮，否则也会出现跑偏现象。

（3）**司机驾驶技术**。一般承租客车都有被承租人所派的司机，而司机与旅游组织者的配合，尤其是司机的驾驶技术和安全意识更为旅游者所关注，因此旅游组织者在做好与司机互助工作的同时，更应了解司机的驾驶技术和安全意识。观察司机的驾驶技术和安全意识往往可以从以下几方面得到初步了解：

1）细心。观察司机是否细心可从两方面着眼：一是从司机对车况的关注和实际操作观察，看司机每次出车前和车辆中途歇息间是否经常注意车辆的声音、车胎等。二是观察司机在驾驶过程中的种种表现，看司机行驶作业是否有情绪化操作，如对待同类车的强行超车，对待旅客的非议，对待音乐的反应等；看司机行驶作业中的聊天方式，是否只用嘴不用眼，聊的内容往往喜欢少动脑的话题；看司机行驶作业中刹车的频率和处置特殊情况的方式，一般认为，好司机少踩刹，差司机闷踩刹，新司机多踩刹，坏司机乱踩刹。

2）诚信。司机的服务诚信集中体现在他的准时、准点，体现在对待游客的热心和人性化意识上，体现在主动配合旅游组织者的工作上。

3）自信。司机的自信集中表现出他的驾驶技术和对自身车辆性能的了解以及对情况处理的必胜信心。正因为司机的自信才不会或不受旅客和其他因素的干扰，去自觉地完成旅游交通的服务任务。

（4）**准运资格**。被承租的车辆除了有正常的行驶资格证外，还必须具备由交通管理部门核准的客车营运资格证（又称准运证），作为旅游承租者必须认真了解所租用车辆的准运证是否合法有效，否则，一旦发生意外是得不到保险保障的。通过考察，最终选择管理严格、车型齐全、驾驶员素质好、服务优良、已取得准运资格且善于配合，同时车价优惠的汽车公司，并与之签订协议书。

（5）**合理价格和合同**。合理价格体现在两个方面，一是绝对价格的合理，即同比市场的最低价；二是相对价格的合理，是指由付款方式引起的价格优越性。合同则是指租赁采购必须建立合同。合同规范应符合《中华人民共和国合同法》。

3. 道路交通事故的处理

道路交通事故，是指车辆驾驶人员、行人、乘车人以及其他在道路上进行与交通有关活动的人员，因违反《中华人民共和国道路交通管理条例》和其他道路交通管理法规、规章的行为，过失造成人身伤亡或者财产损失的事故。

构成交通事故必须具备五个缺一不可的要素：一是车辆和人员；二是在特定的道路上，道路是指“公路、城镇街道和胡同（里巷），以及公共广场、公共停车场等供车辆、行人通行的地方”；三是具有违法性质；四是因过失造成；五是具有损害后果。

（1）**发生交通事故当事人应采取如下措施：**

1）立即停车。车辆发生交通事故后必须立即停车。停车以后按规定拉紧手制动，切断电源，开启危险信号灯，如夜间事故还需开示宽灯、尾灯。在高速公路发生事故时还须在车后按规定设置危险警告标志。

2）及时报案。当事人在事故发生后应及时将事故发生的时间、地点、肇事车辆及伤亡情况打电话或委托过往车辆、行人向附近的公安机关或执勤交警报案，在警察到来之前不能离开事故现场，不允许隐匿不报。在报警的同时也可以向附近的医疗单位、急救中心呼救、求援。如果现场发生火灾，还应向消防部门报告。

3）抢救伤者。当事人确认受伤者的伤情后，应尽最大努力抢救，包括采取止血、包扎、固定、搬运和心肺复苏等，并设法送就近的医院抢救治疗，对于现场散落的物品应妥善保护，注意防盗防抢。

4）保护现场。保护现场的原始状态，包括其中的车辆、人员、牲畜和遗留的痕迹、散落物不随意挪动位置。当事人可以用绳索等设置保护警戒线，防止无关人员、车辆等进入，避免现场遭受破坏。为抢救伤者，必须移动现场肇事车辆、伤者等时，应在其原始位置做好标记。

5）做好防火防爆措施。事故当事人还应做好防火防爆措施。首先应关掉车辆的引擎，消除其他可以引起火灾的隐患。不要在事故现场吸烟，以防引燃易燃易爆物品。载有危险物品的车辆发生事故时，要及时将危险物品的化学特性，如是否有毒、易燃易爆、腐蚀性及装载量、泄漏量等情况通知警方及消防人员，以便采取防范措施。

6）协助现场调查取证 。在交通警察勘察现场和调查取证时，当事人必须如实向交警部门陈述交通事故发生的经过，不得隐瞒交通事故的真实情况。

7）及时向投保的保险公司作出险报告（电话即可）。

案　例

翻车之后

某年夏天，北京导游员赵先生接待了一个10人的欧洲旅游团。团内的客人年龄都比较大，行动比较缓慢。在参观长城回来的路上，由于下雨路滑，车速较快，旅游车突然翻倒了。赵先生镇定后，顾不得自己身上的疼痛，忙和司机抢救游客。他们把一个个客人扶出车外，然后检查每人的受伤情况。万幸的是，大家只是受了些惊吓，其中只有几位客人受了点轻伤。赵先生安慰完客人以后，忙和旅行社联系，派新的旅游车来接客人。可就在此时，团内的一位老人躺倒在地，小便失禁，瞳孔放大，身体挺直，就像死去一样。赵先生忙让病人的家属不要搬动他，而用湿手绢擦他的额头。他慢慢地恢复了知觉，能小声说话了。急救过客人后，赵先生马上将新情况向旅行社汇报。一会儿，来了两辆车，一辆车拉着部分客人去继续旅游，赵先生和病员乘另一辆车去医院急诊。经医院检查病员一切正常，那位刚才失去知觉的老人只不过是由于脑部突然受到震荡而引起假死。赵先生此时才感到心上的一块石头落了地。他明白，这次翻车虽然没有受重伤的客人，但是一次突发事件，一旦处理不当，后果是极其严重的。为了把这次事故所造成的损失和影响减小到最低程度，他决定用自己热情的态度和周到的服务来消除客人心中的余悸。经过联系，当晚旅行社的领导亲自出面，设宴为大家压惊，向大家赠送了礼品，并询问客人有什么具体要求。游客们见自己受到如此重视，感到很宽慰，没有提出过多的要求。

第二天，赵先生又根据大家的意见，特意多安排了一些活动。这样，游客们的心情逐渐轻松了下来，有人还就翻车事件开起了玩笑，认为那是一生中的一次遇险经历。赵先生也用“大难不死，必有后福”的中国俗语来安慰大家，活跃了旅游的气氛。

客人回国后，纷纷给赵先生来信，肯定了他在这次事故中的处理方法，对他的接待感到满意。

案例分析

1. 赵先生对翻车之后的处理好在哪里？

2. 你若遇到这种意外事故时会有什么改进措施？为什么？

（2）**交通事故的分类**。交通事故通常划分为轻微事故、一般事故、重大事故和特大事故四类。①轻微事故是指一次造成轻伤 1~2 人，或者财产损失机动车事故不足 1000 元，非机动车事故不足 200 元的事故。②一般事故是指一次造成重伤 1~2 人，或者轻伤 3 人以上，或者财产损失不足 3 万元的事故。③重大事故是指一次造成死亡 1~2 人，或者重伤 3 人以上 10 人以下，或者财产损失 3 万元以上不足 6 万元的事故。④特大事故是指一次造成死亡 3 人以上，或者重伤 11 人以上；或者死亡 1 人，同时重伤 8 人以上；或者死亡 2 人，同时重伤 5 人以上；或者财产损失 6 万元以上的事故。

（3）**有关工作时限**。①暂扣车辆。因检验、鉴定需要，暂扣肇事车辆，期限为 20 日，经上级批准可延长 20 日。②尸体处理。公安交通管理部门检验或鉴定后，通知死者家属在 10 日内办理丧葬事宜。③责任认定期限。轻微事故 5 日内；一般事故 15 日内；重大、特大事故 20 日内。经上级批准，可分别延长 5 日、15 日、20 日。④损害赔偿调解期限为 30 日，必要时可延长 15 日。

（4）**涉外交通事故**。涉外交通事故是指当事各方至少有一方是外国人，或产权是外国的车辆。涉外事故现场的处理与非涉外事故现场的处理不同之处是事故发生后，要尽早向外事部门、省级公安机关汇报，必要时请外事部门到现场协助并参与处理；如果事故车辆为使馆车辆，按照《外交特权和豁免条例》规定，事故处理机关办案人员不可随意进入车中；做好对外国人的安全保卫工作。

4. 交通事故之后如何理赔

（1）**理赔的条件**。作为被保险人向保险公司索赔，应首先弄清保险索赔的条件。事故车辆必须同时具备以下四个条件：属于投保车辆的损失；属于保险责任范围内的损失；不属于除外责任；属于必要的合理费用。

（2）**理赔的步骤**。当发生了保险合同约定的保险事故后，被保险人应按照下述步骤办理索赔：

1）通知保险公司。保险事故发生后，被保险人应将保险事故发生的时间、地点、原因及造成的损失情况及保险单证号码、保险标的、保险险种险别、保险期限等事项，以最快的方式通知保险公司。如果保险标的在异地出险受损，被保险人应向原保险公司及其在出险当地的分支机构或代理人报案。在保险公司抵达出险现场之前，被保险人应采取必要的抢救措施，并对受损的保险标的进行必要的整理。

2）接受保险公司检验。被保险人应接受保险公司或其委托的其他人员（如保险代理人、检验机关）在出险现场检验受损的保险标的，并提供各种方便，以保证保险公司及时准确地查明事故原因，确认损害程度和损失数额。

3）提出索赔申请并提供索赔单证。被保险人应根据有关法律规定和保险合同，向保险公司提出索赔申请并提供相应的索赔单证。

4）领取保险赔款。接到领取赔款通知后，被保险人应尽快领取保险赔款，部分赔款超出三个月不领保险公司视为放弃领取；领取赔款时，法人团体要在权益转让书及赔款收据上盖章，个人要在权益转让书及赔款收据上签字。

（3）**“免赔”详解**。对造成交通事故的保险车辆实行绝对免赔，即被保险人自己也要承担责任，这是为了增强被保险人及驾驶人员的交通安全责任心。我国交通管理部门对于交通事故肇事按全责、主责、半责、次责、无责来分别确定车祸双方的责任，保险公司也以此给予不同的免赔比例。

根据保险车辆驾驶员在事故中所负的责任，车辆损失险和第三者责任险在符合赔偿规定的金额内实行绝对免赔率：负全部责任的免赔 20%，负主要责任的免赔 15%，负同等责任的免赔 10%，负次要责任的免赔 5%；单方肇事事故的绝对免赔率为 20%。免赔率规定了不同责任驾驶人员所获赔款的扣除比例。在规定中，所谓单方肇事事故指不涉及第三者损害赔偿的事故，但不包括自然灾害引起的事故。保险车辆因机械故障引起的事故和事故其他方查寻不到的，视同单方肇事事故，应扣除赔款的 20%。

（三）旅游水路交通服务的采购

旅游水路交通是在固定的水域或固定的航线上，使用船舶运载游客，或在船上沿途观光，或在一个到数个观光地停泊上岸观光游览的交通方式，具有经济、舒适、安全等优点，但速度慢、准时性差。随着国际豪华邮轮的迅猛发展和我国游客旅游需求水平的提高，国际豪华水路旅游将成为新的旅游热点。

1. 旅游水路交通服务常识

旅游水路交通分为远洋航运、沿海航运和内河航运三大类。中国的旅游水路交通目前分为沿海航运和内河航运两大类。我国的远洋航运目前均由国外的邮轮公司来经营。

（1）**游轮**。游轮是用于搭载乘客从事旅行、参观、游览活动的各类客运机动船只的统称。又称游船、旅游船。游轮一般定期或不定期沿一定的水上旅游线路航行，在一个或数个观光地停泊，以便让游人参观游览。普通客轮兼用于旅游或经改装后专用于旅游均可称游轮。20世纪六七十年代以后，随着旅游业的发展，为观光游览而专门设计建造的游轮越来越多，这些游轮除具备一般客轮的基本功能外，大多提供专门的观景、娱乐设施和服务项目。游轮的种类很多，按照内部设施和装修档次的不同大体可以分为普通游轮和豪华游轮，按照航行水域的不同又可以分为远洋游轮、近海沿海游轮和内河游轮。水上运输是四大现代交通方式中速度最慢的一种，内河客船的速度一般为10节（20公里/小时），内河游船一般为15节（28公里/小时），沿海客船一般为20节（37公里/小时），远洋游船一般为30节（56公里/小时）。同时，受风浪等外力影响，船舶常处于摇摆和沉浮运动状态，从而使其舒适性大大降低。另外，由于江、河、湖、海在地理上分布不均，并严重受制于冰冻、台风等恶劣气候条件，水路运输的灵活性和安全性不够理想。

（2）**我国的游轮设置**。航行在沿海和江湖上的客轮大小不等，船上的设备差异很大。大型客轮的舱室一般分五等：一等舱（软卧，1~2人），二等舱（软卧，2~4人），三等舱（软卧，4~8人），四等舱（硬卧，8~24人）和五等舱（硬卧），此外还有散席（包括坐席）。豪华客轮设有特等舱（由软卧卧室、休息室、卫生间等组成）。中国旅游水路主要集中在长江、珠江、沿海各大城市、各大湖泊等，游船普遍较小，豪华程度中等。

（3）**邮轮**。邮轮的原意是指海洋上的定线、定期航行的大型客运轮船。“邮”字本身具有交通的含义，而且过去跨洋邮件总是由这种大型快速客轮运载，故此得名。众所周知的“泰坦尼克号”就是这种邮轮。随着航空业的出现和发展，原来的跨洋型邮轮基本上退出了历史舞台。现在所说的邮轮，实际上是指在海洋中航行的旅游客轮。现代邮轮本身就是旅游目的地，其生活娱乐设施是海上旅游中的一个重要组成部分，靠岸是为了观光或完成海上旅游行程。

国际上根据航行的区域，把邮轮分为国际邮轮、地区邮轮和海岸线邮轮。在国内，一般把在海上航行的客轮称为“邮轮”，把江河中航行的客轮称为“游轮”，小型的客轮则称为“游船”。

邮轮的等级通常以排水量与载客量两个指标来衡量，其中以载客量为主。载客量小于500人的为小型邮轮，500~1000人的为中型邮轮，1000~2000人的为大型邮轮，2000人以上的为超大型邮轮。同时，根据邮轮的豪华程度，把邮轮分为三星级以下的经济级邮轮；三星或三＋星的标准邮轮；四星级的豪华级邮轮；四＋星或五星级的赛豪华级邮轮；五＋星的超豪华邮轮。目前世界上最大的邮轮为美国皇家加勒比邮轮集团旗下的“海洋绿洲号”（图5–2）。

图5–2　目前世界上最大的邮轮——海洋绿洲号

相关链接 搜索

海洋绿洲号邮轮

"海洋绿洲号"这一堪称海上建筑奇观的邮轮共有16层甲板，总登记吨位225282吨，船上有2700间客舱，能容纳5400名游客。船长360米，宽64米，高65米，单是船员数量就达2160多人，而且也是全球造价最昂贵的邮轮，耗资近9亿欧元。仅吨位是"泰坦尼克号"邮轮的5倍有余。

除了身躯庞大之外，这艘新邮轮也创造了邮轮的新玩法。作为第一艘将全新"社区"理念引入设计的邮轮，"海洋绿洲号"把船上空间分成7个区域，包括购物、运动、娱乐等不同主题内容。邮轮中央有一个露天中央公园以及一个经典的百达汇欢乐城，里面有全手工打造的旋转木马。最值得一提的是，邮轮上的游泳池和运动区面积超过12000平方米，还首创了空中吊索滑道，胆量够大的话，在滑翔的同时还能俯瞰整只巨无霸。此外，船上还设有一个海上剧院，在里面可以欣赏高空跳水和水上芭蕾，甚至还有潜水表演。

2. 游轮服务的采购

（1）**船票预订**。如需订票，应书面提出(电传、传真、E-mail、网上预订等)。提前45天预订，一般游船公司会在收到预订24小时内予以确认，如不到45天提出订位，一般游船公司也会视情况予以满足。预订时应注明组团社、团队编号、人数、房型(套间、双间、单间)、床位数、国籍、上船日期、航期及特殊需要。

（2）**团队定金、付款和取消**。确认10天内或在开船30天前，须预付船费的5%～10%作为非退还定金。在开航前30天内，将全款汇至游船公司开户银行，并将客人的详细资料及要求通知游船公司。开航前30天内预订必须付款及提供客人详细资料，如游船公司不予确认，可以退还其预付款。在开航30天前取消预订者，每人须支付10%的船费，在开航前16~30天取消预订者，须支付20%的船费，在开航前8~15天取消预订者，须支付50%的船费，7天内取消预订者，须支付100%的船费。

（3）**价格**。指标准间每床位的价格。如需单独使用一个标准间，须付195%的船费。如遇国家政策、汇率、燃料、码头等价格的调整因素，船务公司保留船票价格调整权。2岁以下儿童不占床位（自带童床），收取船票的10%，2~12岁儿童享受半价优惠。16岁以下的儿童必须由成人同房看护。欧洲式标准间不宜安排住三人（包括2岁以上儿童）。父母需与儿童同住可以考虑用家庭套房。

（4）**船票**。船票款包含的项目有：床位费、船费、餐费、船上导游费、在船活动（说明会、景点介绍、文化娱乐、电影、电视、图书、健身）费、码头费等。船票款不包括的部分有：上岸费，在船期间的酒吧、饮料、洗衣、理发、邮电、卫通电话、传真、互联网、医疗按摩、小费等私人目的的费用。

（5）**登船依据及确认**。旅客上船必须具备：护照或中国身份证；游船公司开出的票据，或游船公司计调部发出的计划文件。但上船的准确日期和时间由客人根据游船公司提出的具体要求自己负责。

（6）**岸上游览**。由沿途不同的旅行社（公司）依当地的条件和规定负责安排。因洪水或其他游船公司及沿岸地接社不可抗力的因素导致取消岸上游览，其费用不退。上岸费不含小费。

（7）**航期变化与修改**。各游船公司将尽力按计划行程操作，但部分航线会有季节性航道交通的变化，考虑到旅客的安全和当地的接待条件，可保留对活动安排的调整权。

（8）**责任**。由于环境条件、各种事件，包括因天气、航道、机械事故等游船公司无法控制的因素造成航班的延误、取消、导致人员伤亡、财产损失，游船公司概不负责。如因人力不可抗拒的因素，如天灾、罢工、政府规定而影响正常航班时，游船公司将负责安排接转其他游船，并退还其船票差额。

3. 行李

乘坐沿海和长江客轮，持全价票的旅客可随身携带免费行李 30 公斤，持半价票者和免票儿童为 15 公斤，每件行李的体积不得超过 0.2 立方米，长度不超过 1.5 米，重量不超过 30 公斤；乘坐其他内河客轮，免费携带的行李分别为 20 公斤和 10 公斤。邮轮的行李要求由各邮轮公司自行规定。

四、旅行社住宿服务的采购

旅游住宿服务的费用在旅行社产品总费用中位居第二，住宿服务是旅行社采购中又一重要内容。住宿服务的采购业务主要包括了解住宿服务的常识、选择住宿服务设施、选择预订渠道、确定客房租住价格和办理住宿服务预订手续五方面。

（一）住宿服务的常识

1. 与旅行社相关的饭店分类

（1）**商务型饭店**。它主要以接待从事商务活动的客人为主，是为商务活动服务的。这类客人对饭店的地理位置要求较高，要求饭店靠近城区或商业中心区。其客流量一般不受季节的影响而产生大的变化。商务型饭店的设施设备齐全，服务功能较为完善。

（2）**度假型饭店**。它以接待休假的客人为主，多兴建在海滨、温泉、风景区附近。其经营的季节性较强。度假型饭店要求有较完善的娱乐设备。

（3）**会议型饭店**。它是以接待会议客人为主的饭店，除食宿、娱乐外还为会议代表提供接送站、会议资料打印、录像摄像、旅游等服务。要求有较为完善的会议服务设施（大小会议室、同声传译设备、投影仪等）和功能齐全的娱乐设施。

（4）**观光型饭店**。主要为观光旅游者服务，多建造在旅游点，经营特点不仅要满足旅游者食住的需要，还要求有公共服务设施，以满足旅游者休息、娱乐、购物的综合需要，使旅游生活丰富多彩，使旅游者得到精神上和物质上的享受。

（5）**经济型饭店**。经济型饭店多为旅游出差者预备，其价格低廉，服务方便快捷。特点是快来快去，总体节奏较快，实现住宿者和商家互利的模式。连锁酒店可以说是经济型酒店的精品，诸如莫泰、如家等知名品牌酒店，占有的市场份额也越来越大。

（6）**公寓式饭店**。公寓式饭店吸引懒人和忙人，是提供饭店式服务的公寓，在公寓式饭店既能享受饭店提供的殷勤服务，又能享受居家的快乐，住户不仅有独立的卧室、客厅、卫浴间、衣帽间等，还可以在厨房里自己烹饪美味佳肴。

2. 按饭店建筑规模分类

目前对饭店的规模旅游行政部门还没有一个统一的划分标准。较通行的分类方法是以客房和床位的数量多少，区分为大、中、小型三种。小型饭店的客房在 300 间以下，中型饭店的客房在 300 ~ 600 间，大型饭店的客房在 600 间以上。

3. 饭店星级划分标准

饭店星级划分标准中，对饭店进行星级评定所包括的具体项目：设施设备、服务项目及质量、餐饮提供、卫生保障、客人意见。

（1）**一星级饭店**。设备简单，具备食、宿两个最基本功能，能满足客人最简单的旅行需要，提供基本的服务，属于经济等级，符合经济能力较差的旅游者的需要。

（2）**二星级饭店**。设备一般，除具备客房、餐厅等基本设备外，还有卖品部、邮电、理发等综合服务设施，服务质量较好，属于一般旅行等级，满足中下层旅游者的需要。

（3）**三星级饭店**。设备齐全，不仅提供食宿，还有会议室、游艺厅、酒吧间、咖啡厅、美容室等综合服务设施。每间客房面积约 20 平方米，家具齐全，并有电冰箱、彩色电视机等。服务质量较好，收费标准较高。能满足中产以上旅游者的需要。目前，这种属于中等水平的饭店在国际上最受欢迎，数量较多。

（4）**四星级饭店**。设备豪华，综合服务设施完善，服务项目多，服务质量优良，讲究室内环境艺术，提供优质服务。客人不仅能够得到高级的物质享受，也能得到很好的精神享受。这种饭店国际上通常称为一流水平的饭店，收费一般很高。主要是满足经济地位较高的上层旅游者和公费旅行者的需要。

（5）**五星级（或四星级豪华）饭店**。这是旅游饭店的最高等级。设备十分豪华，设施更加完善，除了房间设施豪华外，服务设施齐全。有各式各样的餐厅，较大规模的宴会厅、会议厅，综合服务比较齐全，是社交、会议、娱乐、购物、消遣、保健等活动中心。环境优美，服务质量要求很高，是一个亲切快意的小社会。其收费标准也很高。主要是满足富裕阶层、社会名流、演艺明星、大企业公司的管理人员、工程技术人员，以及参加国际会议的官员、专家、学者的需要。

4. 饭店产品

饭店的产品是由若干个不同部门组成的总体。它包括消费者的利益和各种服务在内，即向客人出售或出租的有形的和可计量的商品以及无形的和无法计量的商品，这种无形的“商品”与有形的物质商品结合起来，构成饭店的产品。例如：楼房以及它的建造结构和舒适的起居设备；时间；空间、风景与环境。

具体的产品，如餐饮、酒吧、客房等；各种服务，如接待、礼貌及气氛。因此饭店顾客的消费是直接的，它不同于其他消费。其他消费形式是花钱购物然后才消费，而饭店消费则是创造一种优美、舒适、方便的环境，顾客置身于这样的环境中消费，饭店为顾客提供各种直接和间接的服务。饭店产品的质量完全是通过人尤其是通过住进饭店的顾客感受来检验。所以，饭店是否受到顾客欢迎，赢得顾客的信赖，得到顾客的好评，饭店产品质量的好坏起着决定性的作用。

饭店产品质量的标准：饭店产品的另一个主要部分——无形服务的质量标准主要是看其服务效率及服务效果。服务效率是使无形服务有形化，是提供优质服务的保证条件。而服务效果是无形服务质量标准的最终要求，是赢得宾客满意的根本因素。饭店产品的另一部分——有形设备设施要达到一定的标准。

（二）住宿服务的采购

1. 住宿服务设施的选择

选择住宿服务设施是保证住宿服务质量的重要手段之一。旅行社采购人员应该从以下几个方面考察住宿服务设施。

（1）**饭店位置**。饭店所处的位置有两方面的意义：所处地段不同，饭店的价格往往大不一样，不同类型旅游者对于饭店的位置有着不同的要求和偏好。

（2）**市场定位**。在卖方市场下，许多饭店都有自己的经营定位。必须考虑将要采购的饭店所接待的对象主要是哪类旅游消费者。

（3）**饭店设备**。如饭店是否配备会议室、商务中心、多功能厅、宴会厅、健身设施等。

（4）**服务水平**。采购饭店的服务水平和整个产品也非常密切。

（5）**停车场地**。对于团队旅游来说，要考虑饭店是否拥有一定面积的停车场地。

2. 饭店预订渠道的选择

旅行社主要通过组团旅行社、饭店预订中心、饭店销售代表和地方接待社预订饭店。

（1）**直接预订**。它是指组团旅行社直接向旅游目的地饭店提出预订要求，因此也叫组团旅行社预订。直接预订的优点是：①能够直接从饭店获得客房信息，及时掌握饭店客房的出租情况；②能直接同饭店达成预订协议，既能保证旅游者的住宿需要，又能免去中间环节所需要的费用，降低采购成本；③直接订房能够不断地加强和饭店的联系，可以与之建立密切的合作关系，可以为采购业务的进一步开展打下一个坚实的基础。直接预订的缺点是：①采购人员必须同所要预订的各家饭店逐一打交道，不仅在预订时要同它们联系，还要在随后寄送预订申请、确认住房人数及名单、付房费等，占用大量时间和人力；②有时，外地的饭店未必了解组团旅行社，因而不愿意向组团旅行社提供最优惠的价格，并可能在缴纳租房金、付款期限、客房保留截止日期等方面不给予优惠。

（2）**代订**。代订就是组团旅行社委托旅游目的地的地接社预订饭店，所以也叫委托预订。代订的好处是：①往往能够根据旅游者的要求，比较称心地安排饭店；②能拿到组团社心理范围能接受的价格；③有些时候，地处异地的组团旅行社只能通过当地的旅行社才能预订到该地区的饭店客房。代订的缺点是：①地接社往往截留饭店给予的一部分折扣，作为其代订的佣金；②如果组团旅行社不是选择具有一定经济实力和信誉的接待社或者选错了地接社，容易造成代订失约，从而导致组团社工作的失误。

（3）**委托网络和饭店预订中心预订**。一些知名的网络和连锁饭店，拥有共享的客房预订中心。旅行社可以通过委托网络和连锁饭店预订中心预订所需住宿饭店，其优点是方便、可靠；缺点是选择手段单一、多次操作。

在选择预订时，组团旅行社必须分析自己的长处、短处，做到扬长避短，选择最恰当的渠道进行预订。

3. 客房价格的确定

饭店客房的价格主要包括以下几种：门市价格、团体价格、协商价格、净价格。

（1）**门市价格**。门市价格就是明码标价在饭店大堂的价格，是由当地物价部门认可的价格，是一般在饭店客房较为紧张时才执行的价格。正常情况下，前台可以在此价格上打折。所以门市价格订房通常是不可取的，只能作为参考。

（2）**团体价格**。团体价格是指入住饭店的房数或人数必须达到一定数量（每个饭店对团队的数量要求不一），饭店给予一个较大优惠幅度的价格（一般为六折到七折）。但要求这批人必须是同时入住、同时退房的。相对应的散客价格是指一个或几个人，达不到团队数量的优惠价格。

（3）**协商价格**。协商价格简称议价，是指买卖双方通过协商确定的一个双方均愿接受的价格。协商价格通常要低于市价，原因是内部结算价格中不包含外部推销、管理费用和税金等；内部转移的中间产品数量较大，单位成本相应较低；供应方大多拥有剩余生产能力。在一般情况下，议价往往可以以市价为上限，以变动成本为下限，在此范围内确定协商价格。

（4）**净价格**。净价格是饭店只含直接成本的价格。即只含正常消耗品、平均水电、税费等，是饭店的最基本成本。

旅行社在采购时必须了解饭店的以上各种价格，为自己争取最为合理的价格提供依据。

4. 饭店客房预订程序

（1）**提出住房申请**。申请时，采购人员应提供下列信息：

- 旅行社名称、客房数量和类型、入住时间、离店退房时间、结算方式；
- 旅游者国籍（海外旅游者）或居住地（国内旅游者）、旅游者姓名或旅游团队代号、旅游者性别、夫妇人数、随行儿童人数及年龄；
- 旅游消费者的特殊要求，如楼层、客房朝向等。

（2）**确认预订**。当饭店接受了客人的订房要求后，在客人抵店前夕，一般会与旅行社或客人进行订房的确认。订房确认的好处是：

- 验证客人的订房要求是否已被饭店正确理解；
- 证实饭店能够满足客人订房要求，使客人放心；
- 申明饭店有关预订变更、预订取消等规定，明确饭店和客人的权利与义务关系；
- 能验证宾客所提供资料的真实性，如姓名、地址等；
- 能在客人抵店前了解客人的个性化需求，有利于提供针对性服务。

预订确认的方式有两种，一种是口头确认，另一种是书面确认。无论是口头确认还是书面确认，饭店都必须向客人明确客房保留的时限。

（3）**缴纳预订金**。每个饭店都有关于预订金缴纳的时间、缴纳预订金的比例、取消预订的退款比例等事项的规定。

（4）**办理入住手续**。旅游团（者）在预订时间抵达饭店后，凭团号、确认函等办理入住手续。可按预订的方案直接在总台领取房牌，以节约入住时间和简化入住手续。

（三）住宿饭店服务出现常见问题的处理

住宿饭店服务出现问题是旅行社服务人员经常遇见的。如：游客已经到达宾馆饭店，但房间还没准备好；宾馆的房间中存在异味，不干净；个别服务员对游客不友好，服务不到位；宾馆的客用电梯出毛病；餐厅里的饭菜不卫生；游客的行李没有及时送到客房等。

解决住宿单位服务上的问题，原则上应掌握：事先与宾馆要有确认，做到心中有数；出了问题要积极主动协助解决。如：旅游团队已经到达饭店，但饭店房间还没准备好，如果旅行社接待人员与饭店前台服务员互相责怪，那就是严重的错误。在这时，旅行社接待人员应采取积极的办法来减轻游客的烦恼，比如向游客介绍饭店的设施，第二天游程安排以及叫早时间。一般地说，饭店整理房间时间不会太长，必要时设法让每个游客都有座位休息，避免乱哄哄的局面。

案 例

住宿不达标要补偿客人

某年秋季的一天，重庆导游员胡先生接待了一个香港旅游团。用过午餐回到车上，游客不让开车，以“罢游”来抗议住小天鹅大酒店，气氛很紧张。原计划安排那些游客住扬子江假日酒店，由于他们在扬子江假日酒店的预订没有确认，当时预订已满，旅行社不得不将客人安排在小天鹅大酒店。领队告诉客人小天鹅大酒店的星级低于扬子江假日酒店，因而客人不满。

胡先生打电话到旅行社了解清楚后，硬着头皮上车向游客们解释：他很欢迎大家到重庆来，也十分希望客人住得舒适满意，小天鹅大酒店的星级虽然比扬子江假日酒店的星级低，但是设备设施都很好，可否把日程稍作改动，先去饭店看看是否满意，觉得好就入住，如不满意保证当晚换房。由于胡先生言之有理，态度诚恳，车上的气氛终于缓和了，领队也没再说什么，大家随即去了小天鹅大酒店。

到饭店后胡先生特意嘱咐酒店服务人员要热情周到。登记入住后见没有人显得不满，他就带大家出外游览了。晚上，旅行社有关领导出面为游客们安排了一顿重庆风味餐来缓和一下双方的关系。餐桌上气氛很祥和，也没人提出要换房了。

案例分析

1. 胡先生的做法对在哪里？可改进的方面又有哪些？
2. 案例说明住宿采购必须怎样做才正确？

五、旅行社其他服务的采购

（一）餐饮服务的采购

餐饮属于旅游者基本的旅游活动之一，餐饮质量关系到旅游产品的质量。因此，旅行社采购人员在采购餐饮服务时应根据旅游者的口味、生活习惯、接待标准等因素，安排旅游者到卫生条件好、饮食质量高、服务规范、价格公道的餐馆就餐。国内旅行社在采购餐饮服务时，一般采用定点的办法。所谓定点是指旅行社经过对采购的餐馆、酒店进行综合考察筛选后，和被选择的餐馆、酒店进行谈判，就旅行社的送客人数、各类旅游者、旅游团队的就餐标准、付款方式等达成协议。采购餐饮服务时具体应考虑如下因素：

- 餐厅必须干净整洁，符合 GB 16153—1996《饭馆（餐厅）卫生标准》，必须持有当地卫生部门的有效《餐饮服务许可证》；
- 必须考虑餐饮服务点的地理位置，应遵循在旅游线路上的就近、就便和就顺原则；
- 必须考虑餐饮服务点是否有大型车辆停车位，特别要关注洗手间的环境；
- 必须考虑餐饮服务点对餐饮标准的理解和安排，要特别注重当地的风味（特餐），对不同的游客应有不同的菜单和编排，在不超标的前提下，让不同的游客吃饱、相对吃好和有良好印象；
- 必须考虑餐饮服务点的结算方式，常见的结算方式有一团一结、数团一结、按人头结、月结和季结等；
- 必须强调餐饮服务点与游客和旅行社接待人员的配合问题，在直接服务出现问题时，应避免与游客正面冲突，一切以确保游客满意就餐为前提。

案　例

合理安排游客用餐

某年 5 月，苏州的导游员周小姐到码头去接一个香港旅游团。由于游船紧张，该团的游客分两批从无锡到达，领队带一部分游客下午 5 时到苏州，另一批由全陪负责，晚上 8 时到达。当周小姐接到第二批客人时，全陪说领队要求将他们直接送到饭店。当大家到达饭店见到领队后都说还没吃饭时，领队与全陪争吵起来，没吃饭的游客也显得很不高兴。周小姐见状忙与全陪商量，询问能否在饭店为游客们安排晚饭。由于领队与第一批客人已在其他饭店用过餐了，况且驻地饭店的餐费标准较高，不好安排。但经过联系，周小姐得到了肯定的答复。她向游客们讲了晚餐如何安排，表示自己也有责任，因为如果事先向领队问明情况，就会避免误会。现在已经与派送全陪的旅行社联系过了，为大家安排了超标准的晚餐，希望大家马上去用餐。周小姐的讲话既给领队留了面子，也打消了客人的怨气。而且客人们表示愿意支付超标准的费用。这场风波就这样平息了。

案例分析

1. 午餐应如何处理？
2. 周小姐的处理正确的是什么？不足的又有哪些？

（二）游览景点和参观单位的采购

游览和参观是旅游者在旅游目的地进行的最基本和最重要的旅游活动。随着旅游景区综合体的不断出现、乡村旅游的蓬勃发展和工业旅游的悄然兴起，如何做好游览景点和参观单位服务的采购工作，对于保证旅游计划的顺利完成具有举足轻重的作用。

旅行社采购人员应该熟悉本地区的重要景区景点，对新开辟的景区景点进行考察和比较，根据具体情况提出合作意图；对于长期合作的景区景点、乡村旅游点和工业参观单位，应设法建立互惠互利的长期合作协议，争取在门票、景区旅游交通、农家乐体验等方面获得价格上的较大优惠；对于不是本地区的景区景点、乡村旅游点和工业参观单位，采购人员可以根据旅游者的要求和地接社的推荐，进行实地体验、考察和比较，选择设计好旅游线路和价格成本，以保证旅游计划的顺利完成。

（三）购物的推荐和娱乐服务的采购

旅游购物和娱乐服务是旅游活动中的两项重要内容。安排好旅游购物的推荐和娱乐活动不仅能够提高旅游者对接待工作的满意程度，而且能够为旅游目的地社会增加经济效益和就业机会，为整个旅游活动锦上添花。在对旅游购物商店的推荐中，要对商店的规模、装潢、风格，商品的种类、质量、数量、价格，服务人员的服务水平等进行综合介绍。要注意尽量介绍和推荐多家相似商店，以备游客选择。

案 例

"零负价"造成的违规购物

2009 年 10 月 22 日起，浙江康辉推出港澳六日火车专列，广告报价 796 元 / 人，因价格低廉收客总人数达 2947 人。

2009 年 12 月 2 日团队结束行程回来以后，至 2010 年 4 月 30 日止，游客来公司要求在旅游期间购得的各种货价不实旅游商品的退货总人数达到 1596 人次，共涉及退货金额折合人民币 313 万元，是浙江康辉旅行社灾难性事件。

究其原因是"零负价"造成游客违规购物所致。

案例分析

1. 采购港澳购物点应注意什么？
2. 如何正确处理"零负价"团队以及协同游客把好购物关？

在对娱乐服务的采购中，首先应该考虑我国的国情，考察其是否涉及毒、赌、黄等政府严格禁止的项目；除此之外，还要考虑经营的特色、价格、规模等。随着旅游演出的不断升温和演出剧目的频频涌现，旅行社采购娱乐服务时，就预订票以及演出内容、日期、演出时间、票价、支付方式 等必须与相关企业达成协议。

（四）相关旅行社服务的采购

相关旅行社服务的采购指：一是针对自身销售的旅游线路，由于有数个异地的旅游目的地，需要采购异地旅游接待服务，即选择地接社；二是直接采购其他旅行社的产品。

1. 异地接待服务的采购

异地接待服务采购是指组团旅行社向旅游目的地旅行社采购接待服务的一种业务，在行业内通常称为选择地接社。采购异地接待服务的目的，是使旅游计划如期如愿实现。应该说，旅游产品的质量在很大程度上取决于各地接待质量，尤其是各旅行社的接待质量。因此，选择高质量的接待旅行社，是采购到优质接待服务的关键。旅行社采购时应考虑到：

（1）**接待社的资质、实力、信誉**。资质和实力可以从接待社营业执照，营运现场的人力、物力和所拥有的固定财产来考量，而接待社的信誉则通过当地旅游管理部门（行业管理、质监所）和市民反映等来了解。

（2）**接待社的体制、管理**。了解接待社的企业性质（如国有、股份制、合资等）和管理模式，便于以后更好地交流和有序合作。

（3）**接待社的报价**。接待社的报价是进行合作的核心问题。接待社的报价应包括成本组合价、税金和毛利等，不仅透明而且实事求是。

（4）**接待社的作业质量**。接待社的作业质量是指对待接待计划处理的态度和方法。体现在接待计划的编制、实施的方案和具体各接待服务的对象描述等方面；体现在接待计划制作过程中与组团社的沟通；体现在接待计划的周密性、具体性和应变能力等方面。

（5）**接待社的接待质量**。接待社的接待质量是指旅行社在接待过程中是否按合同和接待计划进行接待服务，是否符合在合同范围内甚至超越合同要求的“顾客至上”原则。可以通过第三方与其他合作的旅行社来了解，也可以通过旅游管理部门和游客来了解。

（6）**接待社的结算（垫付）周期**。接待社的结算（垫付）周期是指组团社与接待社间的结算方式，主要指接待社垫付团费的时间和数额。

（7）**接待社的合作意愿**。接待社的合作意愿是采购的关键，通过交流、谈判和合作来了解接待社对组团社的态度，从而弄清组团社在该接待社中的意义和地位，也就明白了接待社的合作意愿。

2. 其他旅行社产品的采购

为了满足游客的旅游需求，好多旅行社的产品都是通过互为销售或代理来实现的，这就涉及其他旅行社产品的采购问题。在这个问题上，旅行社采购必须注意以下两方面问题：必须深层次了解所购产品的特点、优势和弱项；必须与合作社签订单一的代销合同，明确双方的责任和义务。

（五）保险服务采购

根据《旅行社条例》及相关法律，旅行社不仅自身必须采购旅行社责任险，也应该为旅游者提供规定的保险代理和咨询服务。

1. 旅游保险主要产品

旅游保险主要产品：旅行社责任保险、游客意外伤害保险、旅游人身意外伤害保险、住宿游客人身保险、旅游救助保险和旅游求援保险。其中第一种由旅行社承保，后五种为旅游者自身承保的保险。

（1）**旅行社责任保险**。旅行社责任保险是指以旅行社因其组织的旅游活动对旅游者和受其委派并为旅游者提供服务的人员依法应当承担的赔偿责任为保险标的的保险。旅行社责任保险采用全国统保的理念，强调旅行社责任与统保的概念。

相关链接 搜索

旅行社责任保险统保知识

责任：旅行社在组织旅游活动过程中依法需要承担的法律赔偿责任，具体包括但不限于：

- 因被保险人疏忽或过失应当承担的赔偿责任；
- 因发生意外事故被保险人应当承担的赔偿责任；
- 仲裁裁决或者人民法院判决或经旅行社责任保险调解处理中心和事故鉴定委员会认定被保险人应当承担的赔偿责任。

在具体实施中旅行社责任险分为三部分：基本保障、附加保障范围和不保障内容。

（1）基本保障。以《旅行社责任保险管理办法（征求意见稿）》第四条中列明的旅行社责任为基础，涵盖旅行社对旅游者的赔偿责任、有责延误费用、无责救助费用、精神损害赔偿、随团导游领队保障、法律费用等方面保障。

（2）附加保障范围：紧急救援费用；旅程延误；旅行取消损失；扩展费用；抚慰金。

（3）不保障内容：战争、核风险、行政行为、故意行为、违法行为、间接损失、罚款等。

旅游者发生下列情况将不能获得赔偿：旅游者的故意行为、犯罪行为所致及旅游者擅自脱离团队过程中发生的人身伤亡、财产损失不能从保险公司获得赔偿。

旅行社的工作人员发生下列情况将不能获得赔偿：因犯罪或者违反治安管理伤亡的；醉酒导致伤亡的；自残或者自杀的。

统保：几家保险公司共同承保，共担风险，统一产品责任范围、统一价格、统一服务、统一营销推广；更多的旅行社共同参与。

目前旅行社责任保险统保产品的特点：

（1）责任范围广

- 责任界定方式不同：采取了“概括＋列明”的方式，既包括因为在组织旅游活动中的疏忽、过失诱发的赔偿责任，也具体列明了 11 种常见或者难以界定的责任；
- 增加了意外事故责任，体现行业特点；
- 增加了“有责延误、无责救助”责任，减少纠纷，强化以人为本意识；

- 设计了5种附加险供选择，完善保险保障。

（2）保障额度高

- 为旅行社设计了4档赔偿限额；
- 为每人设计了从20万元到80万元的7个限额供选择；
- 设计了公共责任限额，一旦旅行社的限额不够用，可申请公共责任限额，有效解决群死群伤的责任事故无法得到妥善处理的问题；
- 旅行社随团服务人员有保障；
- 增加了对旅行社委派的随团领队、导游的赔偿责任，从而为全国十几万导游和两万多领队提供职业保障。

（3）性价比高

- 年度保费水平充分考虑了保障与成本的关系；
- 保障全、额度高、服务好；
- 设计了多个调整因子，最大限度地给予优惠；
- 定期评价，根据市场费率水平，进行调整。

（4）理赔不再难

- 有保险经纪公司、行业专家和旅行社代表共同组建调解处理中心，处理所有人伤事故，拥有理赔话语权。
- 设立了400统一服务专线，接受旅行社咨询和报案。
- 1000元（境外500美元）的人员伤残赔偿案由导游、领队直接处理。
- 建立重大事故的医疗费用垫付、预付和公共救援专项资金。建立“先赔后追”机制，不用为责任扯皮，化解行业难题。

（2）属于旅游者自身的保险。

1）游客意外伤害保险。这类保险主要为游客在乘坐交通工具出行时提供风险防范服务。值得注意的是，强制性的游客意外伤害保险的保费已包含在票价之内，游客在购买车票、船票时，实际上就已经投了该保险，其保费是按票价的5%计算的，每份保险的保险金额为2万元，其中意外医疗事故金1万元。保险期限为验票进站或中途上车、上船起，至检票出站或中途下车、下船止。在保险有效期内，因意外事故导致游客死亡、残疾或丧失身体机能的，保险公司除按规定支付医疗费用外，还要向伤者或死者家属支付保险金。

2）旅游人身意外伤害保险。到景区旅游，体验那惊险刺激的旅游项目之前，最好先选择自愿性的旅游人身意外伤害保险。现在保险公司开设的该险种，每份保险费1元，保险金额1万元，一次最多可投保10份。保险期限为从购买保险进入旅游景点时起，至离开景点时止。

3）住宿游客人身保险。该保险每份保费1元，从住宿之日零时算起，保险期限15天，期满可以续保，一次可投多份。每份保险责任分三个方面：一为住宿游客保险金 5000 元，二为住宿游客见义勇为保险金 1 万元，三为游客随身物品遭到意外损毁或盗抢而获赔的补偿金 200 元。在保险期限内，游客因遭意外事故、外来袭击、谋杀或者为保护自身或他人生命财产安全而致自身死亡、残疾或身体机能丧失，或随身携带物品遭盗窃、抢劫等，保险公司按不同标准支付保险金。

4）旅游救助保险。这类保险是国内各保险公司普遍开办的险种，是保险公司与国际救援中心联合 SOS 推出的，游客无论在国内外任何地方遭遇险情，都可以拨打电话获得无偿救助。将原先的旅游人身意外保险的服务扩大，将传统保险公司的一般事后理赔向前延伸，变为事故发生时提供及时有效的救助。

5）旅游求援保险。这种保险对于出国旅游十分合适。有了它的保障，旅游者一旦发生意外事故或者由于不谙当地习俗法规引起了法律纠纷，只要拨打电话，就会获得无偿的救助。

6）航空意外保险。供乘坐飞机的旅客选择。航空意外保险的保费为 20 元 7 份，保额为 40 万元 7 份，多买不限，但最高保额为 200 万元 7 人。

2. 旅行社旅游保险的采购

旅行社在采购保险时，必须做到旅行社责任保险应按时承保，最好参与全国的统保，在按本旅行社实际情况购买旅行社基本保险的同时，应结合旅行社经营的产品购买附加保险。对于旅游者已被强制性投保的内容旅行社必须向旅游者说明，并要求其保留必需的凭证；对于旅游者自愿投保的保险，旅行社应向旅游者介绍和询问，以保证其在自愿基础上购买保险。

相关链接 搜索

旅行社责任保险统保出单区域划分

目前参与旅行社责任保险统保的六家共保体成员，共同为全国 2 万多家旅行社提供保险服务。其出单区域的具体划分为：

中国人民财产保险股份有限公司：北京市、河北省、内蒙古自治区、河南省、上海市、浙江省、山东省、湖北省、四川省、西藏自治区、陕西省、青海省、甘肃省。

中国太平洋财产保险股份有限公司：江苏省、湖南省、重庆市、陕西省、贵州省、云南省。

中国平安财产保险股份有限公司：辽宁省、吉林省、海南省、新疆维吾尔自治区、新疆生产建设兵团。

中国人寿财产保险股份有限公司：黑龙江省。

中国大地财产保险股份有限公司：江西省、安徽省、广西壮族自治区、宁夏回族自治区。

中国太平财产保险有限公司：天津市、福建省、广东省。

3. 旅行社理赔指南

申请赔偿时需要提交保险单正本、事故证明、损失清单及其他必要的单证材料。索赔期限从保险事故发生之日起，不得超过两年。如发生保险争议，由保险公司与旅行社协商解决，协商不成可提交仲裁委员会仲裁或依法向人民法院起诉。

旅行社在理赔时，必须明确自己该承担的责任是什么，不该承担的责任赔付应积极配合保险公司，参加统保的还可以通过调解中心进行主动"追偿"，以使自己的损失减少。

案　例

旅行社责任险理赔案例

T 旅行社组织 38 人至海南环岛七日游。被保险人 T 旅行社将该团转委托 H 旅行社。在游客的要求下，H 旅行社全陪和地陪将游客送到"大东海"游泳，其间 2 名游客溺水。经海滩救生员救助，两人被急送当地医院抢救，其中一游客因抢救无效而亡。

事发后，就亡者赔偿费用，旅行社与亡者家属未能达成一致意见。亡者家属将旅行社告上法庭，要求被告赔偿医疗费、救助费、死亡赔偿金、丧葬费、被扶养人生活费、精神损失费、律师费 54 万余元。

理赔：法院判决旅行社均有导游陪同，两被告均未尽合理限度内的安全保障义务，应承担相应责任；因至海里游泳本身存在较大风险，游客对自身的游泳技术、体能应有充分认识。旅行社承担 50% 的赔偿责任，计人民币 200890 元。

案例分析

1. 本案中旅行社的责任是什么？
2. 旅行社的导游人员在旅游服务中应注意和应提醒什么？

相关链接　搜索

申请赔偿时应提交的证明和材料

被保险人向保险人请求赔偿时，应提交以下作为索赔依据的证明和材料：

1. 保险单正本。
2. 旅游事故索赔申请书。
3. 出险旅游团参团人员证明。
4. 出险原因证明。
5. 旅游者或被保险人的工作人员身故的，提供公安部门或保险人认可的医疗机构出具的被保险人死亡证明。若旅游者为宣告死亡，须提供人民法院出具的宣告死亡证明文件。
6. 旅游者残疾的，提供伤残鉴定机构或具有伤残鉴定资格的医疗机构出具的残疾鉴定证明；

被保险人的工作人员残疾的，应提供劳动能力鉴定委员会出具的劳动能力鉴定证明或伤残鉴定机构或具有伤残鉴定资格的医疗机构出具的残疾鉴定证明。

7. 旅游者或被保险人的工作人员支出医疗和看护费用的，提供二级以上（含二级）医院或保险人认可的医疗机构出具的医疗费用收据、诊断证明、住院证明及病历等；旅游者或被保险人的工作人员在境外就医的，需提供境外公立医院出具的医疗费用收据、诊断证明、住院证明及病历等。

8. 被保险人的受害工作人员发生误工损失的，应提供医院出具的误工天数证明、被保险人出具的工资证明或者税务机构出具的个人所得税完税证明或者被保险人出具的且经保险人认可的其他证明资料。

9. 被保险人应承担精神损害赔偿责任的，应提供法院判决书确定的精神损害赔偿金额证明。

10. 有关的法律文书（裁定书、裁决书、判决书等）或和解协议。

11. 发生本保险条款第四条、第五条以及附加险约定的保险事故的，应提供相应的财产损失或费用损失清单。

12. 投保人、被保险人所能提供的其他与确认保险事故的性质、原因、损失程度等有关的证明和资料。

投保人、被保险人未履行前款约定的单证提供义务，导致保险人无法核实损失情况的，保险人对无法核实部分不承担赔偿责任。

第三节　旅行社旅游服务采购的管理

旅行社作为以赢利为目的的企业，在其采购活动中，必须设法以最低的价格和最小的成本从其他旅游服务供应部门或企业那里获得所需要的各种旅游服务。旅行社的采购人员必须随时关注、研究和分析市场供需情况，熟悉市场上各种旅游服务的价格及市场波动规律，有针对性地采取灵活机动的采购策略和方式，以获得最大的经济效益。

一、旅游服务采购中存在的问题

（1）**采购人才缺乏，采购能力不强。**旅行社企业其实质就是一个采购企业。旅行社采购酒店、旅行车、导游、景点、餐厅、保险等，把这些“原料”组合并增加旅行社的服务之后提供给客户，也就是说旅行社卖给客户的不单单是服务。作为采购商，旅行社还要为其所采购的“原料”负责，这就决定了旅行社要掌握更多更好的资源作为给客户提供良好服务的基础。但旅行社往往由于自身原因造成采购能力不强，比如缺乏专业的采购人员，采购渠道不畅通，导致预期线路中所需服务采购不到。我国专业采购行业起步较晚，采购专业人才缺乏是一个普遍问题。

（2）**采购本身成本高时不予采购**。采购本身的成本主要指进行采购行为所发生的费用，比如一些国外线路，进行实地考察会发生相关交通费、食宿费等，这些巨额费用都会使成本增加，利润减少。控制采购成本对一个企业的经营业绩至关重要。采购成本下降不仅体现在企业现金流出的减少，而且直接体现在产品成本的下降、利润的增加，以及企业竞争力的增强。旅行社作为一个以赢利为目的的企业同样如此。因此，控制好采购本身的成本并使之不断下降，是一个旅行社不断降低产品成本、增加利润的重要和直接手段之一。所以，很多旅行社对采购本身成本很高的服务项目不予采购。

（3）**交通、地接成本高不愿去采购**。对于旅游者来说，总希望购买到物美价廉的旅游产品，产品的组件成本高，则成品的成本相应升高。表现在价格上，即意味着售价升高，当价格超过了购买者的购买力时，就意味着产品不符合市场需求。交通作为旅游采购的重要内容，是旅游产品的重要组成部分，其价格对旅游产品的价格有重要影响。同样由于有些线路中目的地的消费水平远高于客源地的消费水平，将会导致旅游产品的另外一个重要组成部分——地接成本价格高昂。现在旅游市场竞争激烈，主要表现在价格的竞争上，产品成本高，售价低，利润必然降低。不能以低于别人的价格采购，也就意味着产品价格的提升。线路交通、地接成本其实是决定线路价格的重要因素之一，其成本居高不下导致旅行社无利可图从而不愿去采购。

（4）**旅游采购流程不合理**。目前，旅游市场上一些长线的报价居高不下，除了市场原因之外，旅行社的采购流程不合理也是一个很重要的原因。不够合理的流程令不少旅行社不能成为批发商，只能做零售商。比如一些旅行社在一些跨国旅游线路的旅游服务采购的流程设计中没有建立与旅游服务供应商的直接联系，而是依赖目的地国家旅行社驻中国内地、中国香港或东南亚的“办事处”，在这种情况下旅行社采购到的旅游服务大多经过中间商的多次转手，由于价格高，旅行社的收客量不大，就只能做零售商。

二、旅行社服务采购的管理策略

如何正确处理好旅游服务采购中存在的问题，以满足旅游者的需要和旅行社利益，这就需要一定的策略和方法。

（一）提高采购人员的素质

旅游服务采购的好坏，采购人员的素质起着重要的作用。旅行社的采购人员应具备以下素质：其一，业务熟练，必须对团队的旅游目的地情况、接待单位的实力、票务运作都胸有成竹；其二，要具有敬业精神，热爱旅游业，工作认真细致；其三，具有不断学习、创新的能力。旅游市场千变万化，采购人员要懂得不断学习的重要性，认真了解旅游市场、各旅游目的地的变化、各地接待单位实力的消长情况等，还要根据学习的收获，不断对工作进行创新，跟上时代潮流的发展。

（二）正确处理保证供应与降低成本之间的关系

人们都知道，无论我们做何种经营管理，目的总是以降低成本、多创利润为前提，成本越低则利润越高，反之，经营的最终目的就很难达到。而降低成本的第一关是把好采购关，把好采购关是降低成本的关键之一。保证供应和降低成本是旅行社采购工作中同等重要的两大任务，但在实际工作中，这两者之间经常是矛盾的，旅行社要根据不同的情况在这两者之间选择不同的重点，或者采取不同的策略。如当航空运力十分紧张时，许多旅行社都无法采购到足够的机票，哪家旅行社能够得到比别人更多的机票，就可以接待更多的客人，从而获得更多的利润。在此情况下，为了获得紧缺的服务，即使比别人支付更高的价钱也是值得的。所以，在供应紧张时，旅行社采购工作应该以保证供应为采购的中心工作。反之，当某种服务出现供过于求，旅行社应力求获得最低的价格，以便通过降低成本来增加自己的竞争力和获得更多的利润。

（三）处理好集中采购和分散采购的关系

（1）**集中采购**。“集中”在这里包含了两个方面的含义。第一是指旅行社将本社内各部门的采购活动全部集中起来，统一对外采购；第二是旅行社将其在一个时期内，如一个星期、一个月、半年甚至一年营业中所需要的旅游服务项目相对集中，全部或大部分投向精心挑选的某一个或少数几个旅游服务供应部门或企业，以最大的购买量获得最优惠的价格和供应条件。集中采购的优点是通过扩大采购量，减少采购批次，让卖方“薄利多销”，从而降低采购价格和采购成本；缺点是采购提交量较大，预订量往往超过实际使用量而造成退订损失，所以需要认真做好采购预测和适时的调整工作。

（2）**分散采购**。分散采购，即采取一团一购甚至一团多购的分散式采购方法。它适用两种情况：第一种情况是旅游市场上出现严重的供过于求的现象，旅行社可以采用近期分散采购的策略，在旅游团队或旅游者即将抵达本地时，利用旅游服务供应部门或企业无法在近期内通过其他渠道获得大量的购买者，急切需要将大量既不能储存又不能转移的服务产品出售的处境，尽量压低采购价格，以最低成本获得所需旅游服务供给。第二种情况是当旅游旺季到来，在旅游服务供不应求的情况下，旅行社无法从一定或少数几家服务企业处获得大量旅游服务供应，需要采购人员广开渠道，设法从若干家同类型旅游服务供应部门或企业获得所需旅游服务。

（3）**正确处理好集中采购和分散采购的关系**。旅行社的采购是大批量进行的，在一般情况下，批发价格应该低于零售价格。所以，旅行社应该集中购买以增强在采购方面的还价能力。比如，2009 年度“广之旅”旅行社联合全国各地近 20 家网络成员旅行社，通过招标的形式，对云南游、西藏游的地接服务进行了集团采购招标，使该社的地接成本比 2008 年同期降低了三成，这就是集中采购的优势。集中采购可以把旅行社各部门和全体销售人员接到的全部订单集中起来，通过一个渠道对外采购；可以把集中起来的订单投向一家或尽可能少的供应商进行采购，用最大的购买量获得最优惠的价格。谁在这方面做得好，投入的力度大，掌控得好，谁降价的空间就大些，谁推出市场的价格就更有竞争力，更能吸引消费者，而旅行社在“埋单”时，起码不会亏本。但是，在供不应求的情况下，分散采购可能更易于获得客人需要的服务。

另外，在供过于求十分严重的情况下，分散采购又反而能够得到便宜的价格。因为集中采购数量虽大，但远期预订较多，而远期预订具有较大的不确定性，供应商会对买方计划的可靠性缺乏信心，也就不愿意以低价出售。对此，旅行社可以采取两种策略：第一，和卖方商定适当的数量折扣，采用这种办法，无论今后的实际采购量如何，双方都是有利的。第二，如果旅行社判定第二年将出现严重的供过于求，则可以采用分散采购的策略，把内部的购买力集中起来统一对外。

（四）实行旅游服务供应链管理

作为旅行社，应该首先专注于客户需要什么样的产品，怎样根据客户的需要把产品组合起来。如果能够从市场上买到具有最佳性价比的东西就不自己做，提供市场不能提供的产品，就能得到高于别人的利润。供应商提供的每一个零件的性价比都是有竞争力的，那么最后组装好的整个产品就是有竞争力的。旅游业内的这种相关企业可以以旅行社为核心，联结成一个服务于旅行者的服务系统。这种对旅行者的、以旅行社安排的旅游活动顺序为依据的旅游服务系统，实际上就是一条服务于旅行者的服务供应链。通过管理供应链可以达到两个目的：控制成本，提高产品竞争力；通过供应链优化，促进新的旅游产品开发。

对服务供应链进行管理，应该有一个信息平台，在这个平台上，旅行社企业和其供应商（酒店、航空公司、旅游汽车服务公司、景区景点等）的信息可以做到极大程度的共享。旅行社企业可以在这个平台上看到供应商的情况是怎样的，种种情况都一目了然——就像旅行社企业了解它自己的部门情况一样，做到知己知彼。有了这个信息平台，结合旅游产品特有的“按需生产模式”——客户先通过电话或者网络提供需求，旅行社企业按照客户需求采购产品。这种生产和销售方式使旅行社企业可以按照客户需求不断调整自己的采购策略，并通过信息系统和供应商共享这些信息。

为了达到保证供应的目的，旅行社应该和有关的旅游服务供应企业，如饭店、餐馆、车船公司等建立起广泛且相对稳定的协作关系。旅行社通过与其他旅游服务供应部门或企业洽谈合作内容与合作方式，签订经济合同或协议，明确双方权利义务及违约责任，建立广泛而且相对稳定的旅游服务供应系统，从而保证旅行社所需旅游服务供应链的畅通。旅行社在建立采购协作网络过程中，必须坚持以下原则：其一，广泛覆盖的原则。协作网络必须比较广泛，覆盖面比较广。当一个地区存在大量的旅游服务供应部门和企业时，旅行社应该根据自身的需要和经营实力，尽量与不同类型、规模、档次的企业和部门取得广泛的联系和合作，广泛覆盖旅游供应领域，以保证在各种情况下均有较大的选择余地和合理的价格来购得旅游服务供应。其二，互惠互利的原则。所有企业都是以营利为目的的，所以旅行社在与其他企业合作中必须运用经济规律，在互利互惠的基础上长期合作。旅行社建立采购协作网络的目的是发展同相关部门和企业的长期合作关系。因此，旅行社在与这些部门或企业的交往过程中，必须坚持互利互惠的原则，因为只有合作的双方都能够获得利益，这种合作关系才能够长期保持下去。旅行社在采购活动中，应该从长远利益着眼，不应急功近利，为图一时的利益而伤害对方的利益，也不应该乘人之危，利用对方的不利处境迫使对方作出过大的经济利益牺牲。所以，坚持互惠互利才能使旅行社的协作网络运作持久。其三，诚实守信的原则。诚实守信不仅是采购过程中应坚持的原则，更是旅行社经营中的一个重要原则，保证诚实守信可以为企业创建良好的形象与知名度。同时，还可以加强公关活动，建立良好的人际关系。旅行社的采购工作要靠本旅行社的采购人员与旅游服务供应部门或企业的销售人员及其他相关人员的通力合作才能够完成。因此，旅行社的有关部门领导和相关人员应该加强公关活动，设法与对方的相关人员建立互惠互信的联络制度。

（五）变更后的采购

因旅行社自身在产业链中所处的位置，极易受到相关因素以及突发事件的影响。这种影响直接对原先的采购构成威胁。出现采购计划变更后如何做好采购变更，是旅行社应变能力的体现。当销售部或接待部收到计划变更的指令时，旅行社的计调部应积极协助处理，并作出相应调整，如根据团队人数增减、交通及行程变动等情况，作出修改行程、取消原来预订并重新采购等。

通常，计调部在对原计划进行调整时，应遵循以下原则：

1. 计划调整的原则

（1）**变更最小原则**。既将因计划变更所涉及的范围控制在最小限度内，尽可能对原计划不做大的调整，也尽量不引起其他因素的变更。

（2）**宾客至上的原则**。旅游计划是旅游活动的依据，旅行社同旅游者一旦形成约定关系，一般不要随意更改，尤其在行程进行中。对不可抗力因素引起的变更，应充分考虑旅游者的意愿，并求得他们的谅解。

（3）**同级变通原则**。变更后服务内容应与最初的安排在级别、档次上力求一致，尤其在住房方面。

2. 变更后的采购通常所用办法

（1）航班变更时，考虑包机，但要注意控制成本。

（2）飞机改火车时，尽量利用晚间，但距离不宜过长。

（3）铺位不足时，考虑加挂车厢。

（4）加挂不行时，考虑乘坐汽车。

（5）房、餐出现问题时，应选择就近同级标准的房、餐。

此外，可以采取加菜、赠品等方式弥补因变更给客人带来的损失。

（六）旅行社服务采购的辅助策略

（1）**预订策略与退订策略**。旅行社产品的销售是一种预约性的交易。旅游者在预订了旅行社的产品后，有时会因各种原因要求取消旅游计划。另外，对于旅游目的地的组团旅行社及各地的接待旅行社来说，他们同旅游客源地的旅行社之间签订的旅游合同并无法律上的约束力。在旅行社实际经营中，旅游客源地的旅行社以各种原因和理由要求临时增加或临时取消旅游计划更是屡见不鲜。由于旅行社产品销售的预约性特点，旅行社必须提前制订旅游服务采购计划，并按照这些计划向相关的旅游服务供应部门或企业预订各种所需的旅游服务项目。这样，一旦出现临时增加旅游计划或临时取消旅游计划时，旅行社就必须向有关的旅游服务供应部门或企业提出临时增订或退订旅游服务项目的要求。由于临时性的增订或退订往往会给提供这种服务的部门或企业带来一定的压力或经济损失，所以这些部门往往要求提高临时增订的旅游服务的价格或收取一定比例的退订损失费用。为了尽量减少损失，旅行社应该设法通过友好协商，尽量使对方降低提价的幅度或减少退订损失费用。

（2）**应用网络信息技术进行采购**。为应对旅游市场激烈的竞争，旅行社要不断创新，发现并应用日新月异的网络信息技术参与到采购过程当中，可以考虑采用集电脑管理信息技术、网络技术、旅行社业务于一体的面向旅游行业的信息化集成电子商务系统，它是指旅行社企业把自己与供应商、经销商、零售商等相关企业的业务模式，转变为以互联网为基础的电子商务模式。旅行社的这种采购模式主要由两部分构成：一部分是旅游产品和服务交易场所，另一部分是作为旅行社企业资源规划子系统的旅行社网络采购系统。网络信息技术属于与规模无关的技术优势，减少了采购的中间环节，增加了直接交易的机会，节省了成本，有效地控制了价格，将有助于提升旅行社旅游服务采购的能力。

（3）**积极参与政府导向的采购**。积极参与政府导向的采购，既可以建立和保持与政府的良好关系，也可以有利于宣传，降低交易成本，从而增加旅行社利润。具体表现在以下两个方面：

积极参与政府导向的旅游项目和线路推广的采购。基于旅游对各地经济发展的促进和反哺作用，特别是对地区形象的宣传传播作用，各地政府对旅游发展的支持大幅提高，尤其在《国务院关于加快发展旅游业的意见》（国发〔2009〕41号）的指导下，旅游业已成为各地优先发展的产业。为此，以政府为导向的旅游产品和项目，由于有了政府和旅游局的积极牵头，对交通、住宿、餐饮、景区、购物、娱乐、旅游电子商务和相关服务企业进行综合协调，使其主动参与并配合企业运作，不但大大降低了旅行社采购的交易成本，而且确保了所采购的旅游服务"优质平价"，使旅游者受惠，为旅行社的采购提供了良好的平台。所以，旅行社企业必须抓住机遇，与政府积极合作，适时开发能与政府配套的旅游产品，利用好政府给予的政策和优惠措施。

旅行社应积极参加政府采购。政府采购过去多以购买各类实物商品为主，但随着社会化服务程度的提高，一些适应公务活动需要的社会化服务也正在逐步进入采购者的视线。旅游服务进入政府采购领域，至少有以下优点：首先，可以更专业化地提供安排交通、住宿、餐饮、会务等服务。其实，在国际上除了国家领导人等少数人员外，多数政府公务员的出行活动、会务活动都由旅行社进行安排。其次，由于旅行社在市场通道和人员方面有集约化管理，政府采购旅游服务有助于降低成本，避免"暗箱操作"。最后，把旅游服务纳入政府采购，可以进一步精简政府机构，特别是后勤部门的冗员。此外，旅行社参加政府采购，可以就此扩大销售渠道，保证销售对象。有采购专家曾说过：采购是企业唯一的利润来源。旅游服务采购成本直接关系着旅行社的赢利状况，做好采购工作，才能更好地为顾客提供服务，才能更好地做好旅行社的管理工作。

总之，旅行社的旅游服务采购管理是一项涉及面广、变化多、时效性强和影响力大的系统工作，旅行社必须正确运用好采购的策略和方法，为旅行社产品更好地满足旅游者需要奠定基础。

三、旅行社服务采购的合同管理

合同是指当事人之间为了实现一定的经济目的而明确相互权利义务关系的协议。签订合同是当事人为避免和正确处理可能发生的纠纷而采取的行为，目的在于确保各自经济利益的实现。

（一）旅行社服务采购合同的内容

旅行社为购买各种旅游服务项目而与旅游企业或相关部门订立的各种购买契约通称为旅游采购服务合同。它是以一定价格向其他旅游企业及与旅游相关的其他行业和部门购买相关的服务的行为，是一种预约性的批发交易，通过多次成交完成。这种采购特点决定了旅行社同采购单位签订经济合同的重要性，以避免和正确处理可能发生的各种纠纷。采购合同的基本内容包括：

（1）**合同标的**。合同标的是指法律行为所要达到的目的，就是指合同双方当事人权利义务指向的事物即合同的客体。旅游采购合同的标的就是旅行社向旅游企业或相关部门购买的服务项目，如客房、餐饮、交通等服务。

（2）**数量和质量**。由于旅游采购合同是预约性契约，不可能规定购买数量，而只能由买卖双方商定采购量，或者是规定一个采购和供应幅度。关于质量则由双方商定一个最低的质量要求。

（3）**价格和付款办法**。合同中应规定拟采购的服务价格。由于价格常常随采购量的大小而变动，而合同中又没有确定的采购量，因此，可以商定一个随采购量变动的定价办法，还要规定在合同期限内价格可变动及变动条件。在国际旅游中还要规定交易所用的货币以及在汇率变动时价格的变动办法。此外，还要规定优惠折扣条件、结算方式及付款时间等。

（4）**合同期限**。指签订合同后开始和终止买卖行为的时间，一般一年一签，也可以按淡、旺季分列两个合同。

（5）**违约责任**。指当事人不履行或不完全履行合同所列条款时应负的法律责任。按照我国《经济合同法》规定，违约方要承担支付违约金和赔偿金的义务。

（二）加强采购合同的有效签订与管理

旅游采购服务合同是指当事人之间为了实现一定的经济目的而明确相互权利义务关系的协议。签订合同是当事人为避免和正确处理可能发生的纠纷而采取的行为，目的在于确保各自经济利益的实现。

采购合同属于买卖合同的范畴。根据《中华人民共和国合同法》的规定，“买卖合同是出卖人转移标的物的所有权于买受人，买受人支付价款的合同”。旅行社的采购合同与一般的采购合同不尽相同，主要原因是旅游采购具有预约性的特点。旅行社的采购往往是一次谈判多次成交的业务，不是“一手交钱，一手交货”的简单交易，而是一种预约性的批发交易，而且谈判和成交之间既有时间间隔又有数量差距。旅游采购的这种特点，使得旅行社与协作部门之间的经济合同显得更为必要，以预防各种纠纷的发生。因此，随着我国法制建设步伐的加快和旅游市场环境的不断改善，旅行社应积极推行合同制，利用法律来保护自己的合法权益，并推动旅行社的采购活动日益规范化。

旅行社必须对采购合同进行有效管理，注重四个方面的工作：一是合同前的准备工作，要在充分了解对方的实际经营情况和对自身是否合理的原则下，尽力做到“知己知彼”，心中有数。二是合同的谈判和签订必须由对等的代表进行，必须符合合同原意和效力。三是采购合同的执行和管理不能分割，必须严格按合同的要求实施。四是合同变更和发生争议的补救方案必须明确可行。

总之，采购合同的有效签订与管理是旅行社采购的基础。

复习与思考

一、名词解释

旅行社采购　　动车组　　高铁　　邮轮　　旅行社责任险

集中采购　　分散采购　　合同

二、简答题

1. 如何理解旅行社采购的四个原则？
2. 旅行社采购的内容主要有哪些？
3. 旅游交通采购的种类有哪些？着重描述航空交通采购的形式与方法。
4. 如何成为机票代理？
5. 电子机票的辨别方法。
6. 车辆租赁应注意些什么？
7. 旅游住宿服务采购业务的主要内容有哪些？
8. 餐饮采购的注意事项有哪些？
9. 如何选择合作旅行社？
10. 旅行社应购买哪种保险？又应为旅客办理什么样的保险？
11. 采购合同的基本内容包括哪几个方面？

三、论述题

1. 试述旅行社服务采购的策略。
2. 试述车辆租赁时应注意的问题。
3. 试述邮轮的采购方法。
4. 试述如何正确处理集中采购和分散采购的关系。

四、技能训练

1. 通过网上订票来训练航空、铁路等交通采购实操。
2. 通过网上预订来训练住宿、餐饮和其他采购实操。
3. 通过电话或网络来训练保险、景区等采购实操。

五、案例分析

旅行社责任险

时下亲水游很火。王小姐是个旅游爱好者，她担忧外出旅游会碰到很多意外情形，不可预知的风险大大增加。特别是出境游，境外医疗费用通常会高于数万元，过高的医疗费用会给家庭带来沉重负担，她想买份旅游险转移风险，想问问“旅行社责任险”是不是旅游意外险？

根据上述案例，回答如下问题：

请分析旅行社责任险是旅游意外险吗？

第六章 旅行社的接待服务

接待服务是旅行社的核心。正确掌握旅行社接待工作的特点和服务规范，灵活运用接待服务的技能和方法，对提升旅行社形象具有重大的现实意义。

本章通过对旅行社接待服务工作的特点和服务规范的分析和阐述，加深对旅行社接待服务工作的认识；通过分析和阐述旅行社对不同旅游对象和性质不同的团队接待服务工作的要素，增加学习者掌握不同性质接待服务的方法和有效实现的技能；通过分析和阐述如何有效处理旅行社接待服务中出现的问题和差错，使学习者学会提高旅行社接待服务水平的基本技巧。

学习目标

知识目标

1. 掌握旅行社接待服务的内涵和内容。
2. 明确旅行社接待服务的特点和规范。
3. 掌握旅行社团体旅游接待、散客旅游接待和门市旅游接待业务管理。
4. 熟悉大型旅游团体接待服务和特种旅游团体接待服务业务管理。
5. 熟悉行李服务业务。

能力目标

1. 能正确理解旅行社接待工作的意义和服务规范。
2. 能运用旅行社对不同性质游客的接待服务技能与方式。
3. 认知旅行社接待服务的管理技巧，着重培养自己的接待服务能力。

第一节　旅行社接待服务概述

旅行社的接待过程是旅行社的直接生产过程，是旅行社经营管理水平的直接反映，同时也是旅行社实现价值转移和创造价值的重要途径。接待水平直接反映了旅行社的管理水平。

一、旅行社接待服务的内涵

旅行社的接待服务是旅行社为已经购买了旅行社产品的旅游者提供系列实地旅游服务的一项综合性工作。旅行社接待服务的内容包括对导游服务人员的选择和安排、旅游活动日程的落实、导游讲解、交通工具、住宿、餐饮、娱乐与购物等各方面的保证，以及沿线各接待社的落实等一系列工作。

旅行社的接待管理包括导游服务接待管理、团队接待管理、散客接待管理、大型和特种旅游接待管理、投诉和安全管理。

二、旅行社接待服务的特点

（一）综合性和时效性

接待一个旅游团（者）常常要在几天或更长的时间内，由多个城市的多家旅行社，按预定程序提供相应的服务才能完成，因而它是一项相当复杂的工作。具体讲，它需要旅行社内部各业务部门的步调一致，需要各供应单位按时、按质、按量地提供服务，需要全陪和地方导游的及时接待。在实际接待工作中，还常常会发生预计不到的变化，如航班延误、天气原因使原有行程被打乱等，这些情况不仅影响正常的接待工作，也会使接待工作质量难以保证，从而给旅游者带来损失。总之，由于旅游产品具有很强的综合性，包含了住宿、餐饮、交通、娱乐、游览、购物等服务项目，接待的过程就是上述服务实现的过程。所以，接待工作是一项不可复制的综合性工作。

团队旅游活动如同一根链条，一环套一环，上一环节发生变化，以下各个环节就都需要调整。因此，保证这根“链条”上各个环节的通畅对旅游行程的顺利进行至关重要，“牵一发而动全身”用在这里也非常贴切。所以，旅行社接待工作是一项时效性很强的工作。

（二）规范化和个性化

由于旅游产品是先购买后消费，因此为了保证旅行社的产品质量，使客人满意、消费者满意，旅行社全部的服务过程要按照规范、标准来实现，只有这样才能使接待工作顺利进行。所以，接待工作具有很强的规范性（又称标准化）。为了确保规范化的服务，旅行社必须根据接待服务的特点，对接待服务的每一道环节和每一道程序都作出详细规定（程序化），并据此向旅游者提供接待服务。所谓程序化是指在接待工作中要按质、按量、按时地兑现已销售出的各项服务，如旅游进出日程、航班、车次、住什么饭店、吃什么东西、游览什么景点等，除非因不可抗拒的原因，否则必须不折不扣地兑现承诺 。实践证明，接待服务的规范化和程序化可以减少事故隐患，保证接待过程各项工作的落实，从而最终提高旅行社接待服务质量。

在保证规范化服务的同时，还必须认识到：旅行社接待工作的服务对象是人。尽管参加同一旅游团原则上应该享受相同的服务，但由于他们的国籍、民族、职业、文化背景、年龄、性别习惯、爱好以及健康情况等各不相同，对服务也有不同的要求，所以在提供规范化服务的前提下，对于其合理而可能的要求还应提供个性化的服务，在可能的范围内照顾旅游者的不同需求，给予既热情又有差别的服务。总之，旅行社的接待必须坚持规范化、程序化，在规范化下再考虑个性化服务。

案　例

“对症下药”

某年5月的一天，西安的导游员卢先生接待了一个20人的美国旅游团。在接待过程中，他发现大家对旅游的兴趣各不相同：A先生的猎奇心强，对中国古老的文化很感兴趣，每参观一处总要刨根问底，自由参观时也总是最后回来；G女士出手大方，对本地的旅游纪念品很感兴趣，对导游讲解不以为然，一有机会就去购物；W先生的夫人刚刚去世，他来中国是为了解脱悲痛之情，所以经常默默无语，茶饭不思；L夫妇则是来中国度新婚蜜月的，常常卿卿我我，形影不离。卢先生针对游客们不同的要求和特点，分别待之：对A先生多讲一些古城风貌和历史事件，详细回答他提出的各类问题，使他感到不虚此行；对G女士详细介绍旅游商品的特点，帮她选购商品，使她满载而归；对W先生不厌其烦地介绍本地的风土人情、生活趣事，在生活上也尽量多给以关照，嘘寒问暖，体贴入微，使其悲云尽扫；对L夫妇则尽量讲解一些中国的婚俗喜庆之事，并常与大家一起和他们开一些善意的玩笑，使之笑口常开，喜上加喜。大家对卢先生的导游服务非常满意，在离开西安时，纷纷与他握手致谢，难分难舍。

案例分析

规范化和个性化的并存作用应如何实施？

（三）文化性和趣味性

旅游的本质是文化，旅游活动在实质上是一种文化活动。旅游主体出游的动机和目的是体验与感受一种异域及异质的文化。旅游客体中的人文旅游资源是人类历史与文化的结晶，是不同民族、国家和地区文化多样性的集中反映。自然景观经过人文因素的参与也被赋予了丰富的文化内涵。从人类学的视角来看，旅游则是基于对人类文化差异性与共同性的理解，通过旅游这一平台，实现不同文化之间的沟通与交流。所以说，旅游是提高人们文化品位和快乐境界的经济。它是在人们完成社会必要劳动时间后，渴求文化欣赏、文化创造、文化体验的一种行为状态，通过满足人们“求新、求知、求乐、求美”的精神需求，促进人与自然、人与人之间关系的和谐友爱以及不同文化之间的交流融会，从而达到感受文明、陶冶性情，使人的生命价值得以提升。可见，旅游者进行旅游，本质上是在购买文化、消费文化、享受文化。因此，旅行社接待时一定要正确理解和细心揣摩旅游者的各种文化需求和精神需求，让服务对象愉悦、满意、快乐。为此，导游服务人员应该对我国的史地文化知识以及政治、经济、外交知识有较深入的了解，应该具备客源国情况及旅游心理学等方面的知识。通过亲切自然、轻松幽默、引人入胜和雅俗共赏的导游艺术手法来提供优质服务。换言之，要通过健康的导游内容、趣味性的导游方式与体验性的活动形式相结合，来实现文化交流的目标。

案　例

讲解不能死板

某年夏天，北京的导游员钟小姐接待了一个台湾的旅游团。在导游接待过程中，她按照接待西方人的方式，讲解中国的历史、对外政策、改革开放和人民生活水平的变化等。虽然她讲得很认真，但游客们的反应却不是十分热烈。钟小姐征求了领队的意见，领队告诉她：要多讲一些轻松的话题，如老百姓的吃、穿、住、行、收入、工作和生活情况，多一些笑话、野史、趣闻，举行唱歌活动等，不必讲太多的政治形势，因为游客来中国是散心、游玩的，而不是来上课的。听了领队的意见，钟小姐注意改变讲解的内容，果然得到了游客们的响应。在讲解故宫时，她把溥仪皇帝从3岁登基到成为普通公民的历史讲了一遍。她虽然讲得十分紧凑，但客人却经常打断她，让她讲一些皇帝日常的起居生活和三宫六院的趣事，于是她又改变讲解内容，讲皇帝结婚、用膳、宗教活动等。游客们深深为她的讲解所吸引，越听越感兴趣，再也不打断她的讲解了。

案例分析

强调文化性的重要意义和趣味性导游方式的现实意义。

（四）热情友好和坚持原则

旅游者来自五湖四海，会有形形色色的政治、经济和民俗的见解与意识，从而在旅游过程中会有不同的表现。旅行社需对旅游工作者尤其是工作在接待服务一线的导游服务人员进行“热情友好和坚持原则”的引导和教育。

热情友好既是一种道德情感，也是一种道德行为。“有朋自远方来，不亦乐乎”是我国人民热情好客的道德情感的体现。热情友好的具体体现是宾客至上，就是在旅游接待与服务中，一切都要以宾客为中心。我国旅游业的根本宗旨是“全心全意为旅游者服务”，也就是说，充分满足宾客需要，既是服务企业一切工作的出发点，也是工作的归宿点。

坚持原则是指在旅游接待服务中的“不卑不亢、一视同仁”。不卑不亢是爱国主义和国格、人格的具体体现。在接待旅游者过程中，既做到尊重宾客、热情友好、谦虚谨慎、尽到自己的职业责任，又要做到自尊、自爱、自信，体现出旅游工作者的主人翁精神。一视同仁是社会主义人道主义的体现。要求旅游工作者在任何旅游者面前不分厚薄，尊重他们的人格，维护他们的人格，维护他们的合法权益，关心他们的切身利益，真诚地为他们服务，呈现出职业责任感和人道主义精神。“不卑不亢、一视同仁”的核心是平等。旅游服务者与旅游者之间，在人格上是完全平等的。对旅游者提出的要求，只要是合理的应该尽可能予以满足，即使对过于挑剔的旅游者，旅游服务者也要保持克制的态度。旅游服务者更须自重，绝不能做有损国格、人格之事。对个别旅游者的恶意挑衅或侮辱性的要求，应采取有理、有礼、有节的处理方法。

总之，热情友好与坚持原则是矛盾的整体，在坚持原则基础上的热情友好是旅行社正常接待服务的宗旨。

案　例

适度得体的回答

某年秋天，西安的导游员历小姐接待了一个美国的旅游团。在去往兵马俑博物馆的途中，游客们问了许多关于当地人民生活的问题。历小姐给他们简单介绍了本地居民工作、学习和收入的情况，客观地反映了我国在政治、经济和文化领域中所取得的进步。突然游客们看到了车窗外几个市民抓小偷的情景：一个抢了一位中年妇女手提包的小偷在逃跑，随着妇女的叫喊声，几个小伙子追了上去，将小偷擒获。看到那情景，有些游客用照相机拍照，还有一位一贯爱挑剔的女士突然指着车窗外问道：“历小姐，刚才你不是说西安是历史古城，民风淳朴吗？怎么在旅游途中还会遇到贼呢？难道到你们社会主义中国来旅游也有安全问题吗？”这突如其来的问话立即使车内的气氛紧张起来。大家颇为担心地望着历小姐，接着纷纷向发问者投去不满的目光。听了她刻薄的问话，历小姐真想严厉地驳斥她几句，但又觉得不够大度。但如果听之任之，则有失大体，显得太软弱。为了维护与众位游客已经建立起的友好感情，恢复愉快和谐的气氛，最好采用巧妙、适度的方式回答。想到此，她微笑地看了发问者一眼，以幽默、平和的口吻回答道：“目前的世界在任何地方都会有犯罪的现象，但中国的犯罪率是非常低的，在中国是非常安全的，根本不会发生小学生持枪杀人的案件，因为我们手里根本没有枪械。你们到中国旅游比美国总统在国内出行还要安全得多，不信你们可以打电话问一问总统，问哪里更安全。”历小姐的话刚说完，旅游车内便爆发出了笑声和掌声，那位发问的女士也尴尬地笑了。

案例分析

1. 请表述正确处理热情友好和坚持原则的关系。
2. 案例给你什么启示？

三、旅行社接待服务规范

在接待旅游者时，旅行社必须按一定的规范提供服务，即应实现旅行社接待服务的标准化与程序化。接待服务标准化是指旅行社按照一定的标准向旅游者提供旅游过程中的各种相关服务。基本依据是国家旅游局颁布的《旅行社条例》、《旅行社国内旅游服务质量要求》、《旅行社出境旅游服务质量》、《出境旅游领队人员管理办法》、《大陆居民赴台湾地区旅游管理办法》和国家技术监督局颁布的《导游服务质量》。接待服务程序化是指旅行社根据接待服务的特点，对接待服务的每一环节和每道程序都作出详细规定，并据此向旅游者提供接待服务。接待服务程序化是旅行社保证旅游服务质量的有效措施。常见的服务规范应包含以下内容：

第一，按合同提供相应的服务。旅行社接待服务必须按旅行社与旅游者或团队签订的旅游合同要求实施服务，不得擅自更改和调整行程、实施时间和服务标准。

第二，根据旅游者的特点，合理安排活动，提供相应的服务。在不影响合同规定内整体旅游行程和活动的前提下，或在遇见不可抗力原因而被迫改变旅游行程的背景下，可根据旅游者的特点，在征得大多数旅游者同意的情况下，旅行社可合理安排活动，提供相应的服务。

第三，除人力不可抗拒因素外，因旅行社工作疏漏而造成旅游者人身、财产损失的，旅行社理应向旅游者给予相应的赔偿，同时也可启动旅行社责任保险。

第四，将文娱活动作为固定节目安排。随着旅游目的地的旅游事业发展和旅游项目的增多，旅游类文娱活动层出不穷，旅行社在安排时可作为行程项目加以固定。

第五，必须安排在定点饭店和定点餐馆。“二定”，即定点饭店（或酒店）住宿和定点餐馆就餐。“二定”的内容必须写入旅行社的行程单中。

第六，要有具体措施保证旅游者人身财产安全。旅行社应在“行前会”或在合同中，强调本次旅游中的旅游安全问题和相应的安全须知，必须让所有的游客都明白和了解。同时，在具体旅游过程中应时时提醒游客注意安全问题（如就餐安全、交通安全、购物安全等）。

第七，要完善游客行李交接手续，保证游客行李运输安全、准确无误。游客的行李是旅行社必须予以关注的，尤其在交接、运输和保管等过程中，都必须做到游客行李运输安全、准确无误。

第八，导游服务人员应具有相应的导游服务证件。旅行社必须委派有资格的导游服务人员进行相应的服务，也就是说，必须具有有效证件的人才能参与旅游服务，最佳的方法是向旅游者明示自己的证件（就像警察执行公务时那样）。

第九，遵纪守法，不索要小费，不私收回扣，不套换外汇。旅行社委派的导游服务人员必须自觉遵守相关法规和标准。在旅游服务中不索要小费，不私收回扣，不套换外汇。

案　例

"游客至上，服务第一"

周末，导游小宋带一旅游团入住一家二星级饭店，旅游团住五楼。晚上 10 时，有多位游客跑来找小宋，要求更换房间，原因是五楼有歌舞厅，楼道上人来人往，歌舞厅人声喧哗，影响休息。小宋想，旅游团进客房都已经好几个小时了，现在再向饭店交涉客房问题，肯定有点麻烦，因此，他反复做游客的思想工作，希望他们能将就一个晚上，反正明天就要离开这里了。最后游客们闷闷不乐地回了客房。

案例分析

1. 你会像小宋那样处理问题吗？
2. 在此情况下，怎样贯彻"游客至上，服务第一"的宗旨？

第二节　团体旅游接待业务管理

团体旅游接待是指旅行社根据同旅游中间商达成的销售合同规定的内容，对旅游团在整个旅游过程中的交通、住宿、餐食、游览参观、娱乐和购物等项活动提供具体组织和安排落实的过程。

一、团体旅游接待业务的类型

团体旅游接待业务可分为：入境团体旅游接待业务、出境团体旅游接待业务、国内团体旅游接待业务。

（1）**入境团体旅游**。是指由旅游目的地国家的旅行社到其他国家或地区招徕旅游者，或者委托境外的旅行社等机构进行招徕，并将他们组成 10 人以上（含 10 人）的团体，前往旅游目的地国家的旅游活动。入境旅游团体由境外起程，在旅游目的地国家的口岸入境，并在境内进行一段时间的游览参观活动，最后从入境的口岸或另外的开放口岸出境返回原出发地。

（2）**出境团体旅游**。是指旅游客源国或地区的旅行社招徕本国公民并将他们组成 10 人以上（含 10 人）的旅游团队，前往其他国家或地区进行的旅游活动。出境旅游团体由本国或本地区起程，在旅游目的地国家的口岸入境，并在境内进行一段时间的游览参观活动，最后从入境的口岸或另外的开放口岸出境返回本国或本地区。

（3）**国内团体旅游**。是指一个国家的旅行社招徕本国公民，并将他们组成 10 人以上（含 10 人）的旅游团队，前往国内的某个或某些旅游目的地进行的旅游活动。国内团体旅游包括旅游团队前往附近的旅游目的地进行的短途旅游和前往其他省（直辖市、自治区）旅游目的地进行的省际旅游。

二、团体旅游接待业务的特点

（一）团体旅游接待业务的共性特点

（1）**计划性强**。团体旅游接待的第一个显著特点是计划性强。旅游团的旅游计划往往是一个相互连接的整体，旅行过程中的上下站之间衔接十分重要。旅游计划中出现的任何纰漏都可能给整个旅游活动造成严重影响，并会给旅行社和旅游者带来经济损失和心理挫伤。因此，严格地按照旅游计划接待团体旅游者，是每一个提供接待服务旅行社的职责。团体旅游一般均在旅游活动开始前由旅行社同旅游者或旅游中间商签订旅游合同或旅游接待协议。这种合同或协议是旅行社同旅游者之间的契约性文件。旅行社必须严格按照旅游合同或旅游协议上的规定和要求，认真、全面地安排旅游者在整个旅游期间的交通、住宿、餐饮、游览参观、观赏娱乐节目等活动，并提供符合标准的接待服务。除了人力不可抗拒的原因外，旅行社不得擅自改变旅游团的旅游线路、旅行时间、服务等级等。如果确需对旅游计划进行修改，必须事先征得旅游者的同意。另外，对于旅游线路中所经停的各地接待旅行社来说，还必须根据组团旅行社下达的旅游团接待计划，制定旅游团在当地的活动日程，并加以全面落实。旅游接待计划是组团旅行社（包括旅游中间商）同各地接待旅行社之间达成的契约性文件。接待旅行社一旦接受了组团旅行社的接待委托，就必须不折不扣地执行旅游接待计划，不得擅自改动，更不能采取各种手段降低服务标准，损害旅游者的合法权益。

（2）**技能要求高**。团体旅游接待对旅行社接待人员的接待技能要求比较高。尽管散客旅游接待同样需要旅行社接待人员提供技能性强的服务，但是由于团体旅游的人数多，成员之间的关系比较复杂，不少国内的旅游者在旅行开始前根本互不相识，需要在有限的旅游期间内相互适应，这就给旅行社接待工作带来了更大的难度。因此，旅行社在安排团体旅游接待人员时，必须针对旅游团的这一特点，选派责任心强、带团技能高的导游员担任领队、全程陪同或地方陪同。

（3）**协调工作多**。团体旅游接待是一项综合性很强的业务，需要在接待过程中及接待工作开始前和结束后，进行大量的沟通和协调工作。首先，团体旅游的人数比较多，在旅游目的地停留的时间一般也比较长，通常需要旅行社同许多其他旅游服务企业共同协作才能完成接待工作。因此，做好各方面的沟通和协调工作，是旅行社圆满完成团体旅游接待工作的重要条件。其次，在团体旅游接待的集体中，往往有代表客源地组团旅行社的旅游团领队，有代表旅游目的地组团旅行社的全程陪同，也有代表当地接待旅行社的地方陪同。他们既要维护各自旅行社的利益，又要共同维护旅游者的利益，因此需要经常就接待中出现的问题进行磋商，相互协调。最后，旅游团内的旅游者来自四面八方，具有不同的生活经历和习惯，所受的教育程度也不同，他们往往存在着不同的价值观，对事物的看法也常会出现分歧。因此，在旅游过程中，旅行社的接待人员必须随时注意旅游团内的动向，一旦团内出现分歧或矛盾，应及时设法加以调解，保持旅游团内的和谐气氛。

（二）入境团体旅游的特点

（1）**停留时间长**。入境旅游团队的第一个特点，是在旅游目的地停留的时间比较长。除了少数港澳团队外，多数入境旅游团队在中国大陆旅游时，通常在几个甚至十几个城市或旅游景点所在地停留。因此，入境旅游团队的停留时间少则一周，多则十几天，少数入境旅游团队曾经创下在华旅游时间长达 40 天的纪录。由于在旅游目的地的停留时间较长，所以入境旅游团队在旅游期间的消费一般比较高，能够给旅游目的地带来比较多的经济收益。因此，旅行社在接待入境旅游团队时，应针对这个特点，为入境旅游团队安排和落实其在各地的生活服务和接待服务，使旅游者慕名而来，满意而归。

（2）**外籍人员多**。入境旅游团队多以外国旅游者为主体，其使用语言、宗教信仰、生活习惯、文化传统、价值观念、审美情趣等均与我国有较大差异。在由海外华人所组成的旅游团队中，不少海外华人及其子女因长期居住在国外，在生活习惯、使用语言、价值观念等方面也与当地居民十分相似。例如，许多来华旅游的海外华人基本上不会讲汉语，或根本听不懂普通话，因此，旅行社在接待入境旅游团队时，必须充分尊重他们，配备熟悉其风俗习惯和文化传统并能够熟练地使用外语进行导游的人员，担任入境旅游团队的全程陪同或地方陪同。

（3）**预订周期长**。入境团体旅游的预订周期一般比较长，从旅游中间商开始向旅游目的地的接待旅行社提出接团要求起，到旅游团队实际抵达旅游目的地时止，旅行社同旅游中间商之间需要进行多次的通信联系，不断地对旅游团队的活动日程、人员构成、旅游者的特殊要求等事项进行磋商和调整；另外，旅游中间商还要为旅游团队办理前往旅游目的地的交通预订、申请并领取护照和签证等手续，以及组织散在各地的旅游者在事先规定的时间到达指定地点集合，组成旅游团队并搭乘预订的交通工具前往旅游目的地。因此，相对于国内团体旅游，入境团体旅游的预订时间一般比较长，有利于接待旅行社在旅游团队抵达前充分做好各种接待准备，落实各项旅游服务安排。

（4）**涉及环节多**。在各种团体旅游接待工作中，入境旅游团体要求接待旅行社负责落实的环节较多。入境旅游团在旅游目的地停留的时间长、地点多，其旅游活动往往涉及旅游目的地的各种有关旅游服务供应部门和企业。为了妥善安排入境旅游团的生活和参观游览，接待旅行社必须认真研究旅游接待计划，制定出缜密的活动日程，并逐项落实整个旅行过程中的每一个环节，避免在接待中出现重大人为事故。

（5）**活动变化多**。入境团体旅游的活动变化比较多，如出发时间的变化、旅游团人数的变化、乘坐交通工具的变化等。因此，接待旅行社在接待过程中应密切注意旅游团活动可能出现的变化，及时采取调整措施，保证旅游活动的顺利进行。

（三）出境团体旅游的特点

出境旅游团的接待业务，是指我国一些经过特许经营中国公民自费出国旅游业务的旅行社所组织的中国公民出境旅游团体的接待业务。目前，根据《中国公民自费出国旅游管理暂行办法》的规定，中国公民自费出国旅游主要以团队形式进行。出境旅游团的接待业务比较简单，主要是委派领队负责对整个旅游计划的实施过程进行监督，沿途照顾旅游者的生活，担任旅游团出境前和返回境内后至抵达出发地之前的陪同工作。尽管如此，出境旅游团的接待业务仍有其不同于入境旅游团和国内旅游团接待业务的一些特点，这些特点主要包括：

（1）**活动日程稳定**。除非发生极其特殊的情况，出境旅游团的活动日程一般比较稳定。无论是组织出境旅游团的旅行社，还是负责在旅游目的地接待旅游团的旅行社，都必须严格按照事先同旅游者达成的旅游协议，安排旅游团在境外及境内的各项活动。组织出境旅游的旅行社，应委派具有丰富接待经验的导游员担任出境旅游团的领队，负责在整个旅行途中关照旅游者的生活。

（2）**消费水平高**。出境旅游团的消费水平比较高。他们一般要求在旅游期间乘坐飞机或豪华客车，下榻在档次比较高的饭店，并往往要求在就餐环境比较好的餐厅用餐。此外，出境旅游团的购物欲望比较强烈，采购量和采购商品的价值均较大。据一些担任过出境旅游团领队的导游员和旅行社经理反映，我国出境旅游团在旅游目的地的购物消费甚至超过来自某些发达国家的旅游者，深受当地商店的欢迎。因此，旅行社的领队在陪同出境旅游团于境外旅游期间，应在当地接待旅行社导游人员的配合下，组织好旅游者的购物活动，满足他们的需要。

（3）**文化差异大**。外语水平普遍比较低。出境旅游团队的成员中，有许多人从未到过旅游目的地国家或地区，缺乏对那里的历史、文化、风俗习惯等的了解，与当地居民之间存在着文化上的较大差异。特别是像我国这样的自身文化传统悠久、出境旅游发展时间较短的国家，旅游者除了在文化上与旅游目的地国家有较大的差别外，在语言方面也存在着一定的差异。目前，我国参加出境旅游的旅游者，除个别人外，外语水平一般比较低，许多人根本不懂外语。到达境外后，同当地人的交流成为一个严重的问题。有些旅游者由于既不会讲当地语言也不懂英语，结果闹出不少误会和笑话，甚至发生上当受骗的情况。因此，旅行社应选派熟悉旅游目的地国家或地区的风俗习惯、历史沿革，精通旅游目的地语言或英语的导游员担任出境旅游团的领队，在境外充当翻译，帮助旅游者克服文化和语言方面的障碍。

（四）国内团体旅游的特点

国内旅游团队的类型比较多，包括旅游客源地附近的周末旅游、省内（自治区、直辖市内）短途旅游和跨省（自治区、直辖市）的省际旅游。我国的国内团体旅游起步较晚，但发展势头猛烈，发展潜力大，是一种具有广阔发展前景的产品形态。旅行社应该注重对国内团体旅游接待业务的研究，总结接待经验，找出其中的规律，为今后国内团体旅游接待水平的进一步提高打好基础，并通过优良的接待服务在国内团体旅游市场的竞争中获得优势。

（1）**准备时间短**。国内旅游团的预订期一般比较短，而且由于不需要办理护照、签证等手续，所以国内旅游团的成团时间较短。有些时候，从旅游者提出旅游咨询到旅游团成团出发，只需要一周的时间，使得旅游客源地的组团旅行社来不及用书面形式及时通知旅游目的地的接待旅行社，只好先用电话通知，然后再补发书面旅游计划。旅行社在接待国内旅游团时，常会感觉到准备时间不像接待入境旅游团或出境旅游团那样充裕。针对这个特点，旅行社一方面应在平时加强对接待人员的培训，使他们熟悉国内团体旅游接待的特点和要求，以便在接到旅游接待计划后，能够在较短时间内制定出当地的活动日程，做好各项接待准备；另一方面，旅行社应根据当地旅游资源和本旅行社接待人员的特点，设计出针对不同国内旅游团的接待规范和标准活动日程，使接待人员能够按照接待规范和标准活动日程进行接待准备，提高接待准备工作的效率。

（2）**日程变化小**。国内旅游者一般对于前往的旅游目的地具有一定程度的了解，并能够在报名参加旅游团时对旅游活动日程做出比较理智的选择，因此他们很少在旅游过程中提出改变活动日程的要求。另外，国内旅游者往往把旅行社是否严格按照事先达成的旅游协议安排在旅游目的地的活动以及旅行途中的交通看成旅行社是否遵守协议、保证服务质量的重要标志。所以，他们对于旅行社更改活动日程的反感较入境旅游团和出境旅游团更为强烈。旅行社在接待国内旅游团时，必须注意到国内团体旅游接待业务的这一特点，尽量避免修改活动日程。

（3）**消费水平差别大**。参加国内旅游团的旅游者生活水平参差不齐，既有收入丰厚的个体或乡镇企业家、外企高级管理人员和工程人员、经济效益较好的企业员工，也有中等收入水平的工薪阶层人士，还有在校的青年学生。不同生活水平的旅游者在旅游消费水平方面差异很大。例如，有些消费水平高的旅游者可能要求在档次较高的星级饭店下榻和就餐、乘坐豪华客车、增加购物时间；另一些消费水平较低的旅游者则可能对住宿、餐饮、交通工具等要求不高，希望增加参观游览时间、减少购物时间。旅行社在接待不同的国内旅游团时，应根据他们的消费水平和消费特点，在征得旅游团全体成员或绝大多数成员同意的前提下，对活动日程做适当的修改，设法满足不同旅游者的需要。

（4）**讲解难度小**。国内旅游团在游览各地旅游景点时，一般应对这些景点事先有所了解。另外，除了少数年龄较大的旅游者外，多数国内旅游者都具有一定的文化水平，能够听懂导游员的普通话讲解，对于导游员在讲解过程中所使用的历史典故、成语、谚语、歇后语等比较熟悉，容易产生共鸣。因此，导游员在导游讲解中可以充分运用各种方法，生动地向旅游者介绍景点的情况，而不必像接待入境旅游团那样，因担心文化上的差异和语言方面的困难而不得不放弃一些精彩的历史典故介绍，也不必担心因旅游者无法理解导游讲解中所使用的各种成语、谚语、歇后语等而影响导游讲解的效果。

三、团体旅游接待的管理

团体旅游接待是许多旅行社的重要经营业务之一，也是其重要的经营收入渠道之一。旅行社团体旅游接待的水平高低将直接影响到旅行社的最终经营效益和旅行社在旅游市场上的声誉。因此，旅行社必须注重对团体旅游接待三个阶段的管理。

（一）准备阶段的管理

（1）**委派适当的接待人员**。接待部门在接到本旅行社销售部门或客源地组团旅行社发来的旅游计划后，应根据计划中对旅游团情况的介绍和所提出的要求，认真挑选最适合担任该旅游团接待工作的导游员。为了能够做到这一点，接待部门负责人应在平时对该部门导游员的性格、能力、知识水平、身体条件、家庭情况、思想状况等进行全面了解，做到心中有数。当接待任务下达后，接待部门经理便能够根据旅游团的特点，选择适当的导游员承担接待任务。例如，在接待专业旅游团时，接待部经理应选择在该专业领域有一定知识的导游员担任接待人员，以便他能在接待过程中，以较为丰富的专业知识使旅游者感到熟悉和亲切，增加相互之间的共同语言，更好地为旅游者提供接待服务。又如，在接待主要由中年妇女组成的旅游团时，接待部经理则应为她们挑选一位年龄相仿、比较了解中年妇女的心理、对商店购物比较在行的女导游员，以利于提供具有针对性的服务，使旅游者感到满意。

（2）**检查接待工作的准备情况**。在准备阶段，接待部门经理应注意检查承担接待任务导游员的准备工作进展情况和活动日程的具体内容。对于进展较慢的导游员，应加以督促；对于活动日程中某些不适当的安排，应提出改进意见；对于重点旅游团的接待计划和活动日程，应予以特别关照；对于经验较少的新导游员，则应给以具体的指导。总之，接待部经理应通过对接待工作准备情况的检查，及时发现和堵塞漏洞，防患未然。

（二）实际接待阶段的管理

实际接待阶段是旅行社接待管理的重要环节。由于担任接待工作的导游员往往单独带领旅游团活动，接待部门难以随时保持对接待人员的控制，而接待过程中发生的问题又多集中在这个阶段，所以，这一阶段的管理是旅行社接待管理工作中最困难也是最薄弱的环节。旅行社接待部经理应该特别重视这个阶段的管理，使旅游团的接待服务工作能够顺利完成。实际接待阶段的管理包括建立请示汇报制度和接待现场抽查与监督两项内容。

（1）**建立请示汇报制度**。旅游团队接待工作是一项既有很强的独立性，又需要由旅行社加以严格控制的业务。一方面，担任旅游团接待工作的接待人员（特别是导游人员），应具有较强的组织能力、独立工作能力和应变能力，以保证旅游活动顺利进行。那种动辄就请示汇报，不主动想办法解决问题，遇到困难绕着走的人，是不能胜任独立接待旅游团重任的。另一方面，凡事不请示、不汇报，特别是遇到旅游接待计划发生重大变化的情况也不请示，擅作主张，甚至出了事故都隐匿不报的做法也是错误的。为了加强对旅游团接待过程的管理，旅行社应根据本企业和本地区的具体情况，制定出适当的请示汇报制度。这种制度既要允许接待人员在一定范围内和一定程度上拥有随机处置的权力，以保证接待工作的高效率，又应要求接待人员在遇到旅游活动过程中的一些重大变化或发生事故时，及时请示旅行社有关管理部门，以取得必要的指导和帮助。只有建立和坚持这种适当的请示汇报制度，才能保证旅游团的接待顺利进行。

（2）**接待现场抽查与监督**。除了建立适当的请示汇报制度，以保证接待人员能够将接待过程中发生的重大情况及时、准确地传达到旅行社接待部门，使接待部经理和旅行社总经理等有关管理人员能够随时掌握各旅游团接待工作的进展情况外，旅行社还应建立旅游团接待现场抽查和监督的制度。由接待部经理或总经理等人在事先未打招呼的情况下，亲自到旅游景点、旅游团下榻的饭店、就餐的餐馆等旅游团活动场所直接考察导游人员的接待工作情况，并向旅游者了解对接待工作及各项相关安排的意见，以获取有关接待方面的各种信息。旅行社接待管理人员通过现场抽查和监督，可以迅速、直接地了解接待服务质量和旅游者的评价，为旅行社改进服务质量提供有用的信息。

（三）总结阶段的管理

总结阶段的管理，主要是通过对接待过程中发生的各种经验教训进行总结，处理旅游者对接待人员的表扬和投诉，增强接待人员的思想认识、知识水平和业务能力，以提高旅行社团体旅游接待的整体水平。旅行社在总结阶段的管理主要是建立接待总结制度和处理旅游者的表扬和投诉。

（1）**建立接待总结制度。**为了达到提高旅游团接待工作效率和服务质量的目的，旅行社应建立总结制度。要求每一名接待人员在接待工作完成后，对接待过程中发生的各种问题和事故、处理的方法及其结果、旅游者的反映等进行认真的总结，必要时应写出书面总结报告，将其中的成功经验加以宣传，使其他接待人员能够学习借鉴，并将接待中出现的失误加以总结，提醒其他人员在今后的接待工作中尽量避免犯同样的错误。通过总结，达到教育员工、提高接待水平的目的。此外，旅行社还可以采用其他方式对旅游团接待过程进行总结。例如，听取接待人员当面汇报；要求接待人员就接待过程中发生的重大事故写出书面总结报告；抽查接待人员填写的“陪同日志”、“全陪日志”、“领队日志”等接待记录的方式。通过这些方式，可以更好地了解对旅游者的接待情况和相关服务部门的协作情况，及时发现问题，采取补救措施。总之，旅行社接待管理人员通过总结旅游团接待情况，不断积累经验，以便进一步改进产品、提高导游人员的业务水平，完善协作网络。

（2）**处理旅游者的表扬和投诉。**处理旅游者对导游员接待工作的表扬和投诉，是总结阶段中旅行社接待管理的另一项重要内容。一方面，旅行社通过对优秀工作人员及其事迹的宣传，可以在接待人员中树立良好的榜样，激励接待人员不断提高自身素质；另一方面，通过对旅游者针对导游员接待工作提出投诉的处理，既可教育受批评的导游员本人，又能对其他接待人员起到鞭策作用，使大家在今后的接待工作中不再犯类似的错误。

第三节　散客与门市管理

散客旅游又称自助或半自助旅游，在国外称为自主旅游（Independent Tour）。它是由游客自行安排旅游行程，零星现付各项旅游费用的旅游形式。散客并不意味着完全不依靠旅行社而全部旅游事务都由游客自己办理。实际上，不少散客旅游活动都选择借助旅行社的帮助，其旅游日程、线路等由旅游者自己选定，然后再由旅行社作某些安排，如机票、旅馆、导游等。散客旅游也并不意味着只是单个游客，它可以是单个游客，也可以是一个家庭或几个亲朋好友，还可以是临时组织起来的散客旅游团，但人数通常少于旅游团队。

散客旅游的特点：包括一般由游客自行安排行程，多采用零星现付的方式，旅游活动项目是按零售价格支付，相对昂贵；游客自由度大；我国现行规定旅游人数在 9 人以下。

一、散客旅游业务的特点与服务要求

（一）散客旅游业务的特点

（1）**批量小。**散客旅游多为旅游者本人单独外出，或与其家属、亲友结伴而行。同

团体旅游相比，散客旅游的批量一般比较小。

（2）**批次多**。散客旅游的批量虽然比较小，但是采用散客旅游方式的旅游者日趋增加，加上许多旅行社大力开展散客旅游业务，更促进了散客旅游的发展，所以散客的总人数在迅速增加。散客市场规模的日益扩大及其批量小的特征，使得散客旅游形式呈现批次多的特点。

（3）**预订期短**。散客旅游决定的过程比较短，相应地使散客旅游形成了预订期短的特点。散客往往要求旅行社能够在较短的时间内为其安排好旅游线路并办妥各种旅行手续。

（4）**要求多**。散客当中有大量的商务、公务旅游者，他们的旅行费用多由所在的企业、单位全部或部分承担。另外，他们在旅游过程中有很多交际应酬活动和商务、公务活动。因此，他们的旅游消费水平较高且对旅游服务的要求也较多。

（5）**变化多**。散客在旅行前常缺少周密的安排，而在旅行过程中临时变更旅行计划，提出各种新的要求或在旅行前突然由于某种原因而临时决定取消旅行计划。

（二）散客旅游接待的要求

散客旅游的出现是旅游市场成熟的标志之一，说明旅游者的旅游消费观念日趋成熟。散客对旅行社提供接待服务的要求不同于团体旅游者，对于服务的效率和质量更为注重。旅行社在散客旅游接待方面，主要应做好以下三方面的工作。

（1）**旅行社产品方面**。散客的文化层次通常比较高，而且旅游经验一般比较丰富。他们对旅行社产品的深层内涵十分重视。旅行社在接待散客时应针对这一特点，多向他们提供那些具有丰富文化内涵和浓郁的地方与民族特色的产品，增加产品的参与性，以满足他们追求个性化和多样化的消费心理。

（2）**预订系统方面**。散客的购买方式多为零星购买，随意性较强。因此，散客旅游对高效、便利、准确的预订系统有着强烈的要求。针对这一特点，旅行社应采用以计算机技术为基础的网络化预订系统，保证散客能够自由、便利地进行旅游预订和委托、委派。

（3）**采购方面**。散客多采取自助式的旅游方式，对于旅游目的地各类服务设施要求较高。旅行社应加强旅游服务的采购工作，建立起广泛、高效、优质的旅游服务供应网络，以满足旅游者的需要。

二、散客旅游业务的类型与做法

（一）单项委托服务

单项委托服务主要包括零散旅游者（简称散客）来本地旅游的委托、零散旅游者赴外地旅游的委托和零散旅游者在本地的单项委托等三种情况。

（1）**散客来本地旅游的委托**。散客来本地旅游的委托，是指外地旅游者委托其所在地的旅行社办理其前往旅游目的地旅游时所需的有关接待或其他旅游服务的业务。旅游者旅游目的地旅行社的有关工作人员应在接到外地旅行社的委托通知后，立即按照通知的要求办理旅游者所委托的有关服务项目。如果旅游者要求旅行社提供导游接待服务，旅行社有关部门应及时委派导游员按时前往旅游者抵达的地点接站并提供相应的服务。如果旅行社认为无法提供旅游者所委托的服务项目，应在接到外地旅行社委托后24小时内发出不能接受委托的通知。

（2）**散客赴外地旅游的委托**。多数旅行社规定，散客旅游者应在离开本地前三天，到旅行社办理赴外地旅游的委托申请手续。旅行社散客部在接到旅游者提出的委托申请后，必须耐心询问旅游者的旅游要求，认真检查旅游者的身份证件。如果旅游者委托他人代办委托手续，受托人必须在办理委托手续时出示委托人的委托信函及受托人的身份证件。旅行社散客部人员在为旅游者办理赴外地旅游委托手续时，应根据旅游者的具体要求，逐项填写“委托代办支付券”。填好后，散客部人员将“委托代办支付券”的第一联和第二联交给旅游者，将第三联和第四联留存。旅游者在旅行社办理旅游委托后又要求取消或变更旅游委托时，应至少在出发前一天到旅行社办理取消或变更手续，交纳加急长途通信费并承担可能由此造成的损失。对于取消旅游委托的旅游者，旅行社经办人员应收回“委托代办支付券”，并将其存档。

（3）**散客在本地的单项委托业务**。有些散客在到达本地前并未办理任何旅游委托手续，但当到了本地后，由于某种需要也会到旅行社申请办理在本地的单项旅游委托手续。旅行社在接待这类旅游者时，应首先问清旅游者的要求，说明旅行社所能提供的服务项目及收费标准，并根据旅游者的要求，向其提供相应的服务。如果旅游者委托旅行社提供导游服务，旅行社应在旅游者办妥委托手续并交纳费用后，及时通知接待部门委派导游员或派遣本部门的导游员为旅游者服务。

（二）旅游咨询业务

旅行社咨询服务的范围很广，主要有旅游交通、饭店住宿、餐饮设施、旅游景点、各种旅游产品价格、旅行社产品种类等。虽然旅行社在提供旅游咨询服务时并不向旅游者收取费用，但是往往可以通过提供咨询服务引导旅游者购买本企业的产品。因此，旅游咨询服务是扩大产品销售和提高经营收入的一条重要渠道。旅游咨询服务业务分为电话咨询服务、信函咨询服务和人员咨询服务三种。

（1）**电话咨询服务**。电话咨询服务，是指旅行社工作人员通过电话回答旅游者关于旅行社产品及其他旅游服务方面的问题，并向其提供购买本旅行社有关产品的建议。旅行社工作人员在提供电话咨询服务时应注意以下两点：第一，尊重顾客。旅行社工作人员在接到旅游者打来的咨询电话时，应该表现出对顾客的尊重，要认真倾听他们提出的问题，并耐心地予以恰当的回答。回答时声调要友好、和气，语言应礼貌、规范。第二，积极主动。旅行社工作人员在提供电话咨询服务时应积极主动，反应迅速。在圆满地回答顾客问题的同时，应主动向旅游者提出各种合理的建议，抓住时机向他们大力推荐本旅行社的各种产品。

（2）**信函咨询服务**。信函咨询服务是指旅行社工作人员以书信形式答复旅游者提出的关于旅游方面和旅行社产品方面的各种问题，并提供各种旅游建议的服务方式。目前，旅行社的信函咨询服务主要利用传真设备进行。信函咨询的书面答复应做到语言明确、简练规范、字迹清楚。

（3）**人员咨询服务**。人员咨询服务是指旅行社工作人员接待前来旅行社门市进行咨询的旅游者，回答他们提出的有关旅游方面的问题，向他们介绍旅行社的散客旅游产品，提供旅游建议。在提供人员咨询服务过程中，旅行社工作人员应做到以下两点：第一，热情友好。在咨询过程中，旅行社门市的接待人员应热情友好，面带微笑，主动进行自我介绍，仔细认真地倾听旅游者的询问，并耐心地进行回答。与此同时，还应该认真地将旅游者的问题和要求记录下来。此外，还应向旅游者提供有关的产品宣传资料，让旅游者带回去阅读，以便加深旅游者对本旅行社及其产品的印象，为旅行社争取客源。第二，礼貌待客。旅行社门市的接待人员必须坚持礼貌待客，给旅游者一种宾至如归的感觉。礼貌待客显示了旅行社工作人员良好的素质和对顾客的尊重，会给旅游者留下良好的第一印象。

（三）选择性旅游

选择性旅游是指由旅行社为散客组织的短期旅游活动，如小包价旅游的可选择部分、散客的市内游览、晚间文娱活动、风味品尝、到近郊及邻近城市旅游景点的“一日游”或“半日游”等项目。随着国际旅游市场的发展趋势以及我国实行双休日制度后周末远足旅游热潮的兴起，不少旅行社已将目光转移到选择性旅游这一大有潜力的新市场，纷纷推出各种各样的选择性旅游产品，以增加旅行社的经济效益和社会效益，提高知名度。我国有些地区甚至出现了专营选择性旅游产品的旅行社。

1. 选择性旅游产品的销售

旅行社销售选择性旅游产品的主要渠道是旅行社的门市（或连锁门市）。此外，还有外地的旅行社、饭店、旅游交通部门、海外经营出境散客旅游业务的旅行社等销售渠道。旅行社在销售选择性旅游产品方面，应做好以下三个方面的工作。

（1）**设立门市（或连锁门市）**。门市招徕是组织选择性旅游的主要途径。旅行社应根据散客的客源结构、旅行习惯等特点，有针对性地开展门市招徕业务。除了在旅行社散客部所在地设立门市外，还应设法在当地的飞机场、火车站、长途汽车站、水运码头、旅游饭店及闹市区设立销售连锁门市招徕散客旅游者。

（2）**建立销售代理网络**。建立销售代理网络是旅行社销售选择性旅游产品的另一途径。旅行社应与国内其他地方的旅行社建立相互代理关系，代销对方的选择性旅游产品。此外，旅行社还应设法与海外经营出境散客旅游业务的旅行社建立代理关系，为本旅行社代销选择性旅游产品。

（3）**设计选择性旅游产品**。旅行社应针对散客旅游者的特点设计出各种适合散客旅游者需要的选择性旅游产品，如“半日游”、“一日游”、“数日游”等包价产品；游览某一景点、品尝地方风味、观赏文娱节目等单项服务产品；“购物游”等组合旅游产品。选择性旅游产品的价格应为“组合式”，即每一个产品的构成部分均有各自的价格，包括产品的成本和旅行社的利润。旅行社将这些产品目录放在连锁门市或赠送给代销单位，供旅游者选择。

2. 选择性旅游的接待

接待购买选择性旅游产品的旅游者，是散客旅游业务的另一个重要环节。由于选择性旅游具有品种多、范围广、订购时间短等特点，所以选择性旅游的接待工作比团体包价旅游更为复杂和琐碎。旅行社在选择性旅游的接待业务中，应重点抓好以下两方面的工作。

（1）**及时采购**。由于选择性旅游产品的预订期极短，所以旅行社的采购工作应及时、迅速。旅行社应建立和健全包括饭店、餐馆、景点、文娱场所、交通部门等企业和单位在内的采购网络，确保旅游者预订的服务项目能够得以实现。此外，旅行社还应经常了解这些企业和单位的价格、优惠条件、预订政策、退订手续等情况及其变化，以便在保障旅游者服务供应的前提下，尽量降低产品价格，扩大采购选择余地，增加旅行社的经济效益。

（2）**搞好接待**。选择性旅游团队多由来自不同地方的散客临时组成，一般不设领队或全程陪同。因此，与团体包价旅游的接待相比，选择性旅游团队的接待工作难度较大，需要配备经验比较丰富、独立工作能力较强的导游人员。在接待过程中，导游人员应组织安排好各项活动，随时注意旅游者的反映和要求，在不违反对旅游者承诺和不增加旅行社经济负担的前提下，对旅游活动内容做适当的调整。

相关链接 搜索

散客旅游的十大注意事项

1. 关于散客拼团原因。散客人数较少，拿不到景区、宾馆等的折扣价格，所以要拼起来。目前团队出游遇到的比较麻烦的问题就是计划较为固定、不自由，而散客则相对自由和轻松。建议大家选择正规的旅行社，避免因为旅行社之间的经济纠纷而耽误了自己的行程安排，影响自己的情绪。

2. 关于散客餐费。散客来自全国各地，大家的口味不一样。比如四川人吃辣的，南方人吃甜的，北方人吃咸的，所以就餐问题不好安排。我们一般建议游客的早、晚餐在宾馆或附近用餐。早餐比较简单，晚餐到各地的特色小吃店或大排档、美食街自由消费。中餐在景点，导游会安排大家用餐的时间，或给大家介绍几个用餐的饭店。也可以让导游帮忙包餐，最低15元/人，10人1桌，10菜1汤，以吃饱为原则；也可以自带自己喜欢的东西吃。在餐费自理的情况下，到有营业执照的餐厅就餐，看清楚酒店的价格和斤两，以免被宰。

3. 关于散客景点自理问题。散客乘坐的交通方式不一样，到达目的地的时间也不一样。有的客人到达较晚，前面的有些小景点是来不及参观的，所以安排的时间应相对轻松，在其他客人还没有到达的情况下给大家介绍一下行程外的一些值得看的景点，由大家自愿参观。值得注意的是，景点是自愿交费参观的，绝对不允许强迫消费。同时也要看清楚哪些景点是包含费用的，哪些不是在行程中的。在旅行社之间比较价格时也要注意这些内容，因为这些影响到客人的出游价格！

4. 关于散客旅游门票退还问题。有些游客有老年证、离休证、退休证、教师证、学生证、军官证等证件，应在上车后把证件及时告知导游，便于导游在买票时购买优惠票。票价按照旅行社的优惠价格退还。比如门票70元，半价35元，应按照30元左右退还。

5. 关于散客旅游住宿问题。散客房间安排在相对比较集中的地方，以方便集合出发。房间通常是安排双人标准间（2人间，2个床），独立卫生间，带空调，可以洗澡。三人间是三个床位。在出现自然单人间的情况下，需要安排单人住宿的，应补足差价。所以客人在咨询时应先确定自己要几人间，这样也方便旅行社的安排。 住宿时有些宾馆可能需要交押金，这主要是因为宾馆怕客人损坏房间的设施，只要在退房时没有损坏设施，他们都会如数退还的。这也提醒大家，在入住宾馆时应检查房间的设施，如果有损坏的现象，就马上告知总台或服务员。

6. 关于散客旅游交通。大家乘坐的一般都是空调旅游巴士，按上车的先后顺序随机入座，旅行社是不提前安排车座号的。携带行李的游客可以将行李放在行李架或车厢里，随身的贵重物品应自己保管好。

7. 关于散客旅游导游问题。散客的行程具有灵活性，根据出发和到达的时间可以做相应的调整。导游也会相应调整。比如，青岛有市内一日游和崂山一日游，后面是威海、蓬莱等线路。那么导游到后面就有可能调整，由其他的导游带大家去威海、蓬莱等地。大的城市之间需要乘火车或轮船飞机等，需要游客自己乘坐了。

8. 关于散客提前支付定金问题。散客比较灵活，随时有可能取消行程安排，这样容易给旅行社造成一些经济损失，所以要提前支付定金。如果没有造成损失或将行程的变化提前一周告知旅行社，旅行社将退还定金。

9. 关于散客旅游保险问题。散客旅游较团体旅游分散，应该注意安全。散客可自行购买短期出游意外保险，可找保险公司或者网上购买，价格随时间而变化。

10. 关于散客消费权益的保护。散客不是组团社，是直接联系旅行社的，其消费权益又如何得到保障呢？这就要和当地的旅行社签订正规的旅游合同，即国内旅游组团合同。散客如果不在当地，则需要发传真签订合同或以 E - mail 等形式确认，尽量完善。在网站预订的便宜订单，要看清此旅行社是否备案，旅游许可证等证件是否齐全，必要时可打电话咨询旅游相关法制部门。

三、旅行社门市接待

随着旅游业的不断发展，旅行社经营的业务范围不断扩大，从过去单一的招徕和接待入境团体包价旅游者，发展到目前多品种、多层次、多形式的旅游业务。旅行社招徕旅游者的渠道也从过去单纯依靠海外旅游中间商，逐渐演变成今天的海外旅游中间商、国内客源地组团旅行社和旅行社连锁门市等多种渠道。其中，连锁门市已经成为许多旅行社，尤其是经营出境团体旅游业务、国内团体旅游业务、散客旅游业务旅行社的重要销售渠道。因此，旅行社经营管理人员必须重视门市连锁业务。

（一）门市部设立

设立门市部是旅行社开展门市业务的第一步。它涉及选择门市部设立的地点和门市部内外的装饰及布局。不少旅游者往往从旅行社门市部的坐落地点和里面的布局来判断旅行社的产品质量，并决定是否向该旅行社购买旅游产品。尽管用这种方法了解旅行社既不科学也不客观，但事实上许多人采用过这种方法。因此，旅行社对其门市部的设立必须高度重视。

选择地点是旅行社设立门市部的开端。门市部是否坐落在适当的地点，对于旅行社门市业务的开展具有重要意义。地点选择不当可能会对旅行社门市业务产生不良影响。因此，在实际工作中，许多旅行社经营管理者十分看重门市部地点的选择。然而，由于经营业务不同和经营风格各异，不同旅行社选择门市部地点的标准也不尽相同。旅行社在选择门市部地点时应考虑的因素：

（1）**目标市场**。旅行社在选择门市部地点时，应首先考虑其产品的目标市场。例如，以过往客人作为主要目标市场的旅行社，应在飞机场、火车站、长途汽车站、水运码头等处设立门市部；以商务旅游者为主要目标市场的旅行社，则应把门市部设立在商务饭店内或其附近地区；以当地居民为主要目标市场的旅行社可以把门市部建立在人口稠密的居民区；而以大、中学校教师和学生为主要目标市场的旅行社则必须选择学校比较集中的地方。总之，门市部的地址不可选在距离其目标市场所在地方较远的地点。

（2）**方便顾客**。方便顾客是旅行社选择门市部地点时需要考虑的第二个因素。一般来说，旅游者很少愿意到距离自己居所或工作单位较远的旅行社门市部进行旅游咨询，他们也不愿意为了解旅行社产品而爬楼梯。因此，旅行社应该设立在商业区、居民区、机关企业等较为集中的地方，而且一般都设在临街的门脸房或楼房的一层。旅行社很少将门市连锁设在闹市区或商场里面，因为那里人群的流动速度太快，不利于旅游者停下脚步寻找旅行社的门市部。如果旅行社将门市部设在饭店里，应设在前厅比较显眼的地方，最好能够有临街的单独出入的门，以方便旅游者进出。

（3）**位置醒目**。旅行社在选择门市部地点时，还要考虑所选择的地点是否容易被旅游者找到。通常，旅行社把门市连锁设在主要交通干线而不会设在偏僻的里弄。即使在交通干线上，也要选择适当的位置，使旅游者能够从较远的地方清楚地看到。例如，在一条街上，门市部的最佳位置应是面对人流或车流的路口处，而不应是背向人流或车流的地方。

（4）**旅行社门市部相对集中**。有些人主张旅行社不应把门市部的设立地点选在旅行社较多的地区，认为那样会造成旅行社之间的竞争加剧，使新的旅行社门市部难以开展业务。这种看法有失偏颇。事实上，在旅行社相对集中的地区设立门市部虽然会使其在经营方面经受较大的压力，但是这种压力却往往有利于旅行社门市部的发展。由于地处同行相对集中的地区，旅行社门市部可以借鉴同行们的经营经验，变压力为动力，促使旅行社在提高产品质量、降低经营成本、提高服务水平等方面下大力气，以吸引更多的旅游者。同时，旅行社相对集中的地区本身就是吸引旅游者前来咨询和购买旅行社产品的一个重要因素。例如，我国上海市的西藏路是旅行社门市部相对集中的地方，上海市民要出外旅游时，往往首先想到去那里咨询。

（二）门市接待人员的选择

旅行社门市是旅行社重要的对外窗口，门市接待人员的岗位职责主要包括介绍旅行社散客旅游产品、提供各种旅游咨询、办理各种散客旅游产品销售业务和处理各种文件。因此，旅行社在选择门市接待人员时，除了要求具备职业道德水准和身体健康条件外，还应要求他们具有以下业务素质：

（1）**精通散客旅游产品知识**。门市接待人员首先应具备的业务素质，是精通散客旅游产品知识，熟悉产品的内容及什么时候、以什么价格能够获得这些散客旅游产品。另外，门市接待人员还应该能够准确地判断各种散客旅游产品的质量，并能清楚地了解产品的特色。

（2）**了解散客的需求**。门市接待人员必须全面了解散客旅游者的需求。为此，旅行社的门市接待人员必须具备旅游心理学方面的知识，同时具备良好的提问能力和倾听能力，能够从旅游者的回答中抓住问题的实质，发现散客真正的需要。

（3）**善于推销散客旅游产品**。门市接待人员必须具备较强的产品推销能力，在旅游者的咨询过程中，积极主动地向旅游者介绍本旅行社的散客旅游产品，善于抓住稍纵即逝的机会，引导旅游者购买。

（4）**具有较高的文字水平**。在旅行社门市接待过程中，接待人员除了回答旅游者提出的各种问题并提供咨询意见和建议外，还要填写各种表册和起草各种业务文件。因此，门市接待人员应具有较高的文字水平。

（三）旅行社门市接待流程

1. 售前服务

（1）**散客线路策划**。根据旅游季节、景区特点、游客需求，策划出人性化、个性化、经典化的旅游线路。

（2）**编制线路行程、报价核算**。计调操作两大核心内容：成本领先、质量控制。

（3）**推广旅行社线路**。充分利用各种媒体、横幅、彩报等方式，告知游客旅行社的各种旅游线路。

2. 售中服务

（1）**热情、耐心倾听、解答客户的咨询**。前台员工必须拥有五大素质：好学与自学、热情与微笑、耐心、细心、沟通能力。在具体接待时，必须做到热忱服务、耐心倾听、细心解答，一切从游客需求的角度出发进行服务。

（2）**记录客户资料**。详细记录客户的联系方式、出游线路、出游日期、旅游人数、特别需求。

（3）**编制行程及报价**。根据客户的要求，联系优秀的地接社或办事处，然后编制线路最优、价格实惠的行程，在 24 小时内及时反馈给游客。

（4）**跟踪及反馈**。保持一定频率与客户联络，跟踪客户最新出游信息，尽可能按客人需求，调整旅游线路，进而报价并督促客户及早下单、签约。

（5）**接受报名**。详尽、如实地向游客说明行程安排、行程标准、注意事项、自费项目等。解释合同条款，签订《组团旅游合同》，正确核对客户姓名及身份证号码，发放旅游包（长线），全额收款，交财务部入账，填写交款记录，成团。

（6）**团体确认**。根据客户需求，再次落实团体计划（机票、车辆、住宿、用餐、地陪导游等），并及时确认团体计划。①确认机票情况：往返时间、折扣、机型、是否中转、航程、航空公司、机餐。②确认车辆情况：车型、车龄、车况、正座数、车队、司机情况、接送时间地点、车价。③确认住宿情况：星级、地段、最近装修时间、硬件标准、软件管理水平、同级竞争情况、经营者特点、经营状况、沟通和讨价还价的能力、各季节的价格及变化情况。④确认景区情况：门票、折扣情况、自费景点、索道价格、资源品位、特点。⑤确认用餐情况：餐标、卫生、地理位置、风味（特餐）、结算、配合、早餐（桌早或自助早）。

（7）**选派导游**。向导游交代接待计划，确定团队接待重点及服务方向。门市人员要熟悉导游，包括导游的年龄、外形、学历、质量反馈、性格、作业特点、责任心、平常心、金钱观念、突发事故的处理能力、适合的团型；并了解社内导游的安排情况，以便针对客户作出最合适的导游安排。

（8）**出游准备**。针对特殊团体应约定时间召开见面会；针对一般团体应在出发前一天，通知客户出发时间、地点、出游准备、目的地注意事项、自费项目、送机人联系方式、导游联系方式等。

（9）**最终确认**。出发前 24 小时与对方核对计划，对游客的特殊要求重点落实，要求对方最终确认。做好游客认同的保险单，传真给保险公司。

（10）**导游出团注意常规事项**：导游任务单；团体行程表；质量反馈表；游客名单表；短线团：旅游帽；长线团：旅游包，旅游帽；及时通知司机、领队集合时间、地点及出团注意事项；凭任务单上核算，向财务领备用金；第一时间核对机票出发时间、游客姓名、身份证号码；了解当地民族风情、风景特色。

3. 售后服务

（1）**服务跟踪**。细心问候行程中的游客，如有质量投诉情况，应及时调整。尽最大努力，为游客提供一个舒适、愉快的旅游环境。

（2）**计划调整**。行程计划如有变化，应遵循三大原则：变更最小原则、宾客至上原则、同级变通原则。

（3）**报账归档**。团队行程结束，一周内清账。整理该团的原始资料，每月底将该月团队资料登记存档，以备查询。应坚持定期回访：建立客户档案，定期以电话、短信、登门拜访等形式回访客户，建立一个良好的客户基础；总结回顾：团团有总结，认真对待客户的建议，并对建议进行分析、评价、解释，年年有回顾，吸取教训，秉承优良工作经验。

第四节　大型和特种旅游团体接待服务管理

随着我国经济的快速发展，尤其是面向国际的商贸旅游经济的蓬勃发展，诸如国际推介、展示、洽谈、研讨交流和论坛等大型活动应运而生，同时，旅游者相对集中的大型团队也层出不穷（如专列、包机、邮轮等），为旅行社创造了新的业务市场。

一、大型团队活动的承接与接待服务的操作

大型团队可按其性质分为工作团队和纯旅游团队。工作团队可分为会议团队、展览团队；大型会议活动的接待是旅行社扩大业务的重要渠道。

（一）大型团队活动的承接

大型团队活动的组织者一般为政府、事业性机构、社会团体和企业。组织者为搞好活动，自然希望与有经验的服务者合作。为此，组织者往往通过招标、议标来寻找合作者。旅行社必须常备各种类型的接待方案，收集国内外应对不同专业需求的特别方案。对有目标的业务，旅行社承接的一般步骤是：

（1）直接走访组织者，特别是组织者领导或主管，认真听取组织者要求，细心了解专业性需求，重复并确认组织者的基本需求（若有招标书也必须这样做）。

（2）按组织者的要求进行初步的策划和创新，并形成图文并茂的方案或活动手册；要特别注意安排接待中的细节（如参与者的爱好、兴趣等）。

（3）将设计好的初步方案，特别是活动流程和要点运作，再次与组织者沟通，征求意见和寻求帮助。这样的工作应反复多次，让组织者理解和认同旅行社的操作思路和安排。这对旅行社的应标和以后的实际运作，都会带来事半功倍的效果。

（4）要注意与组织者领导的交流与沟通，要深刻领会他们的本意，同时必须开展一定的公共关系活动。

（5）要形成有质量、有品位和有视觉效果的案头，这无论对应标、议标，还是组织者内部传阅，都会带来意想不到的效果和评价。

（6）若通过招标则要处理好与招标公司的关系，特别要注意标书的内容和要求，有疑虑和不明白时最好多与招标公司确认。

（7）要尽力了解竞争者的情况（如对本案的态度、进展速度和其自身优势等）。

（8）在应标时，必须选派口齿伶俐、熟悉本案、应变能力强的人去，必须注意仪容仪表和素质修养。

（二）大型团队接待服务的操作要点

大型团队活动的接待服务是大型活动的核心，做到有计划、有步骤、有应变是做好大型团队活动接待服务的关键。为此，旅行社在承接后必须细化设计方案，形成实施方案，并与人、财、物、时序配套。其基本操作要点包括：

- 编制接待体制图，明确各部门工作要点和职责，包括一般事故与紧急事故对策；

- 制定与各相关接待单位的联络事项、要求、时间以及配合细则；
- 详尽的相关资料或对方信息；
- 整个团队活动的日程（行程、议程）示意图；
- 各种资源的介绍和说明（如活动简介、特色资源、风土人情等）。

相关链接　搜索

2014 PATA 旅游交易会接待工作手册（目录）

一、接待组各小组分工一览表
二、各工作组工作职责
三、接待组主要人员通信一览表
四、PTM 2014 每日活动安排
五、PATA 理事会每日活动安排
六、机场欢迎台工作人员一览表
七、机场接站发车时间一览表
八、PATA 理事会接送机的安排
九、机场接待工作方案
十、PTM 2014 指定接待酒店一览表
十一、指定接待酒店工作人员一览表
十二、各酒店入住人数情况及用车预算表
十三、PTM 2014 酒店 / 会场每日发车时间表
十四、PATA 理事会酒店 / 会场用车时间表
十五、住宿餐饮保障方案
十六、世贸会场工作人员一览表
十七、旅游考察接待方案
十八、各酒店周边医院

（三）团队抵达前的组织和准备工作

- 检查接待计划的落实情况；
- 挑选、配备适量的接待服务人员，要求每个接待服务人员了解自身的接待计划、内容和要求，根据日程计划，准备有针对性的服务；
- 要求统一服装、标牌、胸卡，准备好必要的用品（如对讲机等）；
- 配备随团医生，准备好各种药品；
- 研究确认交通接待所需时间、地点及车辆出入，统一指挥调度，使之运行畅通；

- 活动中的会议布置、座次安排、音响和信息设备等；
- 确定客人就餐时的桌号及桌上放置的标志，重点客人和领导应有桌签。

相关链接 搜索

旅行社会议接待计划书

一、会议资料准备

1. 会议资料（由主办单位提供，其中文字资料由承办单位按会务组要求根据参会人数印制）
2. 会议资料（主办单位提供）
3. 领导发言稿（主办单位提供）
4.《报到册》、《会议指南》、《会议日程》、参会者到达消息
5. 项目执行情况资料（主办单位提供）
6. 展板所属图片（主办单位提供）
7. 广告牌设计稿
8. 欢迎布标、会议室布标
9. 会议礼品（按参会人数准备）
10. 会议代表证
11. 会议用餐券

二、设备及设施准备

1. 投影仪、多媒体电脑一台
2. 广告牌按设计稿制作好，根据要求准备
3. 会议室一间（根据入会人数）
4. 车辆准备
5. 麦克风
6. 定制领导座次牌（名单由主办单位提供）
7. 会议形式：座谈及课桌形式
8. 照相机
9. 摄影机，由专业人员操作

三、会前准备工作程序

1. 根据会务组要求，代表报到前两天，会议室会场布置（或分组讨论）（会标、广告牌、灯光、音响、多媒体、投影仪、电源、桌椅、茶杯及服务员安排）落实到位。

2. 根据酒店提供的房况表，报到前两天与先到达的会务组人员协商确定会务组房间，选定领导、专家及主要代表入住的楼层、房间类型、房号、需要放置的水果种类及特殊安全保卫工作。

3. 提前两天检查餐厅环境卫生，桌椅摆设、餐具的完好程度，再次落实菜单及服务到位情况。

4. 提前两天完成会议所需的代表证、发放的资料、签到表、就餐卡、广告牌、商家展板及

宣传设备的摆设位置，电源、灯光亮度、通道畅通等情况，会间摄影、摄像设备，人员的准备。

5. 与酒店保安部组成会议安全组，在会议期间加强门卫、楼层检查，杜绝安全隐患。

6. 在大堂、楼层、餐厅、会议室、电梯等处贴上会议指示箭头。

四、会议其他费用开支预算

1. 代表证：× 元 / 张

2. 广告牌：万通板，1 米 ×2 米板 × 元 / 块；会议室主席台背景 1.9 米 ×5.7 米，需用万通板 6 板；徽标和刻字按字数、尺寸、颜色收费，制作费约 × 元

3. 展板：根据主办方要求，由我方代办，费用按时结算

4. 临时用车：商务车（× 元 / 天），小卧车（× 元 / 天），大巴车（× 元 / 天）

5. 宴会标准 > 标准（由贵公司定标准）

6. 水果

7. 纪念品

8. 资料打印、复印

9. 照相、摄像

10. 场地、会议厅租金

11. 其他

五、会场布置

1. 布标

2. 按会议规定的摆放形式及要求布置好会场

3. 设立会务人员发放会议用品及文件

4. 确定会场摄影点和时间

六、人员安排

1. 根据会议人数需求安排会务接待小组，如住房登记员、财务人员、票务、考察咨询、引导人员（至房间、餐厅、电梯、会议室）。

2. 会议全程督导人员，负责落实会议室布置、茶水供应及服务。

3. 摄影组：根据会议需求安排摄影人员。

4. 车辆小组：根据会议实到人数，落实车况好、驾驶技术好的配套车辆及人员。此小组负责会议临时接待服务工作，如专家、领导临时出行、就餐与会见等活动的车辆。

5. 旅游接待小组：根据参加考察人数安排每车一位优秀导游，负责代表的服务。

6. 生活小组：此小组负责会议用餐的时间、人数及相关的一些服务，确保代表会议期间的生活服务。

七、发票的开具

在会议前通知上注明由我方承办的项目。会议期间，我方根据代表需要，开具正式发票及酒店的住宿发票。

八、会议接站

1. 会议报到当天，安排全天候接站，机场设立两块醒目接站牌，一块设在正门出站口，另一块设在提取行李出口处。火车站设一块醒目接站牌。

2. 人员及车辆安排

1）人员：机场设1～2人（领导、专家的接待除外）

2）接站车辆：根据会务组要求派车

3）领导、专家的接待由会务组统一安排，根据航班、车次，派专人、专车接送，需要送花、办理护照的提前安排，保证准确安全接待。

九、会议报到

二、特种旅游团的接待服务

特种旅游团是指该团成员具有同一体质特征或同一特殊旅游目的的旅游团。旅行社对这种特殊的旅游团队必须根据其特点和特殊需求进行接待。常见的有政务型旅游团、老年旅游团、残疾人旅游团、宗教旅游团、青少年旅游团等。

（一）政务型旅游团接待

1. 政务型旅游团的特点

政务型旅游团队包括中外政府组织、政治团体组成的旅游观光、考察团队。政务型旅游团队的特点是团员社会身份地位较高，专业考察性质较强，往往有当地政府官员陪同在侧或有宴请活动。旅行社必须高度重视政务型旅游团队的接待。

2. 政务型旅游团的接待

对于政务型旅游团队，旅行社往往选择综合能力较强的优秀导游服务人员为团队服务。能够接待这样的团队，对旅行社或导游服务人员来讲都是一种荣耀。当然，接待这类团队是不允许出现任何重大差错的。旅行社应在行前与对方密切联系，了解对方的要求，制定完整的接待预案，联系相关的对口部门出面接待，聘请一些专家辅助讲解或座谈等。作为政务型旅游团队的导游人员，除应按普通团队接待程序做好接待准备和接待服务外，还应在如下方面多加留意：

（1）**重视礼貌礼节，认可团员的社会身份**。在称谓上始终使用尊称："各位领导"、"各位贵宾"；旅游线路和节奏应照顾客人的兴趣和身体状况，根据客人意愿适时加以改变；讲解的内容应以介绍景点背景资料为主，突出具体数据（注意数据的准确性）和本地特色，但不要妄自尊大；对客人感兴趣的内容可以多讲，其他内容少讲或不讲。

（2）**注意自己的身份**。如果团队有地方官员陪同，安排行程时应多与他们商量，或请他们代为征求客人的意见。当地方领导与贵宾交谈时，导游可以暂时中断自己的讲解以示尊敬；导游员也不要在车上与驾驶员闲谈，而且不论领导再怎么欣赏你，也不可贸然与领导同桌吃饭或主动上前敬酒。

（3）**突出团队的主要领导**。导游服务以主要领导为核心，多听取其意见，适当照顾其他团员；讲解也以主要领导为主，时刻伴随其左右并引领线路。当有记者摄影时，导游应主动后退半步，让团队成员突出；在没有得到领导明确邀请的情况下，导游人员一般不参加团队合影；即使受到邀请，也应陪居末位或站到后排。

（4）**除非合同明确规定，导游不得安排政务型团队购物**。客人主动要求购物时，导游可介绍商品特色，帮助客人谈价，但定价应由客人自己拿主意。当发现商品质量不可靠或价格明显虚高时，应提醒客人谨慎购买。

（二）老年旅游团接待

1. 老年旅游团的特点

老年人怀旧观念较重，喜欢历史文化气息浓重的旅游景点；倾向于选择安全系数较高的旅游线路；要求团队中有队医服务；旅游节奏也不宜太快。

所以，接待老年人团队的导游服务人员必须具备以下几点：应具备丰富的历史知识；善于尊重、体贴老人，虚心向老人请教；掌握一定的医学知识和护理知识，善于察言观色，及早发现老年人可能出现的重大病情，防患未然。

2. 老年旅游团的接待

（1）**安排适合老年人的交通工具**。安排旅游车辆时尽量做到宽松、舒适；乘坐火车时，尽量安排中、下铺位；乘坐飞机时，陪同人员需协助客人办理行李托运手续。

（2）**根据老年人的特点安排行程**。安排日程时注意节奏宜慢，可根据老年人身体情况，选择游览景点最精彩的部分，对次要景点就不必面面俱到了。

（3）**住宿要求整洁安全**。老人不求奢华，但求整洁，因此入住的酒店要确保环境幽雅，房间干净、安全。

（4）**饮食以清淡软烂为主**。安排餐食时注意照顾老年人的习惯和生理特点，以清淡软烂为主，咸淡适中；部分老人由于身体原因忌食油腻食品或甜食，导游可建议餐厅合理搭配荤素，保证一日三餐营养均衡；尽可能满足老年人合理的用餐要求。

（5）**门票尽量享受优惠政策**。购买门票时，离休证、老年证等证件是有优惠的，应按旅行社团队价减去相应优惠价退还旅客差价。老年游客经验丰富，导游服务人员要虚心听取游客的意见，及时采纳合理化建议。

（6）**最需要关心的内容**。准备一些常用药品，比如拉肚子的药、心脏病急救的药等；旅途多让他们休息，不需要在车上搞太多活动；多注意他们的行为，有不便时及时帮忙，并且随时注意别走散了；安排座位尽量让夫妻坐在一起；吃饭多点青菜，健康食品最好等。

（三）残疾人旅游团接待

1. 残疾人旅游团的特点

成员行走不便，自尊心特强。对其接待要事先踩点，弄清是否有障碍通道，要选派身强力壮、慎言、责任心强的导游员接待。残疾人团队的接待以旅行服务、生活服务为主，景区景点讲解为辅，导游的奉献多于回报。因此，导游服务人员必须要有爱心。

案　例

“我被帅哥导游‘抱’了12次”

在增城市白水寨，十多位肢残人第一次看到了“挂”在山腰上的瀑布，尽管很辛苦，尽管不能亲自触摸瀑布流水，尽管参观的时间也不长，但是通过浮现在他们脸庞上的幸福，我们能感觉到，今年的“五一”他们很快乐。重度肢残人冯丽云则更是不一般：上车要人抱上去，下车也要人抱下来。这次旅游应该说景点不算多，共两个——蔬菜公园和白水寨，加上中午的午餐、中间上洗手间和景点里面的电瓶车，一共是12次上下车。她就是在被不是很魁梧的男导游先后上下“抱”了12次之多的过程中度过这个节日的。她说：“我的体重约70公斤，每次被导游如此照顾，我的心里都很内疚，当然也很幸福。可以说，这是我来到这个世界上最难忘的一个‘五一’节。我想，旅行社对我这样一个残疾人都能做到如此周到和细心，那么，他们对正常的旅游团来说一定会做得更好，我让我的家人以后旅游都找他们。”

案例分析

1. 特殊旅游团的接待会给旅行社带来什么？
2. 旅行社应如何接待特殊旅游团？

2. 残疾人旅游团的接待

（1）**应安排符合残疾人身体状况的旅游线路。**行程不能过于劳累，原则上只安排游览道路平坦、通达性较好的核心景区，事先设计好适合残疾人的游览线路、中途休息地点等。应注意，选择的线路不能有任何安全隐患。

（2）**必须为残疾人提供周到的生活服务。**导游服务人员必须为残疾人提供周到的生活服务，包括搬运行李、送水送餐，甚至把客人抬上、抬下汽车等。

（3）**与其他部门联系，提供个性化服务。**对于行动不便的残疾人团队，导游可事先与接待部门或旅游景区联系，请求给予个性化服务，如提供志愿者、特许团队旅游车开到核心景区、送餐到客房等，让团队体会到社会广泛的关爱。

（4）**树立安全第一的观念。**及时提醒游客量力而行，引导游客追求旅游过程的新、奇、乐，而不是追求游览景点的数量，只要能较好地亲近自然、融入社会就算基本达到目的。

（5）**要注意残疾人细微的心理变化**。导游服务人员要善于察言观色，发现残疾人细微的心理变化，鼓励他们大胆地讲出自己的要求，以便提供相应的服务；对于残疾人性格、脾气上的怪异表现，导游要大度、容忍，千万不可斤斤计较。

（四）宗教旅游团接待

1. 宗教旅游团的特点

目的明确；时间严格；禁忌较多；待人宽容 。

宗教旅游团的活动内容，按其目的大致可分为三类：①以朝拜圣迹、举行或参与有关法事活动为主要目的的纯宗教旅游活动；②以慈善捐赠的形式，或主动或应邀参加某个地方的剪彩揭幕、奠基启动等仪式；③以专家学者的身份参加有关宗教的学术交流研讨活动。旅行社要根据旅游团的计划安排及摘要活动行程，对相关事宜事先给予充分的落实。

2. 宗教旅游团的接待

接待宗教型旅游团队要求导游服务人员掌握较多的宗教知识，熟知宗教礼仪和我国的宗教政策，具有较强的应变能力。导游服务人员可按一般团队接待程序提供基本服务，同时又要针对宗教旅游团的特点，提供个性化服务。接待中主要注意下列事项：

（1）**尊敬客人**。对已出家的信徒应称“师父”或“大德”，未出家的信徒称“居士”；对德高望重的方丈可称“大师”。导游向客人致谢时，应将手掌竖立于胸前，口念“阿弥陀佛”；导游服务人员讲解姿势以坐式为宜。但导游服务人员不要跟随信徒跪着与大师说话，更不要对大师五体投地表示虔诚。对于个别声望较高的僧人，当信众们都跪式伺候时，导游只需微微倾斜身体，压低身姿表示礼貌即可。

（2）**导游服务人员应多向大师父或当家和尚征求当日活动安排**。原则上以信众每日诵课为主，导游服务人员讲解为辅。讲解涉及宗教内容时，应多加前缀“这儿的信众认为……”或“本地的民风是这样认为的……”以使客人乐于接受。

（3）**尊重客人的宗教习惯和饮食禁忌**。导游服务人员应了解并熟悉宗教戒条，约束自己的言行，不茹荤腥、不沾辛辣之物等，导游服务人员讲解中也不涉及男女之事或杀生行为。

（4）**不能随便举行大型宗教法事活动**。团队如果想在景点举办对外的大型宗教性法事活动，导游应出面制止，并告诉主事师父，按照我国宗教政策，这类活动必须事先征得宗教局批准；如果客人要求会见寺庙高僧，导游服务人员可事先与寺庙取得联系，征得同意后再予以安排。

（5）**导游服务应以团体中的大师父为中心**。导游服务人员的服务应以团体中的大师父为中心，对其他信徒的个别要求均不能贸然应允。如果团队表现出捐赠愿望，导游服务人员应了解其捐赠目的和受赠条件，积极与有关方面联系，促成客人赠捐意愿的实现。

（五）青少年旅游团接待

1. 青少年旅游团的特点

青少年夏令营是当前暑期团队的主流，旅行社一般以“爱国主义基地游”、“我爱北京天安门”、“北大清华校园游”、“中国历史文化专题游”等主题组团。团员大多在7～17岁，这个年龄段的孩子活泼好动，求知欲强，喜欢逆向思维，行程中问题特别多而且刁钻古怪，加上青少年自我约束能力和组织纪律性较差，稍有疏忽，就可能出现旅游安全事故。

2. 青少年旅游团的接待

首先，团队的导游人员应具备的条件：第一，应该具有渊博的知识，见多识广。如果是主题夏令营的导游员，更要对该主题方面的知识有深入的了解，这样才容易为青少年学生所信任，得到他们的配合，达到游有所得、游有所益的目的。第二，热爱青少年工作，具有高度负责的精神，工作细心。旅行社可选择教师出身，专、兼职从事导游工作的人员作为青少年旅游团队的导游。其次，青少年旅游团接待：

（1）**安排青少年团队的行程要适合孩子的特点。**突出青少年喜闻乐见的项目，否则他们会毫无顾忌地睡觉或嘻哈打闹；游览重要景点应留足时间，让青少年细细观赏，尽兴提问。导游还应善于从答问中纠正孩子的偏激情绪，鼓励孩子创造性思维。

（2）**每天的行程不宜过于紧密。**过密的行程容易造成青少年走失，耽误整队时间；而且过度劳累还会使孩子身体不适、呕吐甚至感冒、发热。

（3）**旅行前给青少年介绍景区知识。**旅行前一定要结合青少年所了解的知识（如电影、电视、电子游戏人物或场景）对将造访的景区作综合介绍，达到激发青少年观赏欲望的效果。

（4）**旅途中尽量安排孩子在安全的地方活动。**尽量安排孩子在一些空旷的地方活动，以舒展筋骨；在山区、水域等危险区旅行，应禁止团员嘻哈打闹，不断提醒团员注意安全；原则上不安排自由活动。

（5）**注意孩子的饮食，让孩子吃饱吃好。**由于青少年学生大都处于生长发育期，每日食量较大，导游员应注意让餐厅提供充足的饭菜，上菜速度也应比普通团队快，让团员尽量吃饱吃好。

（6）**宜配备随团医生并携带各种应急药物和驱蚊水。**

第五节　旅行社行李服务

一、行李的交接

交接行李，是旅行社行李员同旅游团的领队、全程导游员和地方导游员之间，在运送和清点旅游团行李方面的一项重要工作。旅游团行李交接的程序分为接收行李和运送行李两部分。

（一）接收行李程序

旅行社行李员按照旅游活动日程的安排，准时到达旅游团即将抵达的飞机场（火车站或码头），主动与接待该旅游团的导游员进行联系，准备接收行李。接收旅游团的行李分为两种程序：

（1）**接收入境旅游团行李。**旅行社行李员在接收乘坐国际航班入境旅游团的行李时，应等旅游者将行李领出集中后，与领队、全程导游员和地方导游员一起清点行李件数。地方导游员在行李卡上签字后，由行李员将行李装上行李车，及时送到旅游团下榻的饭店。

（2）**接收国内航班旅游团行李。**在接收乘坐国内航班抵达的旅游团行李时，行李员应主动向陪同该旅游团的领队或全程导游员索要行李卡，并持行李卡向机场行李处领取行李。领出行李后，行李员应对照行李卡认真清点。清点无误后，行李员应将行李全部装上行李车，并及时运送到旅游团下榻的饭店。旅行社行李员在将旅游团行李送到饭店后，必须与饭店的行李员办理行李清点和交接手续。

案　例

迟到的“会师”

某年9月，导游员钱先生为一个国际会议旅游团的全陪从西安出发去“丝绸之路”旅游。飞机起飞前，钱先生得知，因超重该旅游团的行李不能随机托运，要通过火车或其他航班到达的其他地点交到客人手中。钱先生将此消息告诉大家后，立即引起一片非议。在他的耐心说服下，游客们只好从行李中取出一些生活必备品和衣物上了飞机。在飞机上，大家都对行李不能随机到达目的地而感到不安。钱先生为分散大家的注意力，向他们详尽介绍了“丝绸之路”的古老历史，给他们留下不少悬念，激发起他们的猎奇心理。

到达第一站后，钱先生不厌其烦地追问民航等有关单位，希望他们尽快将旅游团的行李交到客人手中。在联系过程中，钱先生虽然遇到了一些困难，但他不断努力，稳定了客人的情绪。该团的行李终于在游客们出发后的第三天与主人“会师”，而同行的另一个旅游团的行李直到旅行结束的前一天，才赶上客人。

案例分析

1. 本案例给我们什么启示？
2. 行李问题的处理应注意什么？

（二）运送行李程序

旅游团离开本地前往外地或境外旅行时，负责接待的旅行社应提供运送行李的服务。运送行李的程序包括下列内容：①旅行社行李员到接待部或计调部领取工作任务单；②行李员按照任务单上规定的时间，准时乘行李车到达旅游团下榻的饭店；③同饭店的行李员或总服务台有关人员办理行李交接手续，并在行李清点无误后，在行李卡上签名；④将行李全部装上行李车，运往飞机场（火车站或码头）；⑤如果运送乘坐国内航班旅行的旅游团行李，行李员应在飞机预定起飞时间前一个半小时将行李运到飞机场，办理行李托运手续；⑥如果运送乘坐国际航班旅行的旅游团行李，行李员应在飞机预定起飞时间前两个小时将行李运到飞机场，并协助旅游者办理行李拴牌和过磅事宜。

二、行李差错的处理

旅行社行李员应协助接待旅游团的导游员，妥善处理旅游接待过程中发生的行李差错。这是提高旅行社接待工作质量的一个重要方面，同时也是行李员义不容辞的责任。处理行李差错主要包括以下几种情况：

（1）**行李丢失的处理**。行李丢失，是指旅游团托运的行李在运输途中或交接过程中出现的丢失现象。造成行李丢失的原因主要是：其一，承运旅游团行李的航空公司、铁路、公路、水运等部门，未能将行李及时运到目的地或在途中将行李丢失。其二，旅行社行李员在运送行李时将行李丢失。其三，饭店行李员在把行李送往旅游者下榻的房间途中将行李丢失。上述三种情况中，第二种情况属于旅行社方面的责任。如果无法将丢失的行李找回，则应由旅行社负责赔偿旅游者的损失。第二种和第三种情况极少发生。较为常见的是第一种情况。无论旅游者行李丢失的原因如何，旅行社行李员应该积极主动协助旅行社的接待人员和有关部门进行查找。

（2）**行李漏接或错送的处理**。造成旅游团行李漏接或错送的原因有三个：其一，旅行社行李员因工作疏忽，未能按时接送行李，或因未按有关规定进行行李交接而造成行李漏接或错送；其二，由于航班、车次等发生变化造成行李漏接；其三，由于行李车发生意外事故造成行李漏接。行李漏接或错送会给旅游者的旅游活动造成不便。因此，无论事故是由哪一种原因造成的，旅行社行李员都应该积极设法找回行李，并向旅游者致歉以取得旅游者的谅解。

（3）**行李破损的处理**。旅行社行李员在交接行李或运送行李时，如果发现破损的行李，应立即设法予以解决。如果由于交通部门或饭店方面在托运或搬运行李的过程中造成行李破损，旅行社行李员应协助旅游者和导游人员及时同这些部门交涉，要求予以修理或赔偿。如果由于旅行社方面在运送行李时不慎造成行李破损，则应向旅游者道歉并负责修理或赔偿。

复习与思考

一、名词解释

旅行社的接待服务　　接待服务标准化　　接待服务程序化

团体旅游接待　　散客旅游

二、简答题

1. 旅行社接待业务的特点有哪些？
2. 旅行社接待的标准化和程序化的意义。
3. 散客旅游具有哪些特点？
4. 旅行社门市服务的操作要点。
5. 大型团队活动和特殊旅游团队接待对旅行社的意义。
6. 当行李员发现旅客行李破损时，应作何处理？

三、论述题

1. 试述如何正确处理好接待工作的规范化与个性化、文化性与趣味性的关系。
2. 试述如何把握接待工作的热情友好与坚持原则的关系。
3. 在不同性质团队接待中，试述旅行社应采取哪些不同的措施予以有效管理和控制。

四、技能训练

1. 常规旅游接待规范训练：准备、接待、善后。
2. 特种旅游团的接待准备与服务（实例训练）。

第七章 旅行社与旅游电子商务

旅游电子商务是旅游业在信息时代发展的最新模式。认识旅游电子商务的概念、特征、功能和主要模式，对掌握旅游业的电子化、网络化发展，对成为信息时代高素质旅游从业人员，都有着十分现实的意义和作用。

本章通过对旅游电子商务概念、特征、分类及发展的介绍、分析和讲解，使我们对旅游电子商务这一旅游业最新经营模式有所了解；通过讲解和剖析旅游电子商务的基本流程与主要模式，让我们对旅游电子商务的体系如何构建、业务如何操作有基本的认识；通过介绍旅行社电子商务，使我们初步掌握旅行社电子商务设计与实施的基本知识；而旅游电子商务经典案例将进一步加深我们对旅游电子商务实际运用的认识，为将来旅游电子商务应用和创新打下基础。

学习目标

知识目标

1. 掌握旅游电子商务的主要功能和应用领域。
2. 熟悉旅行社电子商务的基本流程。
3. 掌握网络营销的主要方法。
4. 熟悉旅行社网络营销的主要模式。
5. 了解当前有代表性的旅游电子商务网站。

能力目标

1. 运用所学业务知识分析旅行社电子商务流程。
2. 能在第三方旅游电子商务平台进行网络营销。
3. 能在旅游电子商务网站进行在线预订。

第一节　旅游电子商务综述

如今人类已经进入信息社会，建立在信息和计算机网络基础之上的电子商务自 20 世纪 90 年代以来，正飞速地发展着，并逐渐成为一种重要的经济和贸易手段。旅游业，特别是旅行社，对信息具有极强的依赖性。因此，电子商务在旅游业中的发展对旅游业特别是旅行社的影响是巨大的。如今，谈到旅行社的经营管理，就不能不谈到电子商务，但要了解旅行社电子商务，还需要先来认识和理解什么是电子商务和旅游电子商务。

一、电子商务和旅游电子商务

（一）电子商务

1. 电子商务的基本概念

电子商务顾名思义就是利用电子手段进行商务活动。关于电子商务至今没有一个统一的定义。一般认为电子商务是运用电子技术和电子工具（如计算机及其网络等）进行商务活动的过程。因此，电子商务简称“EC”（Electronic Commerce）或“EB”（Electronic Business）。也有人认为，电子商务主要是利用国际互联网从事商务活动，又把电子商务简称“IC”（Internet Commerce）。

电子商务引起人们的关注也只是近十几年的事，其发展非常迅速。1997 年，全球电子商务贸易额仅 26 亿美元，1998 年就达到了 376 亿美元，1999 年则突破 980 亿美元，2000 年升至 2860 亿美元，而到 2013 年，仅我国 B2B 电子商务交易额就达到 9.9 万亿美元。随着电子商务的迅猛发展，电子商务在企业中的作用不断增强，电子商务的范围也由以前的单纯贸易行为发展到企业内部的信息电子化处理，甚至是网上虚拟企业的经营行为。

2. 电子商务的分类

电子商务有多种分类方法，如可按照电子商务的运作方式分类，也可按照电子商务交易的范围分类。根据电子商务交易对象的不同，可分为企业对企业、企业对消费者、企业对政府、消费者对政府、消费者对消费者等几类。

企业对企业电子商务（Business to Business，简称 B to B，或 B2B）是企业间通过电子手段进行销售和采购的交易方式。

企业对消费者电子商务（Business to Customer，简称 B to C，或 B2C）是企业通过电子手段进行电子零售的交易方式或者说是消费者通过网络进行的网上购物行为。

企业对政府电子商务（Business to Government，简称 B to G，或 B2G）是企业与政府部门间通过电子手段进行的商务活动或其他联系。如政府部门运用电子手段进行政府采购，企业运用电子手段向政府交纳税收。

消费者对政府电子商务（Customer to Government，简称 C to G，或 C2G）是消费者与政府部门间通过电子手段进行的商务活动或其他联系。如政府部门运用电子手段发放政府补贴、救济等，消费者运用电子手段向政府交纳个人所得税等。

消费者对消费者电子商务（Customer to Customer，简称 C To C，或 C2C）是消费者之间通过电子手段进行的交易活动。如网上个人物品拍卖等。

3. 电子商务的发展

随着电子商务的不断发展，其在社会经济生活中的地位和作用逐步提高和加强，所涵盖的范围也随之扩大，已突破了电子商务是企业通过电子手段进行对外交易的窠臼。根据 Kalakota 和 Whinston 的理论，电子商务的应用有三种主要类型：企业内部、企业与企业之间、企业与顾客之间。因此，现在通常也将供应链管理（Supply Chain Management，SCM）、企业资源计划（Enterprise Resource Planning，ERP）、客户关系管理（Customer Relation Management，CRM）纳入电子商务的范围之中。供应链管理是指从原料开始到成品最终消费的过程中，供应商、中间商与用户之间连接的程序。企业资源计划是一个以企业会计为导向的信息系统，其目的是对企业的制造、配送和结算等环节的企业资源，进行合理的规划和管理。客户关系管理是企业为更有效地掌握顾客特征，增强客户满意度与忠诚度，能更好地根据用户需求开发产品、开辟市场而建立的管理系统，通过该系统以实现企业与客户之间的快速的信息交流。

（二）旅游电子商务

1. 旅游电子商务的概念

旅游电子商务是电子商务在旅游业这一特定领域的运用，是在各种旅游集团的营销网络特别是国际互联网的支持下开展的电子化商务活动。一般认为，旅游电子商务是旅游企业基于互联网络技术，运用电子手段以实现旅游商务活动的过程。狭义地讲，旅游电子商务是在网上进行的旅游产品的电子交易；广义地讲，旅游电子商务则包括利用网络进行的各种旅游经营活动和商业活动，如网上宣传与营销推广、市场调查分析、财务核算、生产安排等。

2. 旅游电子商务的特点

旅游电子商务与传统旅游交易方式相比，具有许多新的特点。这里从旅游企业经营的角度做几点归纳：

（1）**超越空间限制**。由于旅游电子商务借助于网络进行，因此它也就具备了网络突破空间距离的特性，可将商务活动扩展到网络的任何一个角落，使得企业的经营范围空前扩大，旅游市场更加广阔，企业商机也随之增大。

（2）**信息实时更新**。旅游信息具有很强的时间性，比如季节不同、假日不同、经营的价格、项目和对象都可能不同。网络信息与印刷资料最大的区别之一就是立即更改、立即更新，但这又反过来要求企业必须经常更新网上信息，否则长期不变的内容就会失去吸引力，从而失去网上潜在的顾客。

（3）**成本相对稳定**。开展旅游电子商务，其成本主要分为建设成本与维护成本。其中建设成本类似于传统商务先期的固定资产投资，维护成本相当于传统商务经营过程的开销。不同的是，旅游电子商务的维护成本具有相对稳定性，即信息的被点击率增大，信息的用户数增多，不会导致成本的增加。换言之，交易量的增长不会带来交易成本的同步增长；反过来，用户数量的增加将使平均成本降低。而在传统的旅游商务中，交易量增大，甚至只是访问者增多，都会由于业务员和宣传品等的增多而导致经营成本的增加。一般来说，网络经营成本较传统经营方式的成本更低，其网上价格也具有更大的优惠。

（4）**快捷方便，交互性强**。一方面，通过电子手段，人们可以运用非常方便快捷的方法来完成传统交易中较为烦琐且事必躬亲的商务活动；另一方面，借助于电脑的交互性，现在的旅游电子商务网站也在不断地增强互动性，增加可参与性的项目，以便吸引并留住更多的顾客。

（5）**系统性**。旅游电子商务应该是企业进行网络化经营的一个全面的解决方案，因而往往都具备系统性，是企业对内实行电子化管理、对外实现电子化营销的整体方案。就对内而言，饭店前厅后台的每一个岗位、旅行社经营的每一个环节都被纳入其相应的计算机管理系统当中；而其对外的信息则常常都包罗了企业各种产品的相关资料，可以说是企业对外营销的一个总平台。

（6）**系统内容和系统容量的扩展性强**。由于电子商务方案在实现时一般都是采用模块化的组合方式，因此要扩展内容较为方便。另外，开展旅游电子商务也要求系统容量的扩展性好，如企业信息和客户资料大量增加时，系统的存储量能迅速扩大；当访问者大量增加时，系统的接待能力能及时增强。

（三）旅游电子商务体系

电子商务在旅游业中的应用，不仅仅是作为一种工具以实现旅游产品交易的电子化和网络化；同时，它也极大地改变了旅游业原有的体系结构，改变了旅游业传统的组织格局。

1. 传统旅游业体系结构

传统旅游业主要是由旅游供应商、旅游中间商和旅游者通过垂直合作组成的，而旅游供应商和旅游中间商与旅游者的交易大多都是通过面对面完成的，其体系结构如图7–1 所示。

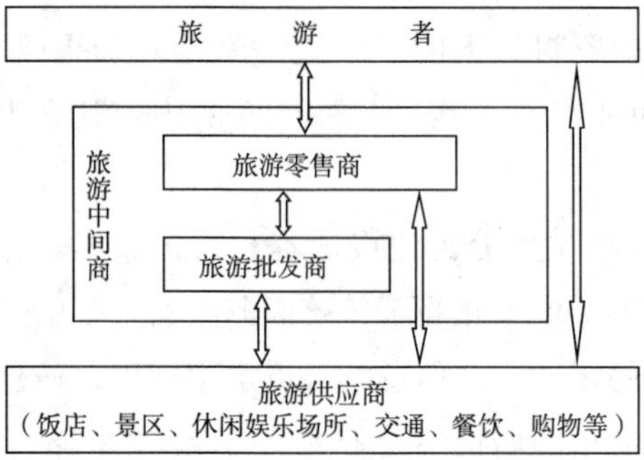

图7-1　传统旅游业的垂直分工体系

从图 7-2 中可以看出，由于电子商务的介入，对于大量的旅游中间商来说，原有的垂直分工体系也为交错纵横的网状结构所代替。同时，通过各种专营网络或互联网作为中介平台，旅游供应商、传统的旅游中间商、新兴的旅游电子商务中间商和旅游者可以实现远程直接交易。而且，这种远程的电子化交易都不再需要交易双方面对面的接触，这也是电子商务有别于传统贸易的地方。

2. 旅游电子商务背景下的旅游业体系结构

随着旅游中电子商务的发展，传统旅游业的垂直分工体系被打破了，尽管旅游业主要仍由旅游供应商、旅游中间商和旅游者组成，但旅游中间商队伍却发生了根本的变化，大量有IT背景的旅游电子商务运营商加入了竞争的行列。更重要的是，各种专业、非专业的旅游电子商务运营商的加盟，彻底打破了传统旅游业相对封闭的运作模式，以信息的透明化促进了旅游业的开放。

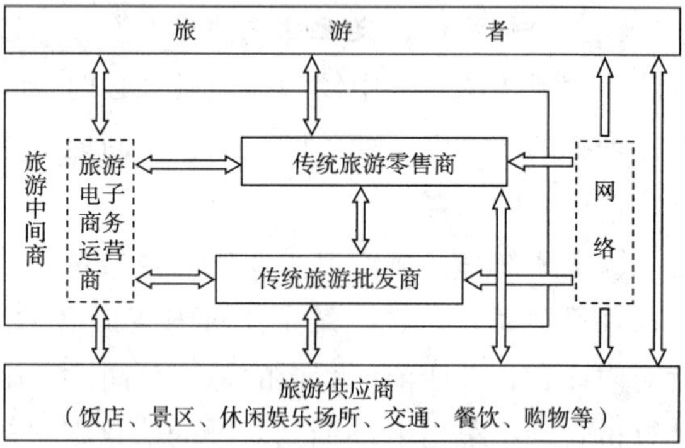

图7-2　电子商务背景下的旅游业体系结构

3. 旅游电子商务的体系结构

在传统的旅游业中，旅游供应商、旅游中间商和旅游者是构成这一行业的三大要素；而对于电子商务来说，由于经营实体在网上是无形的，其电子商务体系依赖的实体基础便是能连接旅游企业的网络系统，当今世界连接最广泛的网络是 Internet；在此之上，旅游企业可通过基于 Web 的电子商务系统来进行电子商务；为保证电子商务的顺利可靠，还需要相关的安全技术与法律方面的安全保障，社会对电子商务的认知程度也是影响旅游电子商务体系的重要因素；旅游电子商务体系的主角是在旅游供应商、旅游中间商和旅游者之间传递的信息；为确保电子交易的成功，还需要有银行和物流业的支持。当然，旅游业中，产品主要是旅游者的消费，其对物流的依赖较物质生产部门更弱一些，主要体现在票务方面。总之，从层次结构的角度来看，旅游电子商务体系大致由五层构成，其组成情况如图 7-3 所示。

如果从实现旅游电子商务的网络结构来看，旅游电子商务体系基本可由内部网（Intranet）、外联网（Extranet）和互联网（Internet）等三种类型的网络构成。其中，内部网主要是以企业管理信息系统为基础，实现企业各部门间的电子办公；外联网以专用网络为基础，为集团成员、合作或协作伙伴提供 B2B（企业间）电子商务服务；国际互联网则主要面向公众，体现旅游电子商务的开放性，为旅游企业与旅游者提供交易平台。

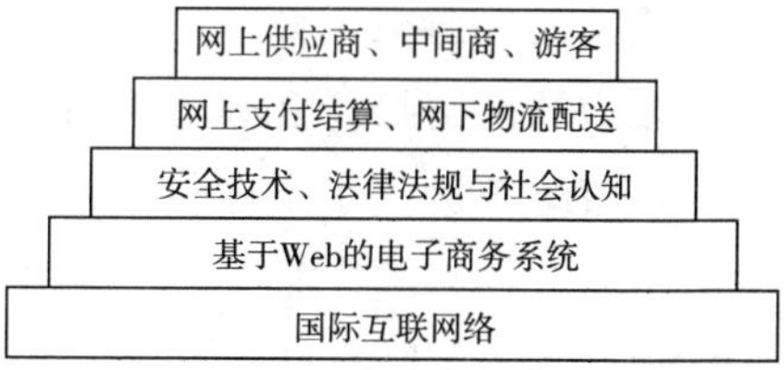

图7–3　旅游电子商务体系结构

（四）旅游电子商务的发展状况

1959 年，美利坚航空公司与计算机巨头 IBM 公司联合，开发了 SABRE 系统，这是世界上最早的计算机预订系统。20 世纪 60 年代，美国航空公司为航班售票建立了计算机预订系统（Computerized Reservation System，CRS），并将它扩展到饭店订房、汽车出租、豪华邮轮等的预订。CRS 可以说是第一代计算机旅游网络销售系统的典型代表。1965 年，假日饭店集团建立了饭店业最早的计算机预订系统——假日电信网（Holidex–Ⅰ）。1967 年，美国喜来登集团也建立了自己的中央预订系统（Reservation）。专业化的饭店集团中央预订系统甚至还拥有自己的通信卫星。当然，这些专业预订系统主要是针对集团成员、合作伙伴和各种会员的，这一阶段的电子商务还处于较为封闭的状态。

国际互联网（Internet）的出现为旅游电子商务的发展创造了新的契机，开拓了新的领域。首先，由封闭到开放，参与人数迅速增长。互联网的普及速度之快超出了人们的想象，而众多网民的涌现也为旅游电子商务的高速发展提供了充足的客源。在中国，网民人数也在快速增加，2004 年上半年互联网用户已达 8000 万，仅次于美国，居世界第二位；2008 年 6 月，网民数量达到 2.53 亿人，超过美国位居世界第一；而根据最新的统计数据，截至 2014 年 6 月，网民数量已达 6.32 亿人。其次，在互联网方式下，旅游电子商务的模式更趋多样化。互联网出现以前，旅游电子商务以 B2B 为主，如今 B2C、C2B、B2E（旅游企业与非旅游企业电子商务，Business to Enterprise）等各种形式的旅游电子商务都能方便地在互联网上实现，以降低企业的交易成本、采购成本，或拓宽旅游企业的营销渠道。更重要的是，在多样化的旅游电子商务模式下，旅游企业的功能和经营方式也发生着巨大的变化，一批新型旅游企业开始出现，并且以迅猛发展的势头已经或正在打破旅游业原有的格局。最后，旅游电子商务的贸易量大大增加。进入互联网时代后，由于网上旅游信息查询和旅游产品预订日益方便和快捷，旅游散客化大大加快，旅游电子商务的交易额也迅速增长。美国 2013 年网上旅行预订交易量为 1363.5 亿美元，其中，移动旅游销售额为 163.6 亿美元，PC 端旅游销售额为 1199.9 亿美元。

我国的旅游电子商务起步较晚。20 世纪 70 年代末，计算机才进入旅游业，但只是用于饭店的前台接待和财务管理。90 年代中期，仅有 168 家饭店通过 33 家国际饭店集团和饭店组织进入了全球分销系统（GDS）。90 年代末，随着我国的互联网热潮和互联网电子商务的兴起，旅游电子商务也进入了一个新的发展阶段。这时，专业旅游网站开始出现，基于国际互联网的航空机票和饭店客房预订发展迅速，部分大型旅行社开始建设信息系统和电子商务平台，各种各样的网上旅游频道也纷纷涉足旅游电子商务。据不完全统计，2013 年我国在线旅游市场交易规模达 2204.6 亿元。

携程旅行网创立于 1999 年，是我国最早从事旅游电子商务的专业公司之一，主要从事饭店和机票预订业务。目前，携程已在中国 12 个城市设立分公司，在南通设立的呼叫中心是亚洲最大的呼叫中心之一，现有员工近 1 万人。并于 2003 年 12 月在美国纳斯达克成功上市。

二、旅游电子商务的主要功能

电子商务主要是以网络技术为主的电子手段为企业提供信息流、资金流和物流的电子解决方案。当前旅游电子商务的主要作用表现在以下方面：

（1）**实现旅游企业信息的网络传播与集成。**旅游企业对信息的依赖性很强，具体表现在两个方面，一是要收集和存储大量与企业经营相关的行业信息；二是要将自己的有关信息及时向外发布。这种信息的收集与发布可以说是旅游企业生存的基础。因此，旅游电子商务的首要任务就是通过自己特有的网络系统完成企业所需的信息的传播和集成。

（2）**实现旅游企业的网络营销。**旅游电子商务的本质就是利用以网络为主的电子技术来经营和销售旅游企业自己的旅游产品。

（3）**实现旅游企业客户关系的网络化管理。**不再依赖面对面的交流，对电子商务时代来说，网络化、智能化的客户关系管理将是企业在激烈的市场竞争中取胜的关键。

（4）**实现旅游企业的电子化交易与合作。**旅游企业最大的特点可以说就是离不开合作，以旅游供应商和旅行社为主的旅游代理商之间、组团社和地接社之间都离不开合作，而旅游电子商务将在很大程度上使这些旅游企业的交易电子化，因为电子化的交易可以超越空间的限制，扩展合作领域，提高办事效率，降低交易成本。

三、旅游电子商务的应用领域

旅游电子商务的各种功能通过企业所选择的不同的电子商务模式而在不同的领域发挥着不同的作用。随着旅游电子商务的不断发展和深化，它在旅游业的应用也越来越广，几乎无所不在；其中，较为典型的应用领域有销售领域、信息服务、客户关系管理、供应链管理以及企业资源计划等。

（1）**销售预订**。销售预订是旅游电子商务最广泛的应用之一。其销售模式既有 B2B 方式的，也有 B2C 方式的；其运作方式既有集团联合的，也有企业自营的，还有网络服务商提供平台的。常见的销售预订方式有以下几种。

计算机预订系统（Computerized Reservation System，CRS），是一个专供航空公司和旅游企业使用的网络预订系统，从航空公司的机票销售预订逐步扩展到旅行社代理商，服务范围则扩大到客房预订、租车等方面。

全球分销系统（Global Distribution System，GDS），是以国际性航空公司为基础，与连锁饭店、汽车租赁公司、铁路公司、旅游供应商、旅游代理商等形成联盟共同建设的，能通过计算机网络为成员提供信息服务、航班订位、饭店订房、铁路订票、汽车预租、旅游预订等综合服务的分销系统。Amadeus、Galileo、Sabre 和 Worldspan 是全球航空领域的四大全球分销系统。

饭店集团中央预订系统（Center Reservation System，CRS），是饭店集团自建的预订销售系统，顾客可通过此系统预订该集团在全球各地任意一家饭店或度假村的客房，并且在几秒钟内就可得到确认。中央预订系统使饭店集团能有效地将客源保持在集团内部。

旅游目的地营销系统（Destination Marketing System，DMS），通常是由旅游目的地地方政府和专业旅游网络服务商共同开发建设的，为宣传当地旅游资源、开展旅游产品营销、实现旅游预订、方便企业交易以及接受市场反馈与投诉等的综合性系统。旅游目的地营销系统已成为旅游发达国家和地区进行旅游资源网络营销的先进平台，在英国、西班牙、澳大利亚、芬兰等十多个发达国家和地区已得到较为广泛的应用，我国近年来也非常重视旅游目的地营销系统的建设。

基于互联网的旅游网站预订系统，一般由旅游企业特别是专业旅游网络服务商建设，各类门户网站也已经开设了具有宣传和预订功能的旅游频道。这类系统可以通过互联网进行 B2B 的旅游预订，特别为 B2C 提供更加便捷的服务，而且由于利用互联网扩大了客源范围，简化了交易手续，其经营业绩正逐步提高。

（2）**信息服务**。通过互联网对外发布旅游信息和进行市场调查、接受反馈意见是旅游企业开展旅游电子商务的重要内容之一。目前，单个旅游企业在互联网上建立的企业网站还难以起到销售预订的功能，因此在互联网上发布信息、宣传企业和树立企业形象便成了其最主要的作用。

（3）**客户关系管理**。客户是企业发展最重要的资源之一。旅游企业推出的旅游产品更是只有在大量旅客的消费过程中才能产生价值和利润，客户关系对旅游企业尤为重要。客户关系管理是利用信息技术，通过应用软件来实现企业与客户的快速、便捷的信息交流，并由客户关系管理系统来对客户的消费特征进行挖掘、整理，最终实现个性化的市场营销与管理、客户关怀与服务跟进，最大限度地维持现有客户，开发潜在客户。除包含了当今先进的管理学与电子商务理念外，客户关系管理还集成了多种信息技术，如网络技术、多媒体技术、数据仓库和数据挖掘技术、支持决策系统、专家系统以及呼叫中心等。

（4）**供应链管理**。供应链是指产品制造商、原料供应商、代理商、物流直到消费者所形成的一条价值链。而供应链管理则是通过相关企业的相互连接的信息系统以协同计划、预测、补货等方式为顾客提供适时、适地、适量的产品。旅游消费是一种对消费者而言随机性很强的消费，国际旅游的散客化、个性化潮流必然促使旅游产品的相关企业加强合作，供应链管理也将成为旅游电子商务未来发展的一个重要方向。

（5）**企业资源计划**。企业资源计划是一个应用软件系统，利用企业在生产、存储、销售、财务、运输等环节中的信息流，以企业会计为基准，通过系统的运算处理获得最佳的资源配置。

第二节 旅行社电子商务

旅行社既是旅游活动的组织者，又是旅游产品重要的销售渠道，堪称旅游业中的龙头。旅行社要发挥龙头作用就必须收集和整理大量旅游者的需求信息，获取和处理大量旅游产品的信息，并以此为基础，做出合乎旅游市场的旅游产品设计、整合和采购。因此，信息是旅行社赖以生存的基础。而电子商务时代正是信息的时代，所以旅行社努力开展电子商务既是旅行社发展的需要，也是时代的要求。

旅行社电子商务是旅行社运用电子手段对生产服务过程中的市场调查、产品开发、采购、信息发布、成品销售、接待与客户关系、财务等进行电子化管理，并运用电子商务理论来指导旅行社经营管理的过程。在旅行社电子商务中，运用电子商务理论来指导旅行社经营管理与采用电子化手段来完善旅行社各环节操作是同等重要的。

一、电子商务时代我国旅行社的信息化发展

（一）我国旅行社电子商务的发展

在我国，旅行社开展电子商务始于20世纪90年代中期。上海春秋旅行社是较早开展电子商务的，1994年建立了内部的计算机实时预订系统，并利用该系统的快速、高效、准确、规范、统一和方便等特点，扩大网点，增加网络成员，很快就形成了一个较为合理的代理商预订系统。由中国国际旅行社、广东新太信息服务有限公司和华达康投资控股公司共同投资建设的华夏旅游网（www.ctn.com.cn）则是我国最早出现的旅游网站之一。1999年年底，华夏旅游网和香港TOM.COM联合成立了Itravel公司，并于2000年推

出了多种语言的版本。经过几年的努力，华夏旅游网逐步建成饭店预订、外联销售、出境游销售和游船预订等多个子系统，可向业界提供 B2B 的电子交易平台；同时还可进行面向互联网公众的机票、客房预订及旅游线路自由定制在内的个性化旅游的 B2C 交易。

（二）电子商务时代我国旅行社面临的主要问题

（1）**新兴旅游中间商崭露头角，旅游代理市场竞争进一步加剧。**在传统旅游业中，不管是批发还是零售，旅游中间商的角色都主要是由旅行社来扮演的。而随着电子商务，特别是旅游电子商务的兴起，旅游中间商的多元化趋势已不可避免。这其中既有传统型的旅行社、具有电子商务能力的实体旅行社和虚拟旅行社，也有旅游综合网、旅游专业门户网站、区域旅游网、其他综合网站的旅游频道和专业的旅游电子商务平台供应商等。众多形式的旅游中间商的并存必然打乱原有的市场格局和原有的分工关系，旅游中间商代理市场已经进入狼烟四起的战国时代，企业间的合作和竞争都势必进一步强化，投资风险也将随之加大。

（2）**旅行社信息化和商务电子化程度较低，其经营模式与开展电子商务的矛盾加剧。**我国目前的旅游企业中，饭店和景区的信息化程度较高，一般的饭店都已经使用计算机系统进行登记、结账和客房管理，一般的景区也使用计算机售票系统。但旅行社仍然处在信息化的初期，不少中小型特别是小型旅行社还处在使用手工处理业务阶段，或也只是借助 Word 等简单办公软件进行辅助处理，大多数旅行社没有自己的网站，有的甚至还没有公司专用的邮箱。而即使在开展电子商务的旅行社中，能在经营管理中体现电子商务经营理念的也是凤毛麟角。其中，多数的旅行社网站仅能起到网上宣传作用。然而在电子商务时代，旅行社的竞争将逐渐从争夺客源市场的直接竞争转向拼比经营模式的间接竞争，能否快速顺应电子商务的发展潮流，能否快速运用电子商务的最新技术，能否快速融会电子商务的最新管理理念，归根结底，能否创新管理模式，将是能否在竞争中取胜的关键。

（三）我国旅行社电子商务具备的优势

（1）**旅行社具有开展旅游企业间电子商务的较好条件。**旅行社、旅游供应商和旅游交通企业业已存在的长期的合作关系，为彼此间开展电子商务奠定了扎实的基础，易于旅行社和旅行社、旅行社和旅游供应商之间开展 B2B 电子商务。

（2）**我国网民数量大，互联网普及率不断提高，网上消费市场潜力巨大，具有开展 B2C 电子商务的较大优势。**2005 年，我国的互联网普及率仅 8.5%，到 2013 年底已经提高到 45.8%。但与美国、日本、韩国等互联网普及率达到 70% 左右的国家相比，我国的网民规模还有很大的上升空间，市场潜力巨大。截至 2014 年 6 月，我国的网络购物用户规模达到 3.1 亿人，网上支付用户规模达 2.92 亿人；我国的网上旅行预订用户规模也达到了

7537 万人。这些都说明，我国电子商务（包括 B2C 旅游电子商务）有着强劲的增长势头。

（3）**旅行社在开展电子商务的过程中对物流的需求较小。**对于需要对实物产品进行交易的电子商务而言，货物的运送是一个不小的障碍，不仅直接增加交易的风险，而且已成为影响电子交易总成本的主要因素。物流问题历来被认为是阻碍电子商务发展的瓶颈之一。特别是随着电子票务技术的进一步成熟和推广，物流问题对旅游业的负面影响将会越来越小。

（4）**我国电子商务硬件设施已有很大的改善，技术上与其他发达国家的差距较小，这也为旅行社开展电子商务打下了较好的基础。**一方面，国家非常重视信息基础设施建设和信息产业发展。1993 年 12 月，我国政府专门成立了国家经济信息化联席会议，提出了以“金关”、“金卡”和“金桥”为国家信息化基础建设龙头的“三金工程”，并于 1994 年开始实施。另一方面，近年来，各地方政府也极为重视信息化特别是信息基础设施的建设。而良好的信息基础设施是发展旅游电子商务的必要条件。截至 2014 年 6 月，我国互联网宽带接入用户达到 19217.2 万户，宽带网民规模达到 6.3 亿人，手机网民用户达到 5.27 亿人。2014 年为“智慧旅游年”，意在将信息技术革命形成的重大机遇推动旅游信息化、数字旅游、智能旅游，直至改变我国旅游业的产业形态。

二、旅行社电子商务体系的基本组成

如今，电子商务已经不仅仅局限于简单地制作几张网页或建立一个网站，而是要从根本上改变企业原有的依赖于生产和以生产为中心的传统管理模式，使企业的经营建立在信息管理和科学决策的基础上，在客户管理、供应链管理和内部管理等各个方面都提升到电子化、数字化和智能化的新境界，并以信息流驱动的智能管理和智能商务为目标，最终增强企业的反应能力、生产效率和在市场经济中的竞争能力。

旅行社要开展电子商务必须以旅行社的信息化和商务的电子化为前提，结合自身的特点，改造传统的操作手段和操作流程，并建立起与新的生产方式相适应的经营理念和管理方式，从而形成一套完整的不断螺旋上升的良性电子商务体系。旅行社电子商务的体系结构中主要有层次结构、功能结构、软件结构、物理结构和相应的管理机制。其中，层次结构是从旅行社管理的角度，将企业的电子商务分为基础的作业处理层、中间的管理控制层和顶端的战略决策层等三个子系统；功能结构则反映了在层次结构下，系统中各个部门通过该系统所应完成的工作；软件结构体现了为实现系统的总体目标和具体功能所需要的软件组成及其相互关系；物理结构是整个电子商务体系为了保障软件系统能实现其功能而必须具备的硬件构成，以及系统硬件资源、软件资源和信息资源地理分布的拓扑关系。另外，也可以从旅行社实现电子商务的角度来分析旅行社电子商务体系的组成框架，如图 7–5 所示。

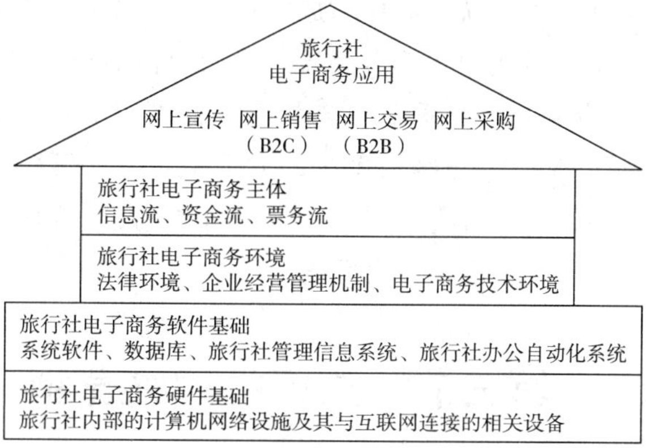

图7–5 旅行社电子商务体系的组成框架

三、旅行社电子商务系统的设计与实施

旅行社电子商务系统的设计应根据旅行社电子商务体系的基本结构，结合旅行社自身的市场定位和经营特点，参考先进的管理学理论，并最终形成能促进企业信息化、智能化和提高效率、降低成本的电子商务模式。目前，从旅行社管理信息化和商务电子化的发展过程来看，旅行社计算机软件的设计和开发呈现出以下一些发展趋势。

（1）**从事务处理到管理系统，并向决策型软件发展**。事务型软件主要是对人工操作的模仿，减少人工错误，降低人工成本，提高工作效率；管理型软件不再以减少人工操作为主要目标，而是通过计算机的事务处理实现数据的电子化，再对电子化的数据进行统计、归纳、分析等深层次加工，使日常事务活动中产生的数据转变成为管理提供参考的信息；决策型软件则更进一步，不但可以为管理提供参考信息，而且可以利用数据模型，通过加工获得的信息进行直接决策或辅助决策。

（2）**从单功能软件到集成软件，从旅行社业务管理系统与旅行社电子商务系统各自独立向逐渐整合的方向发展**。早期计算机在旅行社的运用主要是处理某些部门的特殊需求，而现在计算机不但能处理各部门的局部数据，而且已经将旅行社的各方面的信息处理集成到一起，形成一个完整的内部业务处理和网上营销系统。

根据旅行社计算机软件的这些发展特点，在设计开发旅行社电子商务系统时，应着重考虑以下几点：首先，可将企业办公自动化系统、管理信息系统和电子商务系统综合起来设计，使企业的经营决策、业务管理和营销管理通过企业信息流的共享而整合成一个有机的系统。这样既可以增强信息的共享程度，也可减少信息流转的中间环节，提高利用效率，同时还可减少重复投资，降低成本。其次，鉴于目前通过互联网进行多媒体实时客户交流还尚未形成气候，中小旅行社电子商务可以企业资源计划为主的企业内部业务流重组来设计电子商务系统，大中型旅行社则可建立包含企业资源计划和供应链管理的企业业务流重组为基础的电子商务系统。最后，在实施旅行社电子商务系统时，可根据企业的规模和现有的条件，采取系统各模块整体实现或分步骤逐步实现的不同策略。对电子商务的硬件基础——网络系统，大中型旅行社可采取建立企业内部局域网（Intranet），再实现局域网和互联网的链接；对中小旅行社，则可直接利用互联网完成企业包括电子商务在内的整个计算机信息系统。

第三节 旅行社网络营销

一、网络营销和电子商务

（一）网络营销的基本概念

网络营销也称线上营销或电子营销，一般是指以互联网为基础，利用数字化的信息和网络媒体的交互性来辅助实现营销目标的一种新型的市场营销方式。简单地说，网络营销就是以互联网为主要手段而进行的营销活动。

网络营销的技术基础是计算机网络，现在最具代表性和广泛性的计算机网络就是互联网；网络营销的运作平台是建立在互联网上的网站，通过网站发布信息，实现与客户的互动交流，达到网上销售的目的；而网上信息的发布、搜索、链接以及网络广告制作等技术手段则是网络营销的基本技巧。

（二）网络营销的主要职能

（1）**网站推广**。也叫网址推广，是网络营销最基本的职能之一。网络营销必须以所依赖的网站有一定的访问量为基础，因此，网站推广是网络营销（特别是营销初期）的重要工作。网站推广的方法很多，如可以使用纸质广告、名片、会员卡等传统手段，但现在更多的是运用网络技术，如友情链接、搜索引擎优化等。

（2）**信息发布**。这是网络营销的核心职能，即通过网络将产品等相关信息传递给目标人群，包括顾客 / 潜在顾客、媒体、合作伙伴、竞争者等。

（3）**网络促销**。营销的基本目的就是促进销售，降低生产风险。网络营销也不只是网上销售，运用网络技术和营销策略来提升销售能力、客户服务能力才是网络营销的重要目的。

（4）**渠道构筑**。营销的核心是渠道，“渠道为王”道出了营销的“真谛”。互联网可以说是世界上覆盖面积最广泛、内容最丰富，且全年无休的交易场所。如何在这个纷繁复杂的网络世界里建立直接、便捷、高效的销售渠道是网络营销的关键职能。

（5）**网络品牌**。网络营销的重要任务之一就是在互联网上建立并推广企业的品牌。在互联网上，品牌就是“眼球”，就是人气，就是市场。通过树立网络品牌，达到顾客和公众对企业的认知和认可。从网络营销的角度来看，网络品牌的价值甚至高于通过网络销售获得的直接收益。一个企业的网络品牌既可以是其已有的企业品牌，也可以是专为互联网打造的品牌，如中青旅在网上打造的遨游网、港中旅在网上推出的芒果网。

（6）**顾客服务**。互联网提供了更加方便、快捷和互动性强的在线顾客服务手段，从形式最简单的 FAQ（常见问题解答）到邮件列表，以及 MSN、QQ 等各种即时信息服务。在互联网上，提供多形式、多视角、多层次的顾客服务对于客户关系维护和网络营销效果都具有十分重要的影响和作用。

（7）**网上调研**。通过在线调查表或者电子邮件等方式，可以完成网上市场调研。相对传统市场调研，网上调研具有高效率、低成本的特点，因此，网上调研是了解客户需求的重要途径，是网络营销的主要职能之一。

（三）网络营销与电子商务的区别与联系

（1）**网络营销与电子商务的区别**。网络营销是企业整体营销战略的一个组成部分，是促进企业销售的一种电子手段。但电子商务不同，它不仅是一种电子交易手段，也是一种商业模式。网络营销一般不涉及企业生产、采购等其他领域的业务流程，一般也不涉及整个企业的经营模式。而电子商务对企业的影响则要广泛很多，企业要实施电子商务往往需要进行企业业务流程的重组，换言之，电子商务既可涉及销售领域的商业交易，也可涉及采购领域的商业交易；既可用于买卖双方的商业交易，也可用于合作伙伴之间的商业交易，还可用于企业各部门之间的内部交易。而且电子商务在企业整个产业链上的运用越广，能发挥的作用就越大。

（2）**网络营销与电子商务的联系**。发展电子商务离不开网络营销。可以说，网络营销是电子商务的基础；也可以说，网络营销是电子商务的低级阶段。企业进行网络营销不一定要开展电子商务，但企业要开展电子商务，则必须进行网络营销。我们经常可以看到有人在论坛上发帖宣传企业，推销产品，也能在一个热门帖子的跟帖议论中看到有人趁机跟帖进行“植入式广告”，这些都是网络营销的常见方式。

二、网络营销的主要方法

网络营销的方法从很大程度上来说就是网络营销技术，并且是以网络技术为基础的众多技术的总和。按照一般对技术类型的划分，可以将这些技术分为硬件技术和软件技术。硬件技术包括计算机和网络硬件技术，软件技术包括系统软件技术、数据库技术和应用软件技术。

（1）**搜索引擎注册与排名**。这是最经典，也是最常用的网络营销方法之一。在主要的搜索引擎上注册并获得最理想的排名，是网站设计过程中主要考虑的问题之一，网站正式发布后尽快提交到主要的搜索引擎，是网络营销的主要方式。

（2）**交换链接**。交换链接或称互惠链接，是具有一定互补优势的网站之间的简单合作形式，即分别在自己的网站上放置对方网站名称并设置对方网站的超级链接，使得用户可以从合作网站中发现自己的网站，达到互相推广的目的。

（3）**病毒性营销**。病毒性营销并非真的以传播病毒的方式开展营销，而是通过用户的口碑宣传网络，使信息像病毒一样传播和扩散，利用快速复制的方式传向数以千计、数以百万计的受众。现在几乎所有的免费电子邮件提供商都采取类似的推广方法。

（4）**网络广告**。几乎所有的网络营销活动都与品牌形象有关，在所有与品牌推广有关的网络营销手段中，网络广告的作用最为直接。进入21世纪后，网络广告领域发起了一场轰轰烈烈的创新运动，新的广告形式不断出现，新型广告由于克服了标准条幅广告条承载信息量有限、交互性差等弱点，因此获得了相对较高的点击率。

（5）**许可E-mail营销**。基于用户许可的E-mail营销比传统的推广方式或未经许可的E-mail营销具有明显的优势，比如可以减少广告对用户的滋扰、增加潜在客户定位的准确度、增强与客户的关系、提高品牌忠诚度等。

（6）**个性化营销**。个性化营销的主要内容包括：用户定制自己感兴趣的信息内容、选择自己喜欢的网页设计形式、根据自己的需要设置信息的接收方式和接收时间等。根据研究，为了获得某些个性化服务，只有在个人信息可以得到保护的情况下，用户才愿意提供有限的个人信息，这正是开展个性化营销的前提保证。

（7）**会员制营销**。会员制营销已经被证实为电子商务网站的有效营销手段，国外许多网上零售型网站都实施了会员制计划，几乎已经覆盖了所有行业。目前，会员制营销在国内也开始兴起。

（8）**网上商店**。建立在第三方提供的电子商务平台上、由商家自行经营的网上商店，如同在大型商场中租用场地开设商家的专卖店一样，是一种比较简单的电子商务形式。网上商店除了通过网络直接销售产品这一基本功能之外，还是一种有效的网络营销手段。从企业整体营销策略和顾客的角度考虑，网上商店的作用：一方面，网上商店为企业扩展网上销售渠道提供了便利的条件；另一方面，建立在知名电子商务平台上的网上商店增加了顾客的信任度。

三、旅行社网络营销的主要模式

由于旅行社产品具有无形性和不可储存性，开展网络营销就显得格外重要。无形性表明旅行社产品主要是基于旅游供应商服务的信息整合，也可以说是一种信息“产品”，借助于网上文字、图片甚至视频，还可以促进旅行社产品“有形化”，因此非常适合在网上营销。不可储存性则凸显了旅行社营销的重要性，产品一旦不能提前卖出，到期就无法库存，以前付出的设计成本，甚至采购成本都将付诸东流。而网络既可以作为一个广阔的市场，又可以作为一种新兴的有效的营销手段，旅行社有什么理由不抓住机遇加以开发和利用呢。

旅行社发展网络营销有多种不同的途径或方法。比如，网络营销的主要方法也可以运用到旅行社网络营销中。我们从网络营销依赖的网站平台的角度，通过不同的网站平台，介绍旅行社网络营销的几种主要模式。

（一）建立自己的网站，以电子商务带动网络营销

旅行社通过建立自己的电子商务平台来进行网络营销，根据 B2B 电子商务模式和 B2C 电子商务模式，可以实施 B2B 网络营销和 B2C 网络营销，也可以开展 B2B 和 B2C 两位一体的网络营销。

图 7–6 是浙江中青旅网站的首页，通过整个页面的布局和展示的信息，不难看出，该网站主要是为散客旅游者设计的，即开展 B2C 网络营销。此外，通过网页下方的“同业入口”，可以进入内部系统，在内部系统里开展同业 B2B。这种方式比较适合一个区域较大的龙头旅行社，在这样的平台上既可以销售产品给散客，也可以通过同业代理商销售产品，做旅行社行业的批发商。但这样建立网站的投入相对较大，还需要网站制作和网络营销的专业人员。

图7–6　浙江中青旅网站

（二）借助第三方旅游电子商务平台实施网络营销

互联网上信息资源非常丰富，以至有时查找信息犹如大海捞针，相当困难。因此，也有许多专业的第三方电子商务供应商提供专门领域的电子商务平台，供企业在这样的平台上进行信息发布和交易。欢途网、同程网都属于旅行社行业的第三方电子商务平台。

当一家旅行社打开欢途网（图 7–7），网站会自动识别你的 IP 地址，判断你所在的城市，然后为你提供其他旅行社发布的国内长线、周边短线和出境线路等三个板块。每个板块中又分若干专线，点击进入某条专线，就会有加盟旅行社在出售该线路的产品或是寻找地接合作社。通过这样的平台，组团社和地接社虽未见面，甚至不相识，但可以开展旅行社之间的组接合作。

这种方式不需要建独立的企业网站，也就不需要投入网站建设和维护费用，也不需要聘用专门的网站技术人员。在节约成本的情况下，还可以结交更多以前素不相识的同行，降低了采购费用和交际费用。这种方式比较适合中小旅行社进行同业间的网络营销，即 B2B 网络营销。而中小旅行社恰恰是我国旅行社行业的主体。

图7–7　欢途网首页

（三）在综合性第三方电子商务平台上开网店，进行网络营销

随着中国经济的快速发展，中国的散客旅游市场日益扩大。根据 2007 年的国内旅

游抽样调查，散客旅游占到国内旅游市场的71.1%，旅行社组织的团队旅游占21.9%，单位组织的团队旅游占6.8%。面对散客旅游这块“诱人的蛋糕”，越来越多的综合性电子商务平台也开始涉足网上在线旅游预订。比如淘宝网近年来就推出了“淘宝天下旅游”，供旅游企业在该平台上开店，出售旅游产品。

由于这些综合性第三方电子商务平台都有自己的经营模式，因此，加盟的旅游企业一般只能适应整个网站的商业模式。例如，淘宝网的主流客户是个人，那么，旅游企业在淘宝网上开店也就自然是面向个人用户，即开展B2C网络营销。图7–8是东方航空公司在淘宝网上设的机票专卖店。目前在淘宝网这样的综合性第三方电子商务平台开店的旅游企业主要还是航空公司和饭店，淘宝网上虽然也有少量旅游线路产品，但都是以淘宝网的名义在销售，与旅行社设店还不是一个概念。

之所以会出现旅行社较少涉足综合性第三方电子商务平台的情况，主要原因是综合性第三方电子商务平台基本都是B2C或C2C的，也就是说，购买方是分散在全国各地的网民个人。而旅行社经营往往具有地域性，这就是为什么许多旅行社更喜欢在当地有影响的论坛发帖进行网络营销的原因了。但是，也不排除将来一些以地接为主的旅行社在综合性第三方电子商务平台设店进行网络营销，因为地接社的游客可以不受地域限制，来自五湖四海。

图7–8　东方航空公司在淘宝网上开店

? 复习与思考

一、名词解释

电子商务　　企业对企业电子商务　　企业对消费者电子商务

旅游目的地营销系统

二、填空题

1. 旅游电子商务既是一种基于网络的______方式，也是一种______模式。

2. 旅游电子商务体系基本可由内部网、外联网和__________等三种类型的网络构成。

3. 旅行社电子商务按对象分最主要的类型是_________和_________。

4. 旅行社企业对旅游消费者的电子商务侧重于旅游产品的网上_________，而对同业的电子商务则主要是用于组接合作或旅游产品的网上_________。

三、选择题

1. 下列哪些网站具有B2B旅游同业电子商务功能？（　　）

A. "去哪儿"　　B. 携程旅行网　　C. 同程网　　D. 欢途网

2. 下列哪些网站具有B2C旅游电子商务功能？（　　）

A. "去哪儿"　　B. 携程旅行网　　C. 同程网　　D. 欢途网

3. 下列哪些网站属于旅游搜索引擎？（　　）

A. "去哪儿"　　B. 携程旅行网　　C. 同程网　　D. 欢途网

4. 下列哪些属于网络营销方法？（　　）

A. 网络广告　　B. 交换链接　　C. 会员积分　　D. 门市触摸屏

四、判断题

1. 旅游电子商务是取代旅行社的新型旅游企业。（　　）

2. 同业合作是B2C旅游电子商务最主要的业务内容。（　　）

3. 携程旅行网主要向单位客户提供高品质奖励旅游。（　　）

4. "去哪儿"是一家名气较大的旅行社同业网站。（　　）

五、简答题

1. 简述电子商务的概念。

2. 根据交易对象，电子商务通常可分为几种类型？

3. 简述电子商务时代旅行社面临的机遇和挑战。

4. 简述旅行社电子商务体系的基本组成。

5. 简要回答网络营销与电子商务的异同。

六、案例分析

芒果网——飞一般的旅行网

芒果网有限公司是中国港中旅集团的附属子公司、香港中旅国际投资有限公司的全资子公司，是港中旅集团顺应现代旅游发展趋势建立的、以独立品牌专门从事在线旅游业务的电子商务平台，旨在充分发挥港中旅集团丰富的旅游资源、订房、订票资源和客户资源的协同效应。公司于2006年3月31日正式开业，管理、运营及研发中心设在深圳，目前已在北京、广州、上海、南京、武汉、成都、香港设立分公司。

芒果网采用“网站 + 电话客服中心”的服务模式，依托先进的电子商务旅行网站(www.mangocity.com)和全国7×24小时旅行服务热线，基于统一的后台数据库为客户提供一站式旅行预订服务，并通过先进的客户关系管理系统跟踪客户消费模式，为目标客户提供个性化产品定制和增值服务。芒果网还为签约的商旅客户设立了40066-20088服务专线，为港澳客户设立了360-40066服务热线，为客户提供传统旅行社无法比拟的便捷服务。

芒果网以“成为大中华区最受欢迎的互动式旅游电子商务平台”为愿景，致力于为客户提供最为便捷的旅行产品预订服务、最为愉悦的客户体验、最为丰富及最具吸引力的旅行产品。作为中国在线旅游行业新兴的综合性旅行预订服务提供商，芒果网竭诚为大中华区（中国内地、中国港澳台）的广大客户提供酒店预订、机票预订、度假预订、商旅管理、特惠商户以及旅游资讯在内的全方位旅行服务。

经过四年多的发展，公司业务拓展迅速，发展了相当的客户群，芒果网的品牌知名度快速提升，初步形成了与主要同行三足鼎立的中国在线旅游市场格局，获得了市场、业界及政府的高度关注和肯定。公司成功通过了“深圳市软件开发‘双软’企业”认证，获得了“2006年度深圳市高新技术企业”、“2006互联网年度十大创新商业模式大奖”、“中国互联网最具创意网站”、“品牌中国金谱奖——中国信息技术行业年度十佳品牌”、香港客户中心协会“年度最佳离岸呼叫中心奖”、“2009年度中国最佳呼叫中心”、“歌诗达邮轮中国区销售冠军”等诸多荣誉。

——资料来源：http://www.mangocity.com/

根据上述案例，回答如下问题：

1. 港中旅集团创立于1928年4月，是中国最老牌的旅行社，但不惜投入巨资创办芒果网，这给我们怎样的启示？

2. 旅行社“网站 + 电话客服中心”的服务模式是如何运作的？

第八章 旅行社的客户管理和质量管理

客户是旅行社服务的对象，也是利润的来源；质量是旅行社的生命，是最核心的竞争力之一。正确理解旅行社客户管理的含义和客户维护的方法，掌握质量管理和投诉处理的技巧，对旅行社经营管理和持续发展十分重要。

本章介绍了旅行社客户管理的含义，探讨了客户的类型及维护客户关系的方法。本章还讲述了旅行社服务质量的内涵和质量管理的意义与评价标准，介绍了旅行社质量管理的方法，分析了旅游投诉产生的原因及其处理原则与方法，以及避免投诉和正确利用投诉改善客户关系的技巧。

学习目标

知识目标

1. 掌握旅行社客户管理的含义、目的。
2. 理解客户关系管理的概念和功能。
3. 认知客户流失的主要原因和维护方法。
4. 掌握旅行社服务质量管理的评价标准。
5. 熟悉旅行社售后服务的内容和方法。
6. 熟悉旅游投诉的范围和类型。
7. 掌握旅游投诉的处理与防范措施。

能力目标

1. 可以根据案例分析客户流失的主要原因。
2. 能灵活运用旅行社服务质量管理的评价标准。
3. 掌握旅行社投诉处理的常用技巧。

第一节　旅行社客户管理与维护

企业的发展经历了从“以产品为中心”、“以销售为中心”到“以利润为中心”的几个阶段。后来人们发现，一切利润都来自客户，于是又提出了“以客户为中心”的口号。而怎样才能使客户成为企业发展的“中心”呢？只有对企业满意的客户才可能继续购买企业的产品或服务，所以，“以客户满意为中心”便逐渐成为人们的共识。著名的“二八定理”认为，20% 的顾客创造了企业 80% 的利润。由此，对企业经营者来说，研究客户管理已是越来越重要了。

案　例

谁动了我的客户

某旅行社的小周负责老年旅游业务，老年游是该旅行社的主要业务市场之一，每逢夏季推出的天目山老人清凉游都有不错的市场反响。今年夏季热得特别早，小周又在报纸上打出了该线路的广告。很快，就有几个老年社团主动打电话来询问，大多都是老客户，小周心里满是欢喜。可是，随着报名截止日期的临近，这些老年社团却没有了消息，小周有些着急了，赶紧打电话联系，对方都回答说参加了另一个旅行社和天目山国家自然保护区、某中医学院联合推出的“老怡天目、养生之旅”活动。无奈之下，小周只好组织人员到几个老年人比较集中的社区散发打折优惠的宣传单，总算把这个团组织了起来，但今年的这条线路却和往年没法相比了。

案例分析

小周的客户为何流失了呢？

一、客户管理基本知识

（一）客户管理的概念

1. 客户的概念

客户的涵义很广泛，以下均属于“客户”的范畴：①购买最终产品与服务的零售客户，通常是个人或家庭；②将购买你的产品或服务并附加在自己的产品上一同出售给另外的客户，或附加到他们企业内部业务上以增加盈利或服务内容的客户；③渠道分销商和特许经营者；④内部客户：企业内部的个人或业务部门。

本章研究客户管理，主要是指购买最终产品与服务的零售客户。

2. 客户管理概念

客户管理是企业运用正确的方法与客户之间建立良好的关系，通过满足客户的需求，甚至超出客户要求的范围，获得客户的认知和认可，使客户由偶然顾客变为长期顾客的所有行为。

客户管理首先是一种现代经营理念，主张将客户作为企业最重要的资源，通过丰富的客户资料收集、深入的客户分析和完善的客户服务来满足客户的需求，并通过不断实现客户的发展需求来加强与客户的关系，从而提高客户的忠诚度，实现企业自身的持续发展。客户管理又是一种旨在保持和改善企业与客户之间关系的新型管理机制，它实施于企业从市场调研、产品设计、原料采购、生产、销售、售后服务与技术支持等与客户相关的领域，使企业从“以产品为中心”的经营模式向“以客户满意为中心”的经营模式转移。也就是说，企业关注的焦点应从内部运作转移到围绕为客户创造价值上来，再以此形成新的机制。

客户管理不是简单的客户档案资料的管理，而是一个发现客户需求、满足客户需求、为客户创造价值的动态过程，包含了企业为保留一个老客户以及将偶然顾客转变成忠诚顾客的所有行为。

（二）客户关系管理

客户关系管理是一种基于现代信息技术的客户管理方式。它是通过信息技术实现以客户为中心的经营策略，实施以客户为中心的业务流程，增强企业的客户识别能力、认知能力和保持能力，最终达到为客户创造收益最大化的目的。客户关系管理是企业识别、选择、争取、发展和保持其客户所要实施的一系列过程和技术构成的系统。

1. 对客户关系管理概念的理解

（1）客户关系管理是一种以客户为中心的新型商业模式，透过选择和管理客户实现最大的长期价值。在客户关系管理中，客户是企业最为重要的资产，客户关怀是客户关系管理的核心。在传统的管理理念中，只有厂房、设备、产品、原材料、现金、股票、债券等是资产；随着科技的发展，人们开始把技术、人才视为企业的资产；但世界经济从供给不足发展到供给过剩之后，需求成为决定性的因素，这时人们已经意识到客户才是一个企业最重要的资产。客户关系管理正是在这样的背景下出现的。

（2）客户关系管理是一种基于 IT 技术的应用系统，一般简称为客户关系管理软件。从应用软件的角度来看，客户关系管理软件基本分为操作型、分析型两大类。操作型侧重于信息记录和业务流程，提供便捷的操作和人性化的界面；而分析型往往基于大量的企业日常数据，对数据进行挖掘分析，找出客户、产品、服务的特征，从而修正企业的产品策略、市场策略。现在，客户关系管理作为企业管理重要的应用软件，它又是与数据库、数据仓库以及 Internet 密切相关的。小型企业客户信息可以通过一般的数据库进行储存；大中型企业客户信息庞大，需要用到数据仓库和数据挖掘等 IT 技术来处理海量的客户信息。在互联网时代，客户关系管理成为一个开放的系统，客户也可以通过 Internet 来管理自己在企业客户关系管理中的信息。

2. 对客户关系管理功能的理解

①基于数据库的统一的客户信息管理；②具有联系客户的渠道，并有整合各种客户联系渠道的能力；③能将有关产品、服务等与客户相关的信息以快速、准确的方式向选定的客户传递；④能从所记录的客户的消费（交易）数据中提炼有助决策的信息，即有数据挖掘的功能；⑤提供销售、服务和营销等业务的自动处理工具，并在这些业务处理工具之间进行无缝整合；⑥具有与企业其他应用系统进行对接或整合的能力。

二、旅行社客户管理

现在，大多数从事招徕、组织旅游者的组团社，特别是中小组团旅行社还是依赖关系客户和关系营销。这使得旅行社对客户的依赖程度超过了已经散客化的景区和大多数饭店，客户是旅行社最重要的资产和资源之一。但是，随着旅行社数量的迅猛增加，旅行社之间争夺客户的竞争日趋激烈，客户管理在旅行社经营中的重要性日益突出。

（一）旅行社客户管理的目的

从关系客户和关系营销的角度看：旅行社客户管理的目的是通过正确的方法与客户之间建立良好的关系，使客户认识你、认可你，使客户由偶然的、短期的合作者变为固定的、长期的合作者，从而为企业创造更多的利润。要达到这个目的，必须做到：①要搞清楚谁是你的客户；②谁是你的大客户，谁是你的次要客户，谁是你的一般客户；③了解不同客户的喜好，他们想要什么，他们的需求是什么，并采取办法与其建立起良好的关系；④不断维护和巩固与客户建立的合作关系，及时了解客户新的需求，使为客户的服务进入新的循环。

从散客旅游和散客营销的角度看：旅行社客户管理的目的是通过报纸等媒体（特别是互联网平台）将最新的、有一定竞争力的旅游产品信息传递给客户（游客），及时响应客户的旅游咨询，了解客户的旅游需求并建立与客户的联系渠道，及时跟进，争取与客户签订旅游合同，向客户提供承诺的服务，及时处理客户在旅游过程中遇到的问题；通过联系渠道向客户传递新的产品信息，争取使为客户的服务进入新的循环。

（二）客户流失的主要原因

从客户管理的角度看，客户流失的原因是多种多样的，主要有以下几种。

（1）**价格背离**。由于竞争者的产品与本公司的产品品质相差不大，消费者自然会选择低价。

（2）**产品背离**。指顾客转向那些提供高档、优质产品的竞争者。

（3）**服务背离**。因企业服务质量太差而致使顾客背离。

（4）**促销背离**。当其他竞争对手针对本公司的顾客实施促销活动时，本公司没有相应的活动而产生的顾客流失。

（5）**市场背离**。指顾客因市场的变化而退出某个市场领域。此时，顾客尽管背离了本企业，却并没有转向其他竞争对手，顾客关系还有修复的可能。

在以上的原因当中，除了旅行社无法控制的人为环境之外，最根本的一点是竞争对手比本公司更有效地满足了客户的需求。

（三）客户的主要类型

从营销管理的角度，我们可以将客户分为以下5种。

（1）**基本型**。销售人员把产品销售出去就不再与顾客接触，如街头小贩卖出一份报纸。

（2）**被动型**。销售人员把产品销售出去之后，鼓励顾客在遇到问题时给公司打电话。现在许多厂商设立的800免费电话就属于这种情况。

（3）**负责型**。销售人员在产品销售后不久就给顾客打电话，询问产品是否符合顾客的期望。销售人员同时向顾客征求有关产品改进的各种建议，以及任何特殊的缺陷与不足。

（4）**能动型**。公司经常与顾客联系，查询其有关改进产品用途的建议或为其提供有用的新产品信息。

（5）**伙伴型**。公司不断与顾客共同努力，寻求合理开支的方法，帮助顾客更好地进行购买。前述案例中小周的客户，如果给企业带来的利润是比较大的，那么这样的客户应该被视为伙伴型的关系。对于伙伴型客户，旅行社应该寻求允许顾客合理开支的方法。如果小周或其所在的旅行社总经理的认识达到这样的高度，那么可以肯定，他们仍然可以保持那种一如既往的业务关系。

对于不同的客户，无论是旅行社还是销售业务人员，都要区别对待。伙伴型客户的忠诚度显得格外重要，因为这样的客户往往是大客户，是利润客户，他们甚至可以决定一个旅行社的整个销售量，并且也时常愿意与企业共同发展。

三、如何维持与客户的关系

防止客户背离，最重要的还是提高客户的忠诚度。在提高客户忠诚度过程中，应重点做好以下几个方面的工作。

（1）**关注顾客流失率，并采取措施有效地降低流失率**。在关注顾客流失率时，重要的是注意流失的是哪类顾客：是最好的核心顾客，其他的核心顾客，还是一般顾客或可有可无的无关紧要的顾客。

（2）**维持与客户的关系，提高旅行社与客户的关系质量**。所谓关系质量，指的是买卖双方的信任感和满意感。提高关系质量，是件双赢的事。既然对双方都是有利的，旅行社和客户间的关系也就得以维持。需要强调的是，提高与客户的关系质量，使客户满意是一项复杂的系统工程，因为客户的需求和偏好是不断变化的。这就要求企业为了适应并满足客户的需求，去不断创新，使客户获得超值享受。企业必须正确处理好使客户满意和创造利润之间的关系。通过比竞争对手做得更好使客户满意，培养其对企业的忠诚，造就稳定的客户群，从而获得利润。培养忠诚客户，旅行社管理人员可以从下列方面考虑：①客户的需求和期待是什么？这些需求和期待中对客户来说最重要的又是什么？②这些需求和期待对企业来说能满足多少？竞争对手又能满足多少？③企业如何才能做到不只是单纯地满足客户的需要，而是真正地满足客户所追求的价值？

（3）**用具体的行动去接触、亲近客户**。概括起来，主要是走出去、请进来和利用信息系统与客户沟通。具体包括：①深入到客户中去拜访客户，倾听客户想说的事情，这样可以进行相当广泛和详细的市场调查；②企业定期把客户请来举行客户会议；③认真处理客户来函来电，及时消除客户疑虑，定时主动打电话给客户与其沟通；④热情接待来访客户。

（4）**建立客户关系管理，开展数据库营销**。运用现代信息技术，建立客户数据库或数据仓库，实施客户关系管理策略，通过 Internet 实现与客户快速、准确、可靠的沟通，开展数据库营销。

第二节　旅行社服务质量管理

服务质量是旅行社生存和发展的基础，也是能否维持良好的旅游市场秩序的关键。近年来，由于旅行社行业价格竞争日趋激烈，旅行社服务质量受到严重影响，也影响了旅行社行业的社会形象。加强服务质量管理已经成为提升旅行社经营管理水平、促进旅行社行业健康发展的重要工作。

一、旅行社服务质量

（一）旅行社服务质量的概念

旅行社服务质量是指旅行社提供的服务能够满足规定和潜在需求的特征总和。既包括旅行社服务工作能够满足游客需求的程度，也包括旅行社为使目标顾客认可而提供的最低服务水平和旅行社维持这一服务水平的连贯程度。

（二）旅行社服务质量的内容

旅行社服务质量指标体系是由三个方面的内容构成的，即产品设计质量、旅游接待服务质量和环境质量。这三个指标同时也反映了旅行社的整体实力。

（1）**产品设计质量**。旅行社产品设计质量是保证其整体产品质量的基础。产品设计质量要保证旅行社所设计的服务产品，既在使用价值上满足旅游者的旅游需求，又在性能价值上一致。

（2）**旅游接待服务质量**。旅游接待服务质量是指旅行社的门市人员和导游人员提供的服务水平，它是旅行社产品使用价值的实现过程。旅游接待服务质量要保证购买旅行社产品的旅游者在旅游过程中获得物质方面和精神方面的双重满足。

（3）**环境质量**。旅行社环境质量包括硬件环境质量和软件环境质量。硬件环境质量是指旅行社在接待旅游者的整个过程中，所利用的各种设施设备及其他辅助硬件的水平。硬件环境既包括旅行社自身硬件环境，也包括相关旅游服务供应部门的硬件环境。硬件环境质量反映了旅行社为旅游者提供的各种旅游设施设备和旅游者生理需求满意度的关系。软件环境质量是指旅行社内部各部门之间的协调和旅行社与相关旅游服务供应部门之间的合作水平，目的在于保证旅游活动能够顺利进行。

（三）旅行社服务质量管理的意义

（1）**提高旅游者的满意度**。旅行社实施服务质量管理，适应了旅游者对优质服务产品的渴望和要求。事实表明，所有旅游者希望享受优质服务的心理需求是一致的；有的旅游者甚至把享受高水平的服务作为旅游动机。由此可见，服务本身就是一种旅游资源。旅游接待服务必须最大限度地满足旅游者的需求，从服务态度、方式、技能、项目等多方面力求招徕和吸引更多的消费者。

（2）**树立行业的良好形象**。服务质量反映了旅行社的经营管理水平。特别是导游和领队的服务直接面对旅游者，他们的一言一行都会受到旅游者的注意。导游和领队的服务质量是企业形象的缩影，还体现了一个国家旅游业的服务水平，体现着一个国家人民的精神面貌。所以，英国人称导游为“民间大使”。而领队则是带领中国公民去国外旅游，他们的文明程度、业务技能、管理团队的能力、语言水平等直接影响到中国人在国外的形象。由此可见，服务质量的优劣不仅直接关系到旅行社的企业形象和行业的发展，而且很大程度上影响到国家的形象。

（3）**创造企业良好的经济效益**。服务质量是旅行社市场竞争的主要手段之一。谁的服务质量高，谁就更能吸引旅游中间商和旅游者。服务质量的优劣直接影响着旅游者的购买欲望，高水平、高质量的服务才能赢得客源。旅行社的优质服务不仅是吸引“回头客”的重要手段之一，还会产生良好的“口碑效应”，成为不需要成本，但最有说服力的“活广告”，成为旅行社的新的效益增长点。所以，服务与效益是统一的。优质服务是旅行社产生经济效益的源泉。

（4）**提高员工的积极性**。旅行社的生存主要靠经济效益，好的服务能带来好的经济效益；而好的经济效益又可以提高员工提供优质服务的积极性。如此良性循环，员工的积极性更高，企业效益更佳。

二、旅行社服务质量的评价标准

（一）影响服务质量评价的因素

（1）**有形性因素**。旅行社服务的有形性因素是指旅行社的有形展示和人。具体指旅行社和相关部门的硬件设施设备、服务设施的外观、宣传品的摆放和员工的仪表仪容等。由于旅行社产品的本质是一种无形的服务，而实现服务所借助的有形性因素直接影响到旅游者对旅行社产品质量的感知，因此，旅行社产品中所包含的有形成分必然成为旅游者判断旅行社产品质量的重要因素。

（2）**可靠性因素**。旅行社服务的可靠性因素是指旅行社履行服务承诺的能力。它主要指两个方面，一是适时，二是准确无误。由于旅行社的服务产品涉及多个相关部门，有很多的不确定性，因此旅游者在评价旅行社的服务产品质量时，最看重可靠性因素。旅行社提供服务过程中任何不兑现的行为，都会导致旅游者的不满。

（3）**响应性因素**。旅行社服务的快速反应因素是指旅行社在最有效时间内为旅游者提供快捷有效服务的能力。旅行社是否能够及时地满足旅游者的各种合理要求，表明旅行社是否具备了以服务为导向的经营观念，即是否将旅游者的利益放在首位。

（4）**保证性因素**。旅行社服务的保证性因素是指旅行社服务人员的观念、态度和胜任工作的能力，具体包括对旅游者的礼遇和尊敬、与旅游者有效的沟通、服务人员完成任务的能力和对旅游者关心的态度。保证性因素影响到旅游者对旅行社服务质量的信心和安全感及其对旅行社服务质量的判断。

（5）**移情性因素**。旅行社服务的移情性因素是指旅行社对旅游者需求的预见性能力和个性服务的行为及能力。这要求旅行社服务人员具有接近旅游者的能力和敏锐的洞察力，能够正确地理解旅游者的需要。

（二）服务质量的旅行社内部评价标准

（1）旅游线路安排合理，旅游项目丰富多彩，劳逸程度适当，能够满足旅游者在旅游过程中游览和生活的需要。

（2）保证制定的旅游线路和日程能顺利实施，不耽误或不任意更改游程。

（3）按质按量地提供计划预订的各项服务，如保证饭店档次、餐饮质量、车辆规格、导游水平和文娱、风味节目等。

（4）保证旅游者在旅游过程中的人身及财产安全，保证其合法活动不受干预和个人生活不被骚扰。

（5）相关旅游服务企业服务人员的态度、素质、技能的保证。

（三）服务质量的旅游者评价标准

（1）**预期质量与感知质量的比较**。旅游者通过将预期质量与感知质量进行比较，对旅行社产品的质量进行评价。预期质量，是指旅游者在接受旅行社提供的实际服务之前，对旅行社产品质量所产生的心理预期。感知质量，是指旅游者在旅游过程中实际体验到的旅行社服务质量。当旅游者的感知质量大于或等于其预期质量时，旅游者就会认为旅行社产品的质量优秀，对旅行社的服务感到满意。当旅游者对旅行社产品的感知质量低于预期质量时，旅游者就会认为旅行社产品的质量低劣，并且对旅行社产生不满情绪。

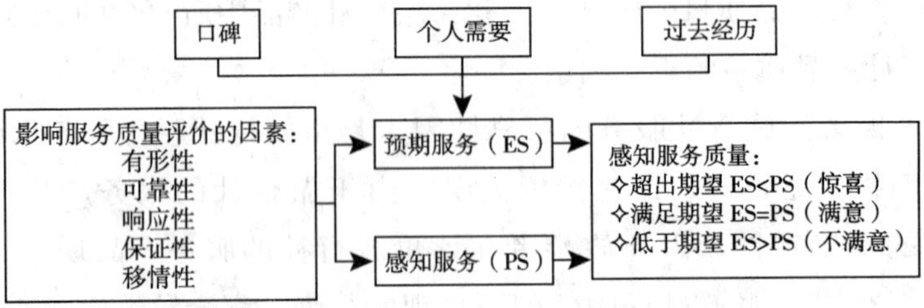

客户对服务质量的预期与感知

（2）**过程质量与结果质量的比较**。旅游者评判旅行社产品的另一个标准是过程质量与结果质量的差距。旅游者在评价旅行社产品的质量时，不仅要考虑购买该产品过程中旅行社所提供的服务是否令其满意，而且要考虑在消费该产品后是否能够达到其预期的结果。尽管过程质量和结果质量对于旅行社的服务质量均十分重要，但是多数旅游者更加注重结果质量。因此，只有当他们认为结果质量高于过程质量或者不低于过程质量时，才会对旅行社产品的质量感到满意。

案 例

标准化让浙江中青旅名利双收

产品同质导致价格竞争成为当前旅行社行业竞争的主要方式，而激烈的价格竞争必然导致过度压低成本，致使旅行社服务质量受到严重影响。在这种情况下，越来越多的游客对旅行社的服务品质产生质疑而选择散客自助旅游。为了从旅行社一味价格战造成的降低服务质量的恶性竞争中跳出来，近年来浙江中青旅大力实施标准化和透明化工程，即产品标准化、服务标准化和价格透明化，使游客对服务质量有更明确的认识，对价格构成有更清楚的了解。这极大地吸引了中高端旅游市场的散客，使得浙江中青旅在保持国际旅游业务的同时，国内旅游业务也迅速增长，价格比一般的旅行社高，但生意反而十分红火。到2013年，浙江中青旅国际旅游（入境和出境旅游）位居全省第二，在全国百强旅行社中排名第43位；旅游业务总收入从2009年的5.8亿元增长到2013年的14亿元，实缴税金从2009年的211.8万元增加到2013年的794万元。同时，浙江中青旅也成为全省首个获得浙江省知名商号的旅行社和浙江省首批五星品质旅行社，在激烈的竞争中实现了名利双收。

案例分析

分组讨论产品标准化、服务标准化和价格透明化对客户期望有怎样的影响，每组选一名代表陈述讨论的结果。

三、旅行社质量管理的内容与方法

（一）旅行社的全面质量管理

1. 旅行社全面质量管理概念

旅行社的全面质量管理，是指旅行社的一切经营管理活动，都要立足于达到设计要求、满足旅游者的需求，使企业内各部门的质量控制形成一种有效的体系。PDCA 管理循环是全面质量管理最基本的工作程序。PDCA 是英语单词 Plan（计划）、Do（执行）、Check（检查）和 Action（处理）的首字母集合，即按照这样的顺序在各个环节开展质量管理，并且周而复始地循环下去，每一次循环都有更高的要求和目标，使质量管理全面而持久地进行下去。

2. 旅行社的全面质量管理

旅行社全面质量管理要求企业从产品质量、服务质量和环境质量三个方面进行全面的考察，实施全方位、全因素、全过程的管理。结合旅行社的经营特点，可从以下三个阶段进行质量管理。

（1）**旅游活动开始前的质量管理**。在旅游活动开始前，旅行社质量管理的重点是加强对旅游产品的设计、宣传、销售和接待方面的质量管理，严格控制信息收集、经营决策和接待服务准备等环节的工作质量，防止出现吸引力差或不具有赢利能力的产品，确实保证旅游产品的质量。

（2）**旅游活动进行时的质量管理**。旅行社在旅游活动开始后，应将质量管理的重点转移到对服务质量和环境质量的管理。

1）服务质量管理。旅行社在旅游活动开始后，必须对导游员的服务态度、服务方式、服务项目、服务语言、服务仪表、服务时间和职业道德等方面实施标准化、程序化和规范化管理，通过让旅游者感受优质的导游服务而对旅行社产生信任感。此外，旅行社在此阶段还应加强旅行社内部各部门之间协调和配合方面的工作质量管理，以确保旅游团队活动的顺利进行。

2）环境质量管理。对环境质量实施管理，主要指对旅行社的各协作单位的服务质量实施监督。旅行社必须选择质量和美誉度高的单位作为合作伙伴，并督促他们按照合同或协议提供优质服务。

（3）**旅游活动结束后的质量管理**。在此阶段，旅行社质量管理的重点是旅游产品质量的检查和评定、提供售后服务及处理旅游者的表扬和投诉。旅行社的质量管理人员应主动征求旅游者的意见，认真听取旅游者的反映和感受，总结经验，以便进一步提高服务质量。

3. 旅行社的全员质量管理

旅行社的全员质量管理是指旅行社要求全体员工对服务质量作出保证与承诺，共同向旅游者提供服务。旅行社服务质量的优劣，是旅行社各个部门、各个环节全部工作的综合反映，涉及旅行社的全体员工。因此，旅行社必须充分调动全体员工的积极性，不断提高员工的素质，培养质量意识，全员参与旅行社的质量管理，从根本上保证旅行社的服务质量。

（二）旅行社质量管理的实施

旅行社产品的生产过程就是旅游者的旅游过程，旅行社产品的质量离不开产品的设计质量、采购质量、接待质量以及旅行社经营的硬、软件环境质量。

1. 产品设计质量管理

旅行社产品设计质量一般是指旅游线路和旅游节目设计安排的质量。对产品设计质量的把握又影响着产品销售质量和产品促销质量。就旅行社产品设计而言，应侧重于：

（1）**旅游线路安排要合理**。旅行社在产品设计方面应注意避免在旅游线路中出现不必要的重复或往返，以避免旅游者因过多的线路重复或往返产生厌烦情绪。

（2）**产品内容要符合旅游者的需要**。旅行社所设计的旅游线路和节目中的各个项目必须真正符合旅游者的需要，能够使旅游者通过游览和参观得到生理上和心理上的满足。

（3）**交通工具要得到切实保障**。鉴于我国目前的交通状况，旅行社管理者在对产品设计进行质量管理时应特别加以注意。一般来说，根据我国多数地区的交通条件，旅游者的城市间交通工具不应安排为过路列车或航次较少的民航航班，以避免在旅游旺季时因火车票或飞机票供应紧张而不能保证旅游者按计划抵离。

（4）**游览项目要避免雷同**。游览项目雷同是旅行社产品设计的大忌，必须设法避免。旅行社管理者应认真核对旅游线路中的各地方节目安排，一旦发现雷同节目，应及时加以改正。

2. 产品销售质量管理

（1）**产品销售质量管理**。产品销售质量管理是为了避免在日后的接待过程中旅游者因对旅行社产品价格产生异议而造成投诉。旅行社管理者在产品销售质量管理方面应着重了解产品的销售价格是否合理，有无价实不符的情况。如果发现旅行社产品价格与实际服务内容之间存在较大偏离，应设法予以适当的调整。

（2）**产品促销质量管理**。产品促销质量管理是指对旅行社的广告等宣传促销内容的管理。旅行社必须实事求是地促销，如实地向旅游者介绍产品的内容。旅行社管理者如发现本旅行社的促销中存在任何与事实不符的宣传内容，应坚决予以剔除，以免影响旅行社的声誉。

3. 采购质量管理

（1）**服务设施的采购质量管理**。采购质量管理的主要内容之一是检查旅游服务供应单位的服务设施情况。良好的服务设施是提供优质服务的首要条件。任何旅游服务都不可能脱离一定的设施条件而存在。因此，旅行社管理者应经常到一些主要的旅游服务供应单位实地考察，了解它们的设施设备情况。

（2）**服务质量的采购质量管理**。旅游服务供应单位提供的服务是否符合国家、行业的标准，能否达到旅行社产品的要求和满足旅游者的期望是旅行社采购质量管理的又一重要内容。旅行社管理者应通过导游员、旅游者的反馈意见和实地考察，检查各个旅游服务供应单位的服务质量。对于那些服务质量好的单位，旅行社应该加强与它们的合作，建立长期的供销关系；对于那些服务质量存在一定差距的单位，应指出其服务上的差距，并提出改进的要求。经过一段时间的考察，发现确实改进，服务质量明显提高并已达到有关标准的，旅行社可以同其建立合作关系；对于那些服务质量较差，经指出后仍不改进或改进程度较小，无法达到有关标准和不能满足旅游者要求的单位，旅行社应终止同它们的合作关系，不再采购其服务产品。

4. 接待质量管理

（1）**服务人员态度的管理**。旅行社接待质量管理应首先从端正接待人员尤其是导游人员和领队人员的服务态度入手。“态度决定一切。”良好的服务态度能够对旅游者产生一种强烈的吸引力，而低劣的服务态度则会对旅游者产生一种排斥力。旅行社管理者应通过现场抽查、向旅游者调查和发放意见反馈表等方式考查和了解接待人员的服务态度。对于那些服务态度热情、受到广大旅游者喜爱的接待人员应予以适当的表扬和奖励，鼓励他们继续努力为旅游者提供热情周到的服务；对于那些服务态度较差的接待人员，应向他们提出严肃的批评，要求他们立即改正；对于少数服务态度恶劣、屡教不改的接待人员，则应坚决将其撤离接待岗位。

（2）**导游讲解水平的管理**。导游讲解是旅游接待业务的核心，其水平高低直接影响旅游者对旅行社服务质量的评价。旅行社管理者通常采取现场抽查的方式检查导游员的导游讲解水平。旅行社通过对导游人员的导游讲解水平的监督和管理，发现其中可能存在的不足并加强培训，以确保旅游者享受到高质量、高品位、有一定文化内涵的导游讲解和旅游接待服务。

（3）**接待业务能力的管理**。旅游接待人员的业务能力包括独立实施日常旅游接待的能力和处理各种突发事件的能力，是旅游接待业务顺利完成的重要保证。旅行社管理者应通过日常的观察和定期考核，判断接待人员的业务能力，并作出适当的评价，以便量才录用。要由业务能力强的人员承担比较重要和比较复杂的接待任务，而将比较容易的接待任务交给那些业务能力相对比较弱的人员。同时，旅行社管理者还应注意不断对具有不同业务能力的人员进行针对性的业务培训，使业务能力较强的人得到进一步的提高，并使那些业务能力相对较弱的人经过一段时间的培训和锻炼，逐步胜任并能负责重要的接待任务。

5. 环境质量管理

（1）**规范或标准制定**。旅行社对能直接控制的环节，即旅行社内部相关部门的工作质量，应根据国家标准或行业标准，结合本企业的实际情况，制定质量标准、操作规程与岗位责任，并通过奖罚制度使之得以贯彻。

（2）**管理合同**。旅行社对于不能直接控制的环节，即旅游供应单位所提供的旅游服务产品的质量，应采取签订合同的办法来保证其所提供产品的服务质量。旅行社应严格选择旅游服务供应商，并通过双方所签订的合同，约束对方供应优质服务及其他优质产品。在合同中，应明确规定有关服务的质量标准，以及达不到标准的惩罚办法。

（3）**风险规避**。旅行社对企业无法控制而又可能经常发生的质量问题应预防在先，尽量避开。如景区景点交通运力紧张、客房供应不足、传染病流行、气候恶劣等情况。

第三节　旅行社的售后服务

一、旅行社售后服务的内涵

（1）**旅行社的售后服务**。许多人认为，自旅游者从目的地回到旅游出发地并宣布散团的那一刻起，旅行社对旅游者的服务即告终结。实际上对于旅行社而言，这恰恰是旅行社售后服务的开始。旅行社售后服务，是以老顾客为主要对象，解决客人遇到的问题，并通过富有人情味的服务和关系营销打动旅游者，建立其与旅行社的良好关系，在旅游者行程结束后，主动与客人联络，促其重复购买的一种服务方式。

（2）**顾客关系生命周期**。我们可以将顾客关系的发展过程看做是一个顾客关系生命周期。一个潜在的旅游者是生命周期的初始阶段，此时旅行社可以通过广告及其他公关活动或别人的口碑宣传来影响他们。实际上这是旅行社信息传递的过程，使潜在旅游者意识到旅行社及其产品的存在。由于旅游活动的综合性，旅游者在消费过程中将享受到来自旅游交通、食宿、旅游景点、旅行社接待、导游及其他相关部门提供的全面服务。通过消费过程来感知服务质量（服务质量不仅与真实的旅游经历有关，还与旅游者的期望相关）有三种结果：一种是满意，一种是不满意，还有一种是没有满意也没有不满意，可称之为无所谓者。旅行社的售后服务就是发生在旅游者感知服务质量到重复购买的这一阶段间的一种活动。它是对老顾客的新一轮促销，可以促使满意者重复购买；可强化无所谓者对旅行社良好的印象，尽力促成其重复购买；对于不满意者可以化解其抱怨、不满，尽量减少负面影响。

（3）**旅行社售后服务与长期顾客关系**。售后服务对旅行社保持已有客源和开辟新的客源都至关重要。随着经济、社会及人们旅游意识的发展，人们对旅游产品的需要及依赖程度越来越大。换句话说，与对一些耐用品（如家电、住房等产品）的消费不同，人们对旅游产品的购买和消费将是重复的、多次的。一个旅游者一生可能要旅游消费上百次，甚至更多。因此，一个旅游者的终身价值是巨大的。从这个意义上讲，通过售后服务，可以进一步维系顾客关系，进一步提高顾客忠诚度，因而这是一件十分值得旅行社去做的事情。

二、旅行社常见售后服务方式

（1）**问候电话**。这是指在旅游者返回后的第二天就给他们打电话，这样做可使旅游者感受到旅行社的人情味，而不是那种挣了钱再也不顾旅游者的冷面企业形象，同时还可通过电话了解旅游者有无不满之处。除非权益受到极大损害而忍无可忍，一般情况下，我国旅游者对旅途中不尽如人意的地方多采用消极抗议，抱有“吃亏上当，只此一次”的想法，不愿进行投诉。旅行社的主动电话不仅可以平缓顾客情绪，而且通过对问题的处理和沟通，可以改进工作中的不妥之处，吸引更多旅游者。当然，限于时间、费用、精力等问题，旅行社没有可能也无必要给所有的旅游者打电话问候，一般只选择重要的常客。

（2）**生日及纪念日的祝贺**。旅行社可选择一些特殊的日子加强同客人的联系，让客人感受到旅行社的关注和重视。公共节日前后，旅行社均会采用一些手段吸引旅游消费者。旅游消费者对旅行社的这种行为会产生“旅行社临时抱佛脚”的想法。因此，更有意义的是选择具有私人纪念意义的日子，如客人的生日、结婚纪念日或子女金榜题名时等，向客人联系表示祝贺。原因在于，在这些时间收到旅行社祝贺的旅游者除了收获意外惊喜之外，更有受重视、受尊重的感觉，某种程度上甚至有种成就感，而且觉得与旅行社的心理距离很近，有认同感，从而乐意重复购买。采用这种售后服务方式要求旅行社建立完备的客户档案，充分利用数据库，而且祝贺时最好是私人化、生活化的方式。

（3）**促销性资料**。旅行社将未来一段时间的旅游产品配上旅游目的地文字介绍和精美图片，编辑成内部报纸或者杂志，并把这些报刊邮寄给客户。这些旅游线路及其目的地的介绍实质上是通过心理暗示作用，激发客户的潜在旅游欲望，并起到推荐作用。这是旅行社同顾客保持经常接触行之有效的联络手段。

（4）**E-mail 往来**。旅行社挑选一定的老顾客给他们发送具有问候性质的 E-mail。这种方式忌讳的是满纸都是广告语和促销信息，应该突出旅行社工作人员与老顾客的友情和亲切感，起到客户维护的作用。

此外，还有一些售后服务方式很有效，如意见征询单、问候性明信片、游客招待会、影印材料、旅行社报、旅行社开放日等。

第四节　旅行社投诉管理

投诉是由于游客对旅行社提供的服务有所不满或对旅行社旅游服务的感知不如预期，并造成其权益受到损失而采取的维权行为。游客的维权行为，可能是恰当的，也可能是过度的，但对于追求卓越的旅行社来说，都值得认真对待和妥善处理，及时化解矛盾，促进服务质量提高，增强客户对旅行社的忠诚度。

一、造成投诉的原因

引起投诉的原因较为复杂，既有可能是旅行社自身的原因，也有可能是与旅行社相关部门的原因，甚至还有可能是旅游者过于挑剔和苛求。但总体来说，旅行社自身及其相关部门服务存在失误是导致旅游者投诉的主要原因。

（一）旅行社自身原因引起的投诉

如果旅游者认为旅行社有下列损害行为的，就可能向旅行社或旅游行政管理部门投诉：

- 认为旅行社不履行合同或协议的；
- 认为旅行社没有提供价质相符的旅游服务的；
- 认为旅行社故意或过失造成其行李物品破损或丢失的；

- 认为旅行社故意或过失造成投诉者人身伤害的；
- 认为旅行社欺诈投诉者，有损害投诉者利益的行为；
- 旅行社从业人员私自收受回扣和索要小费的；
- 其他损害投诉者利益的。

通过对近年来国家旅游局发布的《全国旅游投诉情况通报》进行统计，对旅行社的投诉约占总投诉的58%。其中，投诉旅游行程中降低服务标准的约占受理投诉总数的20%，投诉导游服务质量问题的约占受理投诉总数的10%，投诉旅行社未经游客同意擅自增减旅游项目的约占受理投诉总数的8%，投诉因航班等交通工具导致行程延误或变更的约占受理投诉总数的6%。

（二）与旅行社相关部门的过失引起的投诉

1. 交通服务提供部门过失引起的投诉

（1）**抵离时间不准时**。交通工具抵离的延误会给旅游者的旅游活动造成不便甚至彻底打乱原来的行程计划，从而给旅游者造成损失。例如，由于旅游者所乘坐的飞机未能按照航班时刻表准时起飞或火车未能按照列车时刻表准时发车，造成旅游者无法按预定计划抵达或离开旅游目的地，或造成旅游者被迫延长在某一地点的停留时间及缩短在另一地点的停留时间，有时甚至被迫取消某一地点旅游计划。又如，旅游汽车公司不按照事先与旅行社达成的合同规定时间发车，造成旅游者花费大量的时间等候，影响旅游者的旅游情绪，有时甚至迫使旅行社改变整个旅行计划。这类现象损害了旅游者的利益，招致旅游者的投诉。

（2）**服务质量低劣**。有些交通部门的工作人员认为其任务就是简单地将旅游者按照合同计划按时运送到目的地，头脑中没有质量意识，在服务工程中态度生硬粗暴或懒懒散散，对于旅游者提出的合理要求熟视无睹，不闻不问，造成旅游者的不满和投诉。

（3）**忽视安全因素**。安全是旅游者旅行期间十分关心的一个因素。旅游者往往对于那些不重视交通安全的工作人员深恶痛绝。有些交通部门的工作人员只关心本企业的经济利益，忽视安全因素，给旅游者的生命财产造成损失，引起旅游者的投诉。

2. 住宿服务提供部门过失引起的投诉

（1）**设施设备条件差**。有些饭店或旅馆的设施设备陈旧，维护保养差，打搅了旅游者，给其带来诸多不便。例如，客房、洗手间马桶漏水影响旅游者的夜间睡眠；淋浴设备缺乏维修，造成淋浴时水流不均匀，时冷时热。

（2）**业务技能差**。业务技能也是造成旅游者对饭店不满的一个原因。有些饭店或旅馆由于对服务人员的业务技能培训缺乏足够的重视，或者贪图一时的经济利益而大量雇用临时工或实习生。由于他们缺乏服务经验，业务技能差，无法向旅游者提供符合规范的服务，导致旅游者的不满和投诉。例如，前台服务员不熟悉饭店预订系统操作程序，无法迅速办理入住手续，使旅游者长时间等候；因财务知识缺乏，前台结账员无法及时为旅游者办理结账手续，致使旅游者长时间等候等。

（3）**服务态度差**。服务态度差是导致旅游者投诉住宿地点的一个重要原因。一些饭店、旅馆的服务人员缺乏职业道德，不尊重顾客，对旅游者态度生硬，要么冷淡无礼，要么出言不逊，甚至为了一点小事与旅游者发生争执；还有的服务人员在向旅游者提供服务时敷衍塞责，不负责任。旅游者无法忍受这样的服务态度，转而投诉。

（4）**卫生条件差**。卫生条件差往往是由于管理不善，忽视对员工的教育，不重视维护等造成的。有些饭店、旅馆片面强调经营利益，为降低经营成本，将承担客房、公共卫生区、餐厅等处卫生工作的人员大量裁减，使得卫生工作难以正常进行；还有的热衷于面上卫生，忽视死角管理、细节管理，一旦被旅游者觉察也会带来投诉。

3. 餐饮服务提供部门过失引起的投诉

（1）**菜肴质量低劣**。造成菜肴质量差的原因主要有三个：一是厨师没有按照菜谱上规定的主、辅料配比进行烹调，造成菜肴的质量下降；二是厨师的烹饪技术差，做出的菜肴口味与规定不符；三是菜肴的分量不足，引起旅游者的不满。

（2）**就餐环境恶劣**。有些餐馆或餐厅的就餐环境比较差，如餐厅里摆放的餐桌、餐椅已经损坏；餐厅里的卫生条件差，出现蚊蝇、蟑螂等害虫；餐具没有清洗干净；厨房与餐厅隔离较差，导致厨房里烹饪的味道跑到餐厅里，影响客人就餐的情绪等。

（3）**服务态度差**。餐厅或餐馆的服务人员态度差主要表现在：对待客人冷若冰霜，对客人提出的要求不予理睬或寻找借口不予以满足；服务时懒懒散散，不主动向客人介绍本餐厅的特色产品，客人询问时，表现出不耐烦的神情；服务态度恶劣，与客人发生争执、冲突；对待客人不能一视同仁，对某些客人曲意逢迎，对另一些客人则不屑一顾。

（4）**服务技能差**。员工未经专业培训，无法提供规范的餐厅服务，有的甚至给旅游者造成损失，如将菜汤泼洒在旅游者身上、上错菜肴等。

4. 其他服务提供部门过失引起的投诉

除了上述相关部门的过失造成的投诉外，其他一些旅游服务部门如游览景点、娱乐场所、购物商店等也会因服务质量低下造成旅游者投诉。历年来，旅游者对团队旅游到定点商店购物的投诉比例也一直较高，其中“被骗”是引起旅游者投诉的重要心理因素。因此，提高“信用”是减少旅游者投诉的一个重要环节。

二、旅行社投诉的处理

旅游投诉是不可避免的。这是因为不同的旅游者具有不同的价值观念，参加旅游的动机也各不相同，旅游阅历也不一样，并且旅游产品本身就有异质性的特点。旅游投诉是件坏事，但可以把它转变成好事。在这个过程中，重要的是要了解旅游者的投诉心理。

（一）旅游者的投诉心理

（1）**要求尊重的心理**。有些旅游者提出投诉是因为他们认为没有受到接待人员的尊重，或尊重不够，这类旅游者多属事业上取得了一定成就或拥有一定社会地位的人士，他们往往十分看重别人对待他们的态度。具有要求尊重心理的旅游者在投诉时的目的主要是通过投诉获得其所希望得到的尊重，而对于经济补偿则不大重视，也不关心旅行社管理者是否会严肃处理被投诉的有关人员。有的时候，当投诉者从旅行社管理者那里得到尊重的表示后，甚至会请求不要惩罚被投诉者。旅行社管理者应针对这种旅游投诉者的心理特征，在处理其投诉时主动表示对其遭遇的同情，并对其表示较高的尊重，使其感到旅行社确实尊重他们，以平息他们的怨气。

（2）**要求发泄的心理**。要求发泄是另外一些旅游者投诉时的心理状态。他们因对旅游接待人员服务感到不满，觉得受了委屈或不公平对待，希望向别人诉说其心中的不快。这种人在投诉时或喋喋不休，反复诉说其不幸遭遇；或态度激动，使用激烈的语言对被投诉者进行指责。具有要求发泄心理的旅游者提出投诉的主要目的是向旅行社管理者发泄心中的不满和怨气。当他们的怨气发泄完毕并得到某种安慰后，往往会得到心理上的满足，而不再提起赔偿的要求。有些旅游者甚至还会对其在投诉时使用的激烈语言感到后悔而表示歉意。旅行社管理者在接待这种旅游投诉者时，应针对其心理特点，耐心地倾听其投诉，不要急于安抚对方，也不要急于弄清事情的真相而打断对方。当投诉者将所有要说的话全部讲完后，旅行社管理者应给予适当的安慰。一般情况下，旅游者会对这种处理方法感到比较满意。

（3）**要求补偿的心理**。还有一些旅游者，其提出投诉的主要动机是要求得到一定的补偿。这种要求补偿的心理可能是物质性的，如希望旅行社向其退还部分旅游费用；也可能是精神性的，如希望旅行社管理者向其道歉。旅行社管理者在处理这类投诉时，应根据对投诉者投诉心理的分析和掌握，加以适当的处理。如果确实是因旅行社接待服务的失误给旅游者造成经济损失或精神损失的，应根据有关法律或规定给予相应的经济补偿、赔礼道歉或重新履约；如果是旅游者因误会而向旅行社投诉的，则可以委婉地加以解释，以消除误会。

（二）投诉处理的基本原则

（1）**高度重视，一视同仁**。无论旅游者投诉的问题大与小，都应给予足够的重视。因为在旅游者看来，只要投诉便不是一般的小问题，一旦处理不当，都会成为导火索，给旅行社带来意外的麻烦。对待任何旅游者都要一视同仁，决不能厚此薄彼，或以地位、钱财、相貌、肤色取人。

（2）**微笑接待，耐心倾听**。如果旅游者直接口头投诉，不管当时旅游者脾气有多大、态度有多差，都要耐心让对方把话讲完，不要打断对方谈话，也不要急于解释，更不能与对方发生争吵。在接受投诉中，接待人员要保持微笑，做好必要的记录，并表示同情和歉意，要学会使用柔性语言，以平息旅游者的激动情绪。这样，当投诉的旅游者把话讲完时，气也会消了。

（3）**弄清事实，尊重旅游者**。旅行社在接到投诉后，在弄清事实真相前不要急于表态，要及时进行调查了解，弄清旅游者投诉问题的真实情况和心理状态，重要的投诉必须及时报告上级主管人员。在处理过程中，要尊重旅游者，注意维护其自尊心。即使旅游者有不合理的要求或误解，也要委婉地说明事实，不可当面顶撞，遇到对方出言不逊，也应采取容忍的态度。

（4）**及时处理，迅速答复**。针对旅游者投诉的问题，旅行社应迅速做出答复，并及时采取相应的解决措施予以处理。经查明确实是旅行社方面的过失，则应尽快做出决定，提供可供选择、切实可行的纠正方案，并告知旅游者采取纠正行动的具体时间。同时，还应对旅游者的批评、指教表示感谢。

（5）**积极改进，做好记录**。将投诉信息转告给有关部门或人员，督促其及时采取有效措施加以纠正和改进，并掌握进展情况。处理后要继续与旅游者保持联系，了解其对投诉处理结果的反应。处理完毕后，应将旅游投诉内容及旅行社的处理办法完整地记录在案并保存，以备必要时核查。

（三）旅游投诉的处理程序

（1）**投诉受理**。投诉可能是投诉者直接向旅行社有关部门投诉，也可能是旅游质监所转来的投诉；投诉可能是电话投诉，也可能是登门投诉、来信投诉、E-mail 投诉。投诉处理人员接到投诉后，首先进行投诉受理，记明以下事项：投诉者的姓名、性别、国籍、职业、年龄、单位（团队）名称及地址；被投诉者的单位名称或姓名、所在地；投诉请示和根据事实与理由；证据。

（2）**调查核实**。受理投诉后，投诉处理人员应认真、客观、公正地进行调查核实工作，弄清事实，注意从业务部门收集最终确定的行程单、导游任务书、与饭店和餐厅等供应商的往来确认函等相关资料。

（3）**调解**。旅游投诉处理，能够调解的，应当在查明事实、分清责任的基础上进行调解，促使投诉者与公司互相谅解，达成协议。调解达成协议必须是双方自愿，不得强迫。

（4）**投诉处理决定**。应当以事实为根据，以相关法律法规为准绳。在事实清楚、证据充分的基础上，经沟通、调解，可以分别做出如下决定：①属于投诉者自身的过错，可以决定撤销立案，通知投诉者并说明理由。②属于投诉者与公司有关部门或人员共同过错的，由双方各自承担相应的责任。③属于公司被投诉者的过错，由被投诉者承担责任。可以责令被投诉者向投诉者赔礼道歉或赔偿相关损失。投诉处理决定应在调查核实与充分调解的基础上做出。一般投诉可由各业务中心投诉处理小组做出处理决定，报公司投诉处理办公室审批、备案；重大投诉，由公司投诉处理办公室做出。一旦做出投诉处理决定，应当与投诉者签订调解协议。在协议中应载明事实经过、责任划分、赔偿金额和方式。协议必须由双方签字认可。由旅游质监所转来的投诉，处理结束后，应将双方签字认可的处理协议报告转投诉的旅游质监所。

（5）**投诉处理材料归档**。一旦投诉处理结束，应将受理投诉表、调查材料、协商意见、处理结果及最终调解协议等相关文档进行归档。

（四）旅行社减少投诉的举措

（1）**加强合同管理，减少投诉隐患**。旅行社应自觉地以“法治”的方法来减少旅游者的投诉。旅行社应在现行合同文书中的“其他约定”一栏内，将本旅行社在经营活动过程中旅游者曾经发生的投诉原因或者可能发生投诉的原因，以及其他旅行社曾经发生投诉的原因作为他们的补充项目列于其中，由旅游者确认后签字。

（2）**建立旅游业务合作伙伴档案**。防止投诉发生的行之有效的办法之一是注意选择业务合作伙伴。选择伙伴的一个重要标准是信用加质量，从而达到降低由业务合作伙伴造成旅游投诉风险的目的。

（3）**提高员工服务意识和服务水平**。通过全员培训和员工间的经验交流，加强一线从业人员的职业道德教育，使员工真正意识到只有具备优良的服务和高超的技能才能赢得游客的信任。

（4）**充分发挥行前说明会的作用**。针对目前国内旅游特别是出境旅游的情况，旅行社还应注重“行前说明会”上的“告知”。出行前召开行前说明会，让旅游者了解责、权、利，可以有效地降低投诉的概率。

复习与思考

一、名词解释

客户管理　旅行社服务质量　顾客满意度　预期质量　感知质量

二、填空题

1. CRM（客户关系管理）既是一种 ________ 模式，也是一种 ________ 系统。

2. PDCA 管理循环是英语单词 ________、Do（执行）、________ 和 Action（处理）的首字母集合，即按照这样的顺序在各个环节开展质量管理并循环进行。

3. 旅行社全面质量管理要求企业从 ________、________ 和环境质量三个方面进行全面的考查，实施全方位、全因素、全过程的管理。

4. 旅行社产品的生产过程就是旅游者的 ________ 过程，旅行社产品的质量具体来看离不开产品的 ________、采购质量、________ 以及旅行社经营的硬、软件环境质量。

三、选择题

1. 下列哪种管理属于旅行社环境质量管理？（　　）

A. 产品设计管理　B. 合同管理　C. 导游服务管理　D. 销售管理

2. 感知质量是指游客在 ________ 过程中体验到的旅行社服务质量。（　　）

A. 产品销售介绍　B. 行前说明会　C. 导游接待服务　D. 回访询问

3. 下列哪种投诉属于旅行社自身因素引起的投诉？（　　）

A. 飞机晚点投诉　　B. 食物中毒投诉

C. 导游服务投诉　　D. 宾馆星级不符投诉

4. 下列哪种方法能减少游客投诉？（　　）

A. 印制精美画册　　B. 不签订旅游合同

C. 加强导游培训　　D. 开好行前说明会

四、判断题

1. 客户关系管理（CRM）是一种基于现代信息技术的客户管理方式。（　　）

2. PDCA 管理循环中的 P 是指 People，即客户。（　　）

3. 旅行社客户关系管理是为了管理大客户，散客十分分散，不在管理之列。（　　）

4. 游客投诉对旅行社来说既是坏事，也是“好事”。（　　）

五、简答题

1. 客户流失的主要原因是什么？

2. 客户忠诚度的培养有哪些方法？

3. 旅行社服务的质量管理与监控的方法有哪些？

4. 旅游投诉的范围和类型有哪些？

5. 如何处理旅游投诉？

6. 投诉防范的办法有哪些？

六、案例分析

数据库营销助推日本KNT旅行社快速发展

在20世纪80年代早期，日本KNT旅行社（近畿日本国际旅行社）通过引入一种新营销渠道——对它的回头客提供报纸广告和专属地客户化杂志来改革它在日本客户购买旅游服务的方式。KNT形成了一个新的分支，即观光事业俱乐部，就此来开发和实现这种独一无二的营销策略类型和观光事业新概念。

传统方式安排参加KNT的开拓性旅游活动，客户们不得不亲自到旅行社办理。但在一对一营销策略中，客户可通过作为新渠道的报纸和杂志找到他们感兴趣的旅游线路，并通过电话或因特网进行订购。当竞争对手开始效仿这种方式时，KNT又率先采取了两种策略与客户沟通，使其更好地了解客户。这种及时地对旅游服务反馈客户声音和偏好的方式，完全利用了它的客户数据库。

KNT这种独特的营销策略已经帮助他们成为日本第二大旅行社，年收入达到67亿美元。KNT的观光事业俱乐部是日本最大的直接旅行服务机构。

KNT俱乐部旅行业务成功的一个关键因素在于它的《旅游伙伴》杂志。该杂志每年发行20期，被发送到所有的俱乐部旅游客户手中，覆盖了KNT可以订购的多达1500种的旅游线路。这种基于需求并提出目录的服务对所有成员而言，都具有极强的吸引力和益处。

随着《旅游伙伴》的发行量超过100万册，俱乐部决定开发“一对一”的营销策略来留住核心客户，并通过提供尽可能个性化的需求和最具吸引力的旅游线路来改善客户的忠诚度。这样持续下去，通过从那些满意客户的口碑广告中扩大它的业务将显得非常重要。

为了实现它的“一对一”的战略，观光事业俱乐部营销人员需要有能力去分析客户的偏好、行为、兴趣范围和区域、期望及旅游的感想。对观光事业俱乐部来说，为了开发有吸引力和竞争力的旅行产品，获得及时详尽的信息非常关键，而且必须尽快搜集完成以便在下一期杂志或报纸广告上发表。

要在一个遗留下来的计算环境中运行，信息的需求对部门来说需要几天的时间才能完成，而旅游和线路的设计者所需要的详细信息比计算机系统所能提供的要多得多。

因此，KNT的旅游俱乐部决定使用一种开放的系统构架来存储所有的客户信息，这大大增强了它的决策支持能力。

最初，大约100个用户能够通过这个工作站直接访问该系统。为了实施这个解决方案，KNT也使用了有关数据建模、数据转换和客户应用发展的咨询服务。在短短四个月的时间里，KNT完成了150万名客户的数据库。

根据上述案例，回答如下问题：

1. 现代旅行社客户越来越多，客户信息日益庞大，应该如何解决？
2. 谈谈旅行社客户管理中现代信息技术的运用。

旅游投诉与企业信誉

广州黄先生约了9名同事参加某旅行社的“五天豪华游”，游览西安、洛阳、郑州、开封等地。在旅行社的行程计划书中，每天的行程、用餐、住宿的标准都写得清清楚楚。

前三天的行程都比较正常，可第四天到了洛阳，一切都变了样。当天晚上8时多，才从洛阳出发赴郑州去看黄河。晚上9时左右，到了郑州黄河大桥边上，游客摸着黑，在河边站了大概5分钟，导游催游客上车。在游客的质疑下，导游说：“由于明天回广州的飞机提前到中午12时起飞，明天上午10时30分必须赶到郑州办理登机手续。为了你们明天能够到开封包公祠，所以明天游黄河的景点改在今晚。另外，为让大家能够玩得尽兴点儿，明天早上5时集合。”导游话音未落，全团游客就抗议说，按约定游黄河至少一个小时，现在缩减成了5分钟，旅行社岂能如此儿戏？再说清早5时集合，游客无法充分休息，哪来的精力游山玩水？

为了讨个说法，游客当即拨通了该旅行社的投诉电话。一位苏先生听了电话，在得知情况之后，表示调查一下，半个小时以后再跟他们联系。结果一晚上这名苏先生都没有和游客联系。游客无奈只好回饭店。第二天早上，按原计划是游览包公祠、铁塔等多个景点，谁知导游为赶时间，只匆匆忙忙在包公祠转了半个小时，在没有征得游客同意的情况下，其他景点全部取消。

返回广州后，黄先生气愤地将此事投诉到广州消费者协会。经过消费者协会的调查，黄先生的投诉属实。

根据上述案例，回答如下问题：

1. 请列出旅行社方面的错误行为。
2. 这家旅行社失信的后果是什么？

第九章 旅行社财务管理

财务管理是旅行社经营管理的重要组成部分。掌握旅行社财务管理对于旅行社经营管理意义重大。

本章在说明旅行社财务管理社会服务功能的基础上，对如何管理旅行社现金、应收账款、营业收入、成本费用和利润等方面进行了阐述；最后，在介绍财务报表的基础上，简单阐述了财务比率分析。

学习目标

知识目标

1. 了解旅行社财务管理的功能。
2. 熟悉旅行社现金管理。
3. 掌握旅行社应收账款管理。
4. 熟悉旅行社营业收入管理。
5. 掌握旅行社成本费用管理。
6. 熟悉旅行社利润管理。
7. 熟悉旅行社财务报表。
8. 掌握旅行社财务分析。

能力目标

1. 能在实践中对旅行社应收账款进行管理。
2. 能对旅行社成本费用进行合理的控制。
3. 能认知旅行社财务报表，并可以利用财务报表对旅行社财务状况进行分析。

第一节　旅行社财务管理的社会服务功能

旅行社财务管理指旅行社利用货币形式，按照资金运动规律，通过预测、计划、核算、分析、监督与控制，对旅行社资金运动和业务收支进行综合管理。

旅行社财务管理具有丰富的社会服务功能。从具体业务角度，旅行社财务管理是对旅行社筹资、投资、营运资金和利润分配四个方面进行管理。从社会服务角度，旅行社财务管理可以让旅行社所有者、旅行社债权人、旅行社经营者和政府四大主体受益。

（1）**旅行社所有者（股东）**。所有者（股东）对旅行社的投资回报会有强烈的要求。对于普通投资者来说，虽然他们对投资收益、风险性、流动性等都非常重视，但更希望旅行社提高分红比例；而对于旅行社的控股股东而言，他们考虑更多的则是如何提高旅行社的竞争力，扩大市场占有率，降低财务风险和纳税支出，追求旅行社价值最大化。在这种前提条件下，合理的旅行社财务管理既能保证普通投资者的分红需求，也能保证控股股东追求旅行社价值最大化的要求。从这一角度来看，旅行社财务管理为旅行社所有者（股东）提供了一定的服务功能。

（2）**旅行社债权人**。债权人投入资金具有利息固定、支付优先的特点，但是不能参与剩余利益分享的特点，这就决定了债权人势必对投入资金的安全性特别关注。因此，某种程度上，债权人势必要在了解旅行社的财务管理状况之后，才肯借贷给旅行社，而且借贷之后，旅行社要按照借款合约定期提供财务报告，以供债权人掌握旅行社的实时财务状况。旅行社财务管理，一方面强化了公司的经营，保障了债权人的利益；另一方面，及时提供财务报告给债权人，让债权人实时掌握了财务状况，也防范了风险。从这一角度来看，旅行社财务管理为旅行社债权人提供了一定的服务功能。

（3）**旅行社经营者**。一方面，旅行社经营者作为管理者，必须实时对旅行社财务的各个方面（如偿债能力、营运资金、赢利水平等）给予详细的了解和掌握，旅行社财务管理为旅行社经营者提供了相关财务信息，为旅行社经营者做出正确的决策奠定了基础。另一方面，旅行社的财务状况可以反映旅行社的经营状况，帮助经营者发现问题并采取相应对策，消除影响旅行社经济效益增长的不利因素，进一步挖掘潜力，为旅行社经济效益的持续稳定增长奠定基础。从这一角度来看，旅行社财务管理为旅行社经营者提供了一定的服务功能。

（4）**政府**。政府对不同旅行社的关注角度是不尽相同的。对于国有控股旅行社，政府除关注投资所产生的社会效益外，也会对投资的经济效益给予考虑，在谋求资本保值增值的同时，还期望能带来稳定增长的财政收入。因此，政府作为旅行社的所有者，既要对旅行社的经营管理状况进行考察评价，还要对旅行社是否有效利用资金、保值增值，是否对财政收入的稳定增长作出贡献，是否有违法乱纪、浪费国家财产等问题予以关注，并对旅行社是否具有发展后劲进行分析。对于非政府控股旅行社，政府关注更多的是税收的正常合理缴纳。政府掌控这些要素的前提是旅行社提供的财务报告。从这一角度来看，旅行社财务管理为政府提供了一定的服务功能。

第二节　旅行社营运资金管理

旅行社营运资金是指旅行社对流动资产的投入资金。在旅行社的经营活动中，现金流入量与流出量的非同步性和不确定性，使得旅行社必须保持一定量的营运资金。营运资金的多少不但反映旅行社的偿债能力，还可以衡量经营风险的大小。营运资金管理不但能反映旅行社管理层的管理水平，也可以影响旅行社的经营业绩。

一、旅行社现金管理

现金是指旅行社在经营过程中暂时停留在货币形态的资金，包括库存现金、银行存款、银行本票、银行汇票等。现金是立即可以投入流通的交换媒介，是流动性最强的营运资金。

旅行社现金管理中最重要的问题就是确定现金的持有规模。这是因为，如果现金不足，就没有足够的偿债能力，会影响到旅行社正常经营；但是如果现金持有量过多，它所提供的流动性边际收益会比较低，影响旅行社的收益水平。因此，旅行社必须合理确定现金持有量，使现金收支不但在数量上，而且在时间上相互衔接，以便在保证旅行社经营活动所需现金的同时，尽量减少旅行社闲置的现金数量，提高资金收益率。

（一）现金最优持有量的确定

根据鲍默尔存货模型，现金最优持有量 =[（2*T*F）/K]^（1/2），其中，T 为一个周期内现金总需求量，F 为每次转换有价证券的固定成本，K 为有价证券利息率。

（二）现金的日常管理

（1）**现金的收款管理**。为了提高现金的使用效率，加速现金周转，旅行社现金收款管理的主要任务应是尽量加速账款的收回，加速现金回笼。

（2）**现金的支出管理**。旅行社现金支出管理的主要任务，是尽可能延缓现金的支出时间。当然，这种延缓必须是合理合法的，否则旅行社延期支付账款所得到的收益，会远远低于由此而遭受的损失（包括商业信誉等）。

二、旅行社应收账款管理

应收账款是指旅行社因对外赊销商品、提供劳务等而应向购货或接受劳务单位收取的款项，是旅行社的一项债权。目前，商品和劳务的赊销已成为市场经济的一个基本特征。虽然旅行社都希望现销而不是赊销，但竞争压力迫使旅行社提供信用，以便稳定销售渠道。显然，实现赊销一方面扩大了旅游产品销路，另一方面也形成了一定的应收账款。

（一）旅行社应收账款现状

目前我国旅行社之间三角债的问题比较普遍。对60位来自全国各地的旅行社的总经理所做的一项调查显示，每年被拖欠团款在5万元以上的旅行社达到了80%。也就是说，大部分旅行社都不同程度地被对方以各种各样的理由拖欠团款。旅行社要实现发展，一方面应该尽量避免陷入“沼泽地”，另一方面又要坚守商誉。旅行社一旦陷入三角债的怪圈，就进入了恶性循环。目前，旅行社的毛利润不到10%，营业利润率不到2%，一次欠款处理不好，就要赔钱，所以旅行社宁可少赚钱，也不能冒风险垫付团款。首先，垫付团款是一种缺乏自信心的短期行为。旅行社竞争的手段有很多种，有以品牌取胜的，也有以垄断资源取胜的；有以新产品取胜的，也有以规模经济、价格战取胜的，但还没有听说哪个旅行社是靠为别人垫付款项而发展起来的。旅行社之所以为别人垫付团款，就是因为没有更好的可竞争的手段。其次，不搞垫付团款的旅行社，是我们应该选择的真正优秀的合作伙伴。不少旅行社大搞垫付团款行为，使得一些组团社养成了拖欠款的毛病。这种短期行为最终将一害客户，二害自己。真正有眼光的合作商会选择长远而稳定的利益，不会只顾眼前的利益，应看重的是旅行社的实力、信誉和文化，注重的是接待质量、产品开发、服务环节等方面。如果拖欠团款，双方很容易产生矛盾，不利于长期合作。最后，不搞拖欠，可以确保旅行社的接待质量，使旅行社的发展建立在稳定可靠的基础之上。

（二）旅行社应收账款管理

在旅行社经营中，没有什么工作比应收账款管理工作更难了。旅行社应收账款管理的主要任务就是催收欠款。旅行社应对资金回收作出明确的要求和规定，对组团社和合作单位的商誉、偿债能力、支付能力作出调查与评估。旅行社应当统一制定合同样本，合同条款未经许可不可随意变更。旅行社催收欠款的方法如下：

（1）**培训**。在对旅行社进行全面的了解后，将所有外联人员、财务经理、副总经理、总经理组织起来学习一周，授课的主要内容为：催收欠款要有正确的心态，即怀着志在必得的心态上阵，此外，在催收欠款中要注意运用各种技巧；聘请律师为大家讲解相应的民法以及关于债权合同的知识，大家懂得了法律的基本常识，可以避免犯错误；在催收欠款的准备阶段，要设法摸清重点欠款户的历史、信誉、目前的运转状况，弥补以前证据不足和对旅行社不利的漏洞；外联人员、总经理先制订出催收欠款计划，再找合作商制订出还款计划，对债务进行管理，分清重点、难点，对每笔债务进行事前规划，每个催款人员应与旅行社上下密切配合，保持协调，对可能出现的意外问题及时处理。

（2）**计划实施**。培训到位后，就开始实施计划，制定目标、制订催收欠款的计划和期限。制定目标时要大家一起商议制定；制定催收欠款制度，制定催收欠款与收入挂钩的分配奖励制度，对有特殊贡献者还要进行个人奖励；确定催收欠款纪律，不该对外说的绝对不说，不允许对客户乱表态，对外的承诺一律以总经理的批示为依据，其他形式无效，现金只能打入信用卡，不准随身携带或私存等；商议对“特殊户”采取“特殊”处理的方案，用合理的方法对一些“特殊”的欠款户进行“特殊”处理。

（3）**旅行社应收账款管理（催收欠款）的要点**。调整心态，坚定催收欠款信心；做好欠款的风险等级评估，对不同类型的欠款采取不同的催收方法，施以不同的催收力度；做好催收欠款的全面策划工作，制订出一个划分轻重缓急的回收计划；在催收欠款的过程中还需归纳整理账目，做到胸有成竹，自己做到心中有数后还得与客户对清账目，并留下其签字凭证，以防在今后收欠款时发生争议；在收到欠款后，要做到有礼有节，在填单、签字、销账、登记、领款等每一个结款的细节上，向具体经办人真诚地表示谢意，以免下一次他故意找借口刁难，如客户的确发生了天灾人祸，在理解客户难处的同时，让客户也理解自己的难处。旅行社只有建立了有效的预警系统，才能实现资金链的良性循环。

第三节　旅行社营业收入、成本费用和利润管理

一、旅行社营业收入的管理

旅行社营业收入是指旅行社在一定时期内，由于向旅游者提供服务而获得的全部收入。旅行社营业收入包括：综合服务收入、组团外联收入、零星服务收入、劳务收入、票务收入、地接游及加项收入、其他服务收入。在旅行社的营业收入中，代收代支的款项占很大比重，这也是其在业务经营中区别于其他行业的一个重要特点。

（1）**确认营业收入的原则**。旅行社在确认营业收入时采用权责发生制原则，即在符合以下两种条件时可确认其获得了营业收入：旅行社劳务或商品已发出；旅行社已收到价款或取得了收取价款权利的证据。

（2）**确定营业收入实现时间的原则**。入境旅游以旅游者历经或离开本地的时间作为确认其营业收入实现的时间；出境旅游以旅游者返回原出发地的时间作为确认其营业收入实现的时间；国内旅游接团社以旅游者离开本地的时间作为确认其营业收入实现的时间；组团社以旅游者旅行结束返回原出发地的时间作为确认其营业收入实现的时间。

通常情况下，旅行社出售的是无形产品，一般又采用远期销售方式，因此不可能是“一手交钱，一手交货”的现款交易，只能采取预付款或后付款两种方式。旅行社的销售原则上应采取预付款办法，以保证自己的合法收入。

二、旅行社成本费用的管理

（一）旅行社的成本

旅行社的成本主要是指旅行社的营业成本，指为组织接待旅游者而发生的直接费用，包括已计入营业收入总额的房费、餐费、交通费、文娱费、行李托运费、票务费、门票费、专业活动费、签证费、陪同费、劳务费、宣传费、保险费和机场费等代收费用。

（二）旅行社的费用

旅行社的费用主要由营业费用、管理费用、财务费用构成。营业费用是指旅行社各营业部门为组织经营活动而发生的各项费用。管理费用是旅行社为组织和管理经营活动而发生的费用以及由企业统一负担的费用。财务费用是指旅行社筹集资金而发生的费用。旅行社发生的下列支出，不得计入成本和费用：

- 为购置和建造固定资产、购入无形资产和其他资产发生的支出；
- 对外投资支出和分配给投资者的利润；
- 被没收财物的损失；
- 支付的各项赔偿金、违约金、滞纳金、罚款以及赞助、捐赠支出等；
- 国家规定不得列入成本、费用的其他开支。

（三）旅行社成本费用管理的作用

成本费用管理是补偿生产经营耗费的尺度。这是企业维持简单再生产的起码条件和进行扩大再生产的出发点。

成本是制定价格的经济依据。商品出售价格的最低界限，是由商品的成本价格决定的。商品的价格是商品价值的货币表现。

成本是衡量企业管理水平的重要标志。成本费用是一项综合指标。通过同类企业成本费用指标的对比与分析，可以揭露企业业务经营中的问题，从而积极推动企业充分挖掘内部潜力，努力提高经营管理水平。

（四）旅行社成本费用的控制

旅行社成本费用的控制是指在旅行社正常经营的前提下对成本费用进行控制，以达到成本的最小化、费用的集约化。旅行社成本费用管理的控制任务是降低成本、减少费用。控制原则是遵守成本开支范围；处理降低成本与服务质量的关系；实现目标成本管理。旅行社成本费用的控制基本要求包括：

- 努力降低消耗，提高经济效益；
- 实行全员成本管理；
- 划清费用界限，正确计算成本；
- 加强成本费用的考核工作。

三、旅行社利润的管理

旅行社利润是其经营活动的财务结果，它是一定时期内营业收入扣除成本、营业税及其他支出后的余额。旅行社利润管理的主要内容是确定目标利润和进行利润分配。

（一）确定目标利润

旅行社在营业之初，往往会先确定本营业期的目标利润，在营业期结束时将实现的利润同目标利润进行对比，以加强利润的管理。

目标利润 = 预计营业收入 − 目标营业成本 − 预计营业税金 − 预计费用

一般情况下，可采用量、本、利分析法，确定业务量、成本、利润，这是较普遍使用的方法。

保本销售量 = 固定成本费用总额 / [单位销售价格 ×（1− 税率）− 单位变动成本]

（二）进行利润分配

旅行社实现的利润总额按国家规定做相应调整后，应先依法缴纳所得税，利润总额减去缴纳所得税后的余额即为可供分配的利润。除国家另有规定者外，可供分配利润按下列顺序分配：

- 被没收的财务损失、支付各项税收的滞纳金和罚款。
- 弥补旅行社以前年度亏损。
- 提取法定盈余公积金。即按税后利润扣除前两项后的 10% 提取法定盈余公积金。
- 提取公益金。公益金主要用于旅行社职工的集体福利。
- 向投资者分配利润。分配顺序为：支付优先股股利；按旅行社章程或股东会决议提取任意盈余公积金；支付普通股股利。

第四节 旅行社财务分析

旅行社财务分析是以旅行社提供的财务报告为基础，对旅行社经营活动中的过程和结果进行分析研究，从而揭示生产经营中的利弊得失，系统分析和评价旅行社过去和现在的经营成果、财务状况及其变动情况，目的是了解过去、评价现在、预测未来，帮助旅行社管理决策层进行决策判断。旅行社进行财务分析的最基本功能，是将财务报表数据转换成对决策有用的信息，减少相关决策的不确定性。

旅行社财务分析的起点是财务报表，旅行社最基本的财务报表通常包括资产负债表、利润表和现金流量表。

一、旅行社的财务报表

（一）资产负债表

资产负债表是反映旅行社在某一特定日期（月末、季末、年末）全部资产、负债和所有者权益情况的报表。通过资产负债表，可以全面了解旅行社资产、负债和所有者权益的组成情况。具体格式如表 9–1 所示。

表9–1 资产负债表

编制单位： 年 月 日 单位：元

资 产	行 次	期末余额	年初余额	负债和所有者权益（或股东权益）	行 次	期末余额	年初余额
流动资产：				流动负债：			
货币资金				短期借款			
交易性金融资产				交易性金融负债			
应收票据				应付票据			
应收账款				应付账款			
预付款项				预收款项			
应收股利				应付职工薪酬			
应收利息				应交税费			
其他应收款				应付利息			
存货				应付股利			
一年内到期的非流动资产				其他应付款			
其他流动资产				一年内到期的非流动负债			
流动资产合计				其他流动负债			
非流动资产：				流动负债合计			
可供出售金融资产				非流动负债：			

续表

资　产	行 次	期末余额	年初余额	负债和所有者权益（或股东权益）	行 次	期末余额	年初余额
持有至到期投资				长期借款			
长期应收款				应付债券			
长期股权投资				长期应付款			
投资性房地产				专项应付款			
固定资产原价				预计负债			
减：累计折旧				递延所得税负债			
固定资产净值				其他非流动负债			
减：固定资产减值准备				非流动负债合计			
固定资产净额				负债合计			
在建工程				所有者权益（或股东权益）			
工程物资				股本			
固定资产清理				资本公积			
无形资产				减：库存股			
开发支出				盈余公积			
商誉				未分配利润			
长期待摊费用				少数股东权益			
递延所得税资产				所有者权益合计			
其他非流动资产							
非流动资产合计							
资产总值				负债和所有者权益总计			

（二）利润表

利润表是反映旅行社在一定时期内（月内、季内、年内）利润（或亏损）形成情况的报表。通过利润表，可以从总体上了解旅行社收入、成本和利润（或亏损）的基本情况以及由此计算出来的利润（或亏损）的分配情况，它是了解旅行社经营业绩情况的报表。具体格式如表 9–2 所示。

表9–2　利润表

编制单位：　　　　**年　月　日**　　　　**单位：元**

项　目	行　次	本年金额	上年金额
一、主营业务收入			
减：主营业务成本			
主营业务税金及附加			
二、主营业务利润（亏损以“–”号填列）			
加：其他业务利润（亏损以“–”号填列）			

续表

项　目	行　次	本年金额	上年金额
减：营业费用			
管理费用			
财务费用			
三、营业利润（亏损以“–”号填列）			
加：投资收益（损失以“–”号填列）			
补贴收入			
营业外收入			
减：营业外支出			
四、利润总额（亏损总额以“–”号填列）			
减：所得税			
五、净利润（亏损以“–”号填列）			

（三）现金流量表

现金流量表是反映旅行社一定期间内（月内、季内、年内）现金和现金等价物流入和流出信息的会计报表。现金流量表主要提供旅行社现金流量方面的信息，以便会计报表使用者了解和评价旅行社获取现金和现金等价物的能力，并据以预测旅行社未来现金流量。具体格式如表 9–3 所示。

表9–3　现金流量表

编制单位：　　　　　　**年　月　日**　　　　　　**单位：　元**

项　　　目	行　　次	金　　额
一、经营活动产生的现金流量：		
销售商品、提供劳务收到的现金		
收到的税费返还		
收到的其他与经营活动有关的资金		
现金流入小计		
购买商品、接受劳务支付的现金		
支付给职工以及未支付的现金		
支付的各项税费		
支付的其他与经营活动有关的现金		
现金流出小计		
经营活动产生的现金流量净额		

续表

项 目	行 次	金 额
二、投资活动产生的现金流量：		
收回投资所收到的现金		
取得投资收益所收到的现金		
处置固定资产、无形资产和其他长期资产所收到的现金净额		
收到的其他与投资活动有关的现金		
现金流入小计		
购建固定资产、无形资产和其他长期资产所支付的现金		
投资所支付的现金		
支付的其他与投资活动有关的现金		
现金流出小计		
投资活动产生的现金流量净额		
三、筹资活动所产生的现金流量：		
吸收投资所收到的现金		
借款所收到的现金		
收到的其他与筹资活动有关的现金		
现金流入小计		
偿还债务所支付的现金		
分配股利、利润或偿付利息所支付的现金		
支付的其他与筹资活动有关的现金		
现金流出小计		
筹资活动产生的现金流量净额		
四、汇率变动对现金的影响		
五、现金及现金等价物净增加额		

二、旅行社财务分析

旅行社财务分析的方法很多，本书简要介绍较为常用的财务比率分析。财务比率分析是指把财务报表中的有关项目进行对比，用比率来反映它们之间的相互关系，以揭示旅行社财务状况的一种分析方法。财务报表中有大量的数据，可以根据需要计算出很多有意义的比率，这些比率涉及旅行社管理的各个方面。

(一)偿债能力比率

偿债能力比率反映旅行社偿债能力的大小，它取决于可以在近期转变为现金、用以偿付债务的流动资产有多少。偿债能力的财务比率主要有流动比率、速动比率、现金比率等。

1. 流动比率

流动比率，表示每 1 元流动负债有多少流动资产作为偿还的保证。它反映旅行社流动资产对流动负债的保障程度。

流动比率 = 流动资产合计 / 流动负债合计

一般情况下，该指标越大，表明旅行社短期偿债能力强。通常情况下，该指标在 200% 左右较好。但是旅行社由于存货很少，流动比率通常会在 100%，也是比较正常的。

2. 速动比率

速动比率表示每 1 元流动负债有多少速动资产作为偿还的保证，进一步反映流动负债的保障程度。

速动比率 =（流动资产合计 – 存货净额）/ 流动负债合计

一般情况下，该指标越大，表明旅行社短期偿债能力越强。通常情况下，该指标在 100% 左右较好。由于旅行社存货较少的属性，旅行社速动比率和流动比率相差不大。在运用该指标分析旅行社短期偿债能力时，应结合应收账款的规模、周转速度和其他应收款的规模，以及它们的变现能力进行综合分析。如果某旅行社速动比率虽然很高，但应收账款周转速度慢，且它与其他应收款的规模大，变现能力差，那么该旅行社较为真实的短期偿债能力要比该指标反映的差。

3. 现金比率

现金比率，表示每 1 元流动负债有多少现金及现金等价物作为偿还的保证，反映旅行社可用现金及变现方式清偿流动负债的能力。

现金比率 =（货币资金 + 短期投资）/ 流动负债合计

该指标能真实地反映旅行社实际的短期偿债能力。该指标值越大，反映旅行社的短期偿债能力越强。

（二）营运能力比率

营运能力比率用来分析旅行社在资产管理和资产运营方面的效率，营运能力分析的财务比率主要有总资产周转率、流动资产周转率、固定资产周转率、应收账款周转率和存货周转率。

1. 总资产周转率

总资产周转率是指旅行社在一定时期业务收入净额同平均资产总额的比率。

总资产周转率（次）= 主营业务收入净额 / 平均资产总额

平均资产总额 =（资产总额年初数 + 资产总额年末数）/2

总资产周转天数 =360/ 总资产周转率

总资产周转率是考察旅行社资产运营效率的一项重要指标，体现了旅行社经营期间全部资产从投入到产出的流转速度，反映了旅行社全部资产的管理质量和利用效率。通过该指标的对比分析，可以反映旅行社本年度以及以前年度总资产的运营效率和变化，发现旅行社与同类旅行社在资产利用上的差距，促进旅行社挖掘潜力，积极创收，提高产品市场占有率，提高资产利用效率。一般情况下，该数值越高，表明旅行社总资产周转速度越快，销售能力越强，资产利用效率越高。

2. 流动资产周转率

流动资产周转率指旅行社一定时期内主营业务收入净额同平均流动资产总额的比率，流动资产周转率是评价旅行社资产利用率的另一重要指标。

流动资产周转率（次）= 主营业务收入净额 / 平均流动资产总额

平均流动资产总额 =（流动资产年初数 + 流动资产年末数）/2

流动资产周转天数 =360/ 流动资产周转率

流动资产周转率反映了旅行社流动资产的周转速度，是从旅行社全部资产中流动性最强的流动资产角度对旅行社资产的利用效率进行分析，以进一步揭示影响旅行社资产质量的主要因素。要实现该指标的良性变动，应以主营业务收入增幅高于流动资产增幅作保证。通过该指标的对比分析，可以促进旅行社加强内部管理，充分有效地利用流动资产，如降低成本、调动暂时闲置的货币资金用于短期投资创造收益等，还可以促进旅行社采取措施扩大销售，提高流动资产的综合使用效率。一般情况下，该指标越高，表明旅行社流动资产周转速度越快，利用越好。在较快的周转速度下，流动资产会相对节约，相当于流动资产投入的增加，在一定程度上增强了旅行社的赢利能力；而周转速度慢，则需要补充流动资金参加周转，会形成资金浪费，降低旅行社赢利能力。

3. 固定资产周转率

固定资产周转率也称固定资产利用率，是旅行社销售收入与固定资产净值的比率。

固定资产周转率（次）= 销售收入 / 平均固定资产净值

平均固定资产平均净值 =（期初净值 + 期末净值）/2

固定资产周转天数 =360/ 固定资产周转率

固定资产周转率主要用于分析对固定资产的利用效率，比率越高，说明利用率越高，管理水平越好。如果固定资产周转率与同行业平均水平相比偏低，则说明旅行社对固定资产的利用率较低，可能会影响旅行社的获利能力。它反映了旅行社资产的利用程度。

4. 应收账款周转率

应收账款周转率就是反映旅行社应收账款周转速度的比率。它说明一定期间内旅行社应收账款转为现金的平均次数。用时间表示的应收账款周转速度为应收账款周转天数，也称平均应收账款回收期或平均收现期。它表示旅行社从获得应收账款的权利到收回款项、变成现金所需要的时间。

应收账款周转率（次）= 主营业务收入 / 平均应收账款

应收账款周转天数 =360/ 应收账款周转率

一般来说，应收账款周转率越高越好，表明旅行社收账速度快，平均收账期短，坏账损失少，资产流动快，偿债能力强。与之相对应，应收账款周转天数则是越短越好。如果旅行社实际收回账款的天数超过了旅行社规定的应收账款天数，则说明债务人拖欠时间长，资信度低，增大了发生坏账损失的风险；同时也说明旅行社催收账款不力，使资产形成了呆账甚至坏账，造成了流动资产不流动，这对旅行社正常的生产经营是很不利的。但如果旅行社的应收账款周转天数太短，则表明旅行社奉行较紧的信用政策，付款条件过于苛刻，这样会限制旅行社销售量的扩大，特别是当这种限制的代价（机会收益）大于赊销成本时，会影响旅行社的赢利水平。

5. 存货周转率

在旅行社营运能力分析中由于旅行社存货很少的原因并不常用存货周转率。通常情况下，存货周转率是衡量和评价旅行社购入存货、投入生产、销售收回等各环节管理状况的综合性指标。它是销货成本被平均存货所除而得到的比率，或叫存货的周转次数，用时间表示的存货周转率就是存货周转天数。其计算公式如下：

存货的周转次数 = 销货成本 / 平均存货余额

存货周转天数 =360/ 存货周转次数

存货周转率指标的好坏反映旅行社存货管理水平的高低，它影响到旅行社的短期偿债能力，是整个旅行社管理的一项重要内容。一般来讲，存货周转速度越快，存货的占用水平越低，流动性越强，存货转换为现金或应收账款的速度越快。因此，提高存货周转率可以提高旅行社的变现能力。

（三）负债比率

负债比率是旅行社全部负债与全部资金来源的比率，用以表明旅行社负债占全部资金的比重。负债比率是指债务和资产、净资产的关系，它反映旅行社偿付债务本金和支付债务利息的能力。负债分析的财务比率通常包括资产负债率、产权比率、已获利息倍数等。

1. 资产负债率

资产负债率也叫举债经营比率，是负债总额除以资产总额的百分比，反映在总资产中有多大比例是通过举债来筹资的，也可以衡量旅行社清算时保护债权人利益的程度。

资产负债率 = 负债总额 / 资产总额 *100%

公式中的负债总额包括长期负债和短期负债。资产总额是扣除累计折旧后的净额。分析角度不同，对资产负债率的高低看法也不相同。债权人认为资产负债率越低越好，该比率越低，债权人越有保障，贷款风险越小；从股东的角度看，如果能够保证全部资本利润率大于借债利率，则希望该指标越大越好，否则反之；从经营者的角度看，负债过高，旅行社难以继续筹资，负债过低，说明旅行社经营缺乏活力。因此，从财务管理的角度，旅行社要在赢利与风险之间作出权衡，确定合理的资本结构。

2. 产权比率

产权比率是负债总额与股东权益总额的比率。

产权比率 = 负债总额 / 股东权益总额 *100%

该指标一方面反映了由债权人提供的资本和股东提供的资本的相对比率关系，反映旅行社基本财务结构是否稳定。产权比率高，是高风险、高报酬的财务结构；产权比率低，是低风险、低报酬的财务结构。另一方面，该指标也表明债权人投入的资本受到股东权益保障的程度，或者说是旅行社清算时对债权人利益的保障程度。

（四）赢利能力比率

赢利能力就是旅行社赚取利润的能力。一般来说，旅行社的赢利能力是指正常的营业状况。非正常的营业状况也会给旅行社带来收益或损失，但这只是特殊情况下的个别情况，不能说明旅行社的能力。赢利能力分析的财务比率，通常包括销售净利率、销售毛利率、净资产收益率等。

1. 销售净利率

销售净利率是指净利与销售收入的百分比，其计算公式为：

销售净利率 =（净利 / 销售收入）*100%

该指标反映每 1 元销售收入带来的净利润是多少，表示销售收入的收益水平。从销售净利率的指标关系看，净利额与销售净利率成正比关系，而销售收入额与销售净利率成反比关系。旅行社在增加销售收入额的同时，必须相应获得更多的净利润，才能使销售净利率保持不变或有所提高。通过分析销售净利率的升降变动，可以促使旅行社在扩大销售业务的同时，注意改进经营管理，提高赢利水平。

2. 销售毛利率

销售毛利率是毛利占销售收入的百分比，其中毛利是销售收入与销售成本的差。其计算公式为：

销售毛利率 =（销售收入 – 销售成本）/ 销售收入 *100%

销售毛利率表示每 1 元销售收入扣除销售成本后，有多少钱可以用于各项期间费用和形成赢利。销售毛利率是旅行社销售净利率的基础，没有足够大的毛利率便不能赢利。

3. 净资产收益率

净资产收益率是反映所有者对旅行社投资部分的赢利能力，又称所有者权益报酬率或净资产利润率。其计算公式为：

净资产收益率 = 净利润 / 所有者权益平均余额 *100%

所有者权益平均余额 =（期初所有者权益余额 + 期末所有者权益余额）/2

净资产收益率越高，说明旅行社所有者权益的赢利能力越强。影响该指标的因素除了旅行社的赢利水平以外，还有旅行社所有者权益的大小。对所有者来说，该比率越大，投资者投入资本赢利能力越强。在我国，该指标既是上市旅行社对外必须披露的信息内容之一，也是决定上市旅行社能否配股进行再融资的重要依据。

复习与思考

一、名词解释

应收账款　资产负债表　利润表　现金流量表　流动比率

速动比率　应收账款周转率　资产负债率　净资产收益率

二、简答题

1. 什么是旅行社财务管理？
2. 现金最佳持有量如何确定？
3. 旅行社应收账款管理（催收欠款）的要点有哪些？
4. 旅行社成本和费用的构成主要有哪些？

5. 旅行社成本费用控制的基本要求有哪些？

6. 旅行社基本的财务报表主要有哪些？

7. 偿债能力比率主要有哪些？

8. 营运能力比率主要有哪些？

9. 负债比率主要有哪些？

10. 赢利能力比率主要有哪些？

三、案例分析

以下是某旅行社的年度财务报表，请利用财务报表对其进行财务比率分析：

1. 偿债能力分析。
2. 营运能力分析。
3. 负债分析。
4. 赢利能力分析。

资产负债表

编制单位： 　　　　　　　　　　**年　月　日** 　　　　　　　　　　**单位：　元**

资　　产	行次	期末余额	年初余额	负债和所有者权益（或股东权益）	行次	期末余额	年初余额
流动资产：				流动负债：			
货币资金		100000	80000	短期借款		200000	180000
交易性金融资产				交易性金融负债			
应收票据				应付票据			
应收账款		1500000	1600000	应付账款		1400000	1200000
预付款项				预收款项			
应收股利				应付职工薪酬			
应收利息				应交税费			
其他应收款				应付利息			
存货		10000	8000	应付股利			
一年内到期的非流动资产				其他应付款			
其他流动资产				一年内到期的非流动负债			
流动资产合计		1610000	1688000	其他流动负债			
非流动资产：				流动负债合计		1600000	1380000
可供出售金融资产				非流动负债：			
持有至到期投资				长期借款			
长期应收款				应付债券			

续表

资　　产	行次	期末余额	年初余额	负债和所有者权益（或股东权益）	行次	期末余额	年初余额
长期股权投资				长期应付款			
投资性房地产				专项应付款			
固定资产原价		1000000	800000	预计负债			
减：累计折旧		100000	100000	递延所得税负债			
固定资产净值		900000	700000	其他非流动负债			
减：固定资产减值准备		50000	30000	非流动负债合计			
固定资产净额		850000	670000	负债合计			
在建工程				所有者权益（或股东权益）		1160000	1178000
工程物资				股本			
固定资产清理				资本公积			
无形资产		300000	200000	减：库存股			
开发支出				盈余公积			
商誉				未分配利润			
长期待摊费用				少数股东权益			
递延所得税资产				所有者权益合计		1160000	1178000
其他非流动资产							
非流动资产合计		1150000	870000				
资产总值		2760000	2558000	负债和所有者权益总计		2760000	2558000

利润表

编制单位：　　　　　　　　**年**　　　　　　　　**单位：元**

项　　目	行　次	本年金额	上年金额
一、主营业务收入		56000000	48000000
减：主营业务成本		46000000	41000000
主营业务税金及附加		800000	680000
二、主营业务利润（亏损以“–”号填列）		9200000	6320000
加：其他业务利润（亏损以“–”号填列）			
减：营业费用		6300000	4500000
管理费用		2100000	1200000
财务费用		80000	40000

续表

三、营业利润（亏损以“-”号填列）		720000	680000
加：投资收益（损失以“-”号填列）			
补贴收入			
营业外收入			
减：营业外支出			
四、利润总额（亏损总额以“-”号填列）		720000	680000
减：所得税		180000	170000
五、净利润（亏损以“-”号填列）		540000	510000

参考文献

[1] 戴斌，杜江．旅行社管理［M］．北京：高等教育出版社，2007.
[2] 国家旅游局人事劳动教育司．旅行社管理概论［M］．北京：旅游教育出版社，2005.
[3] 邹慧萍，汪应洛．建立灵活快速反应的旅游服务系统［J］．管理工程学报，1996（6）.
[4] 秦文纲．采购与仓储管理［M］．杭州：浙江大学出版社，2004.
[5] 梁军．采购管理［M］．北京：电子工业出版社，2006.
[6] 李海波．新编会计学原理——基础会计（第14版）［M］．上海：立信会计出版社，2008.
[7] 倪慧丽．旅行社经营管理实务［M］．北京：人民邮电出版社，2006.
[8] 张道顺．现代旅行社管理手册［M］．北京：旅游教育出版社，2006.
[9] 谢彦君．基础旅游学［M］．北京：中国旅游出版社，2004.
[10] 肖树青．旅行社经营管理［M］．北京：北京交通大学出版社，2010.
[11] 徐进．现代旅行社运行及管理实务全书［M］．北京：北京燕山出版社，2000.
[12] 师萍．旅游企业财务管理（第3版）［M］．北京：旅游教育出版社，2008.
[13] 张道顺．旅游产品设计与操作手册［M］．北京：旅游教育出版社，2006.
[14] 史晓明．旅游产品设计与经营［M］．北京：中国建筑工业出版社，2004.
[15] 张建融．旅行社运营实务［M］．北京：中国劳动社会保障出版社，2009.
[16] 宋子千．旅行社经济分析［M］．北京：中国旅游出版社，2008.
[17] 万剑敏，等．旅行社产品设计［M］．北京：旅游教育出版社，2008.
[18] 徐云松，等．旅行社经营管理［M］．杭州：浙江大学出版社，2005.
[19] 戴斌．旅行社经营管理［M］．北京：旅游教育出版社，2005.
[20] 王健民．旅行社产品经营智慧［M］．北京：旅游教育出版社，2008.
[21] 王健民．旅行社产品理论与操作实务［M］．北京：中国旅游出版社，2004.
[22] 哈尔·范里安．微观经济学：现代观点［M］．上海：上海三联书店，上海人民出版社，2006.
[23] 财政部注册会计师全面考试委员会办公室．财务管理［M］．沈阳：东北财经大学出版社，2005-2007.
[24] 陈余有，张传明．企业财务管理学（第2版）［M］．北京：中国财政经济出版社，2003.
[25] 卓文燕．会计学［M］．合肥：安徽大学出版社，2001.
[26] 余诸缨．企业财务学［M］．沈阳：辽宁人民出版社，1995.
[27] 周忠惠，张鸣，徐逸星．财务管理［M］．上海：上海三联书店，1995.

[28] 谷芳. 财务管理 [M]. 北京：中国财政经济出版社，1995.

[29] 朱信诚. 企业财务学 [M]. 武汉：湖北科学技术出版社，1993.

[30] 金耀观. 股份制企业财务管理 [M]. 北京：科学普及出版社，1993.

[31] 巫宁，杨路明. 旅游电子商务 [M]. 北京：旅游教育出版社，2004.

[32] 冯文辉. 电子商务案例分析 [M]. 重庆：重庆大学出版社，2002.

[33] 张润彤. 电子商务概论 [M]. 北京：电子工业出版社，2003.

[34] 陈景艳，苟娟琼. 电子商务技术基础 [M]. 北京：电子工业出版社，2003.

[35] 胡玫艳，等. 电子商务教程 [M]. 广州：华南理工大学出版社，2003.

[36] 瞿裕忠. 电子商务应用开发技术 [M]. 北京：高等教育出版社，2000.

[37] 方美琪. 电子商务概论（第 2 版）[M]. 北京：清华大学出版社，2002.

[38] 蒋绍忠. 电子商务系统分析设计与实现 [M]. 沈阳：东北财经大学出版社，2001.

[39] 刘军. 电子商务系统的规划与设计 [M]. 北京：人民邮电出版社，2001.

[40] 邓仲华. 电子商务系统分析与设计 [M]. 武汉：武汉大学出版社，2003.

[41] 甘华鸣，解新艳. 采购 [M]. 北京：中国国际广播出版社，2003.

[42] [英] 马克·戴. 采购管理手册（第 3 版）[M]. 北京：电子工业出版社，2004.

[43] 刘丽文，杨军. 服务业营运管理 [M]. 北京：中国税务出版社，2005.

[44] 肖怡. 企业连锁经营与管理 [M]. 沈阳：东北财经大学出版社，2009.

[45] 艾瑞网，iresearch.cn.

[46] 春秋旅游网，springtour.com

[47] 携程网，ctrip.com

[48] 中国互联网络信息中心，《第 34 次中国互联网络发展状况统计报告》2014.

项目策划：段向民
责任编辑：段向民
封面设计：鲁　筱
责任印制：冯冬青

图书在版编目（CIP）数据

旅行社经营管理 / 任鸣主编. --2版. --北京：中国旅游出版社，2014.9（2020.11重印）

"中国旅游院校五星联盟"中国骨干旅游高职院校教材编写出版项目

ISBN 978-7-5032-5046-0

Ⅰ.①旅… Ⅱ.①任… Ⅲ.①旅行社—企业经营管理—高等职业教育—教材 Ⅳ.①F590.63

中国版本图书馆CIP数据核字（2014）第197320号

书　　名：旅行社经营管理（第二版）

作　　者：任　鸣　主编
出版发行：中国旅游出版社
（北京静安东里6号　邮编：100028）
http://www.cttp.net.cn　E-mail:cttp@mct.gov.cn
营销中心电话：010-57377108，010-57377109
读者服务部电话：010-57377151
经　　销：全国各地新华书店
印　　刷：河北省三河市灵山芝兰印刷有限公司
版　　次：2014年9月第2版　2020年11月第3次印刷
开　　本：787毫米×1092毫米　1/16
印　　张：17.75
字　　数：350千
定　　价：32.00元
I S B N　978-7-5032-5046-0